思想觀念的帶動者

文化現象的觀察者

本土經驗的整理者

生命故事的關懷者

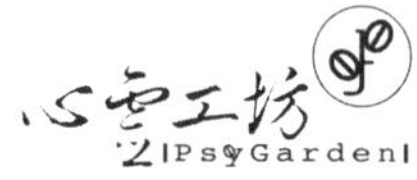

STORY

在奔馳的想像中尋找情感的歸屬
在迷離的經驗中仰望生命的出口
在波動的人性中釐定掙扎的路徑
在卑微的靈魂中趨近深處的起落

蚱　蜢

遊戲、生命與烏托邦

The Grasshopper

Games, Life, and Utopia

伯爾納德．舒茲（Bernard Suits）——著

胡天玫、周育萍——譯

contents

目 錄

各方好評

「這本獨特的書讓我驚呆了，這是知識的衝擊，也是華麗的文學饗宴。伯爾納德．舒茲讓哲學展現出本該有的歡愉，而且完全兼顧到其中的深長寓意。他在最高層次的論述中處理的不僅僅是維根斯坦的學說，而是人的生命本身；透過這樣一本挑戰哲學正統的著作，他的文字像蜂蜜一般流注。」

——西門．布萊克本（Simon Blackburn，劍橋大學教授、三一學院院士）

「《蚱蜢》是一本令人驚異的書，有淵博的哲學意涵，卻也實在有趣。這本書的主力在於針對遊戲提出一個高度可信的定義，並且為之辯護；但作者同時也在其中觸及了有關生命意義的一些最為深層、難解的問題。這一切都透過大蚱蜢和他的追隨者之間的對話來呈現。你找不到另一本這樣的書。」

——雪萊．卡根（Shelly Kagan，耶魯大學教授、《令人著迷的生與死》作者）

「有趣而深奧。一本令人愉快的書，鮮為人知的經典著作。」

——奈傑爾．沃伯頓（Nigel Warburton，自由哲學家、Philosophy Bites 網站共同主持人）

【推薦序一】

在遊戲的界域上，窺見西方哲學的心靈

劉一民（國立臺灣師範大學體育系教授）

舒茲（Bernard Suits）的《蚱蜢：遊戲、生命與烏托邦》，終於要和華文世界的讀者見面了，可喜可賀。這部書，除了是當代研究遊戲（game）的必讀經典（classic），也是通俗哲學書的代表作，見證西方哲學概念分析特色的絕佳導覽。這是一本可以帶上飛機、放在床頭、吹著海風悠閒閱讀的「哲學書」，我強烈推薦給喜歡遊戲、愛好思想、亟欲探訪西方心靈祕境的朋友，基於以下五個理由：

一、重拾純粹閱讀的快感

玩遊戲（playing games），是大家貼身的經驗，許多哲學家對它抱著濃厚興趣，其中以舒茲在《蚱蜢》一書的說法，最讓人嘖嘖稱奇。他說，如果有那麼一天，人類社會進化成理想烏托邦，一切都能心想事成，所有事務都有機械代勞，跑車、豪宅、大溪地的麵包果都隨時可得，知識、藝術、甚至性愛機會一樣不缺，那麼烏托邦裡的人，剩下唯一能做的事，將是玩遊戲，玩遊戲將變成人類存在理想的全部。不可思議吧！！有沒有道理，讀者要回到書中精緻的推論找答案。當然，經典之所以流傳久遠，能讓我們不斷回頭，反省自身處境，不會只是語不驚人死不休的特效。閱讀《蚱蜢》，沒有一般哲學書的艱澀、枯燥，更多的是悠遊在蘇格拉底的智慧、新約的教導、莎士比亞的機智、伊索寓言的奇想、現代人的奇聞軼事，以及許多讓人噴飯的想像蔓衍。稍不留神，還會變身蚱蜢、螞蟻、柏拉圖，搭電扶梯登上聖母峰的記者、裝著導航器的高爾夫球、史上最強的間諜……一股腦掉進書中的對話風景，不能自拔。一方面，《蚱蜢》的題材豐富多元，處理手法大膽有趣，讓人驚艷稱奇；另方面，它又擁有一顆很冷靜的心，包覆著犀利的分析技法。熱鬧與冷靜的交纏，極度挑逗純粹閱讀的快感。

二、培養和大師對話的氣度

《蚱蜢》的論證基礎，在於遊戲既是普遍的文化現象，也牽涉人類根本存在處境，是哲學研究的有效問題，這也是為什麼有許多哲學家，都曾經以它為研究主題的原因。其中最膾炙人口，影響當代遊戲研究最深遠的，莫過於維根斯坦（Ludwig Wittgenstein）在《哲學探究》（*Philosophical Investigations*）一書中，用「語言遊戲」來澄清他的日常語言哲學。強調日常用語如遊戲一詞，是人創造出來的，自成一個複雜系統，很難明確加以定義，就如同打牌、下棋、玩球、比賽，雖然都稱之為遊戲，卻無法找出共同一致的特徵，只能用「家族相似性」（family resemblance）來指稱。維根斯坦認為「遊戲難以定義」的說法，對西方人文及社會科學影響甚大，風吹草偃的結果，許多概念分析上熱門的話題：什麼是藝術？什麼是教育？什麼是玩（play）？什麼是遊戲？什麼是運動？漸漸悄然噤聲，或轉個大彎另找出路探討。直到舒茲揭竿而起，展現遊戲概念分析的具體成果，做了大師做不到的事，原本失衡的遊戲研究，才起了明顯的變化。使得兩邊勢力，旗鼓相當，彼此有了平等對話的空間。這本書，培養了我們和大師對話的氣度。

三、見識概念分析的精義

維根斯坦繞著遊戲的種類、型態、勝負有無、角色扮演……等外在現象作比較，認為怎麼下定義，都會有所遺漏。舒茲則深入遊戲經驗的內涵，強調遊戲是出自人類的偉大想像，自己創造障礙，創造活動方式，創造活動規則，在實踐團體共同認可的規則內，自我挑戰或與人競爭，目標不是外在工具價值，或俗世認可的求真、求善、求美，而只是為了讓活動順利進行，完成外人看似微不足道的登山攻頂、跨過欄架、球進籃框、官兵捉到強盜、或小雞躲開老鷹的魔爪等。依此，他給了遊戲一個簡明的定義：「玩遊戲意謂自願去克服種種非必要的障礙」。

舒茲為遊戲所進行的概念分析非常精細、完整。他先從遊戲的目標、方法、規則和態度四個要素，澄清語言上的混亂，排除概念上的紛歧，分析要素間的關係，進而擬定遊戲的明確定義；接著為遊戲的各個要素，找出其必要條件與充分條件，作進一步的分析，建立論證（argument），給出正反面理由，判斷其有效性；同時，提出種種反例，包括一些表面上不合定義的遊戲，或不合定義卻被稱為遊戲的活動，一一進行論證推理；最後，得到遊戲作為存在理想的結論，並對結論再度作有效性的檢證。《蚱蜢》是見識概念分析，貼近西方推理心靈的傑作。

四、開發自己的遊戲想像

我和《蚱蜢》初識，早在上世紀的八〇年代，本書出版的第四年（1982）。當時我在美國普渡大學讀書，修了門課叫「玩的哲學」（Philosophy of Play），研讀二十世紀有關玩（play）與遊戲（game）的經典著作，《蚱蜢》列名其中。有關經典之說，授課老師特別提到，舒茲早在1967年，就開始以他獨到的見解，精緻的論證推理，進行遊戲的概念分析。當時維根斯坦十分火紅，無人能攖其鋒，舒茲的高調挑戰，招來不少筆戰，幾年下來，愈戰愈勇，而且視野更廣闊，推理技巧更卓越，早已公認是遊戲研究的翹楚，稱《蚱蜢》為經典，不過是水到渠成之封冕。那學期的上課經驗，非常特別，黑白與彩色，壁野分明。《蚱蜢》被安排在學期後半，前半學期讀的是傳統遊戲哲學經典，對我那些高頭大馬、一派天真的洋同學而言，就一個「悶」字了得。輪到《蚱蜢》登場，大夥立刻脫了胎、換了骨，興奮直接寫在臉上。課堂上的討論，火光四射，戰線既深且長。

蘇格拉底、莎士比亞、文學、音樂、藝術、運動，如數家珍，妙語如珠。大家爭先恐後，貢獻許多蚱蜢螞蟻的新版本，七嘴八舌談新教倫理的虛與實，也對遊戲作為人類理想的核心價值展開大辯論。大夥除了發言踴躍，而且對自己的說法，都能給出一套理據，展現深厚的人文素養。那段經驗，給我很大的震撼，也對東西方的為學態度，有更深刻的反省。《蚱蜢》，是激發遊戲想像很好的觸媒。

五、直通未來哲學的堂奧

《蚱蜢》雖然出道甚早，但它的命運乖舛，一直沒能打開市場，讀者群不多，是一本叫好不叫座的書，所以《哲學的未來》（*The Future for Philosophy*, 2006）一書的主編 Brian Leiter 稱它是「二十世紀最被低估的哲學書之一」。歸咎原因，除了舒茲不是名校教授、出版社名氣不大、維根斯坦威力太強、書名看似「不正經」外，也許宣稱「遊戲不能定義」真的比較省事。然而，進入二十一世紀後，《蚱蜢》彷彿通了靈、開了竅，變得越來越炙手可熱，其中也許因為「藝術能否被定義」一直是重要議題，《蚱蜢》成了討論的關鍵案例；也許是近年流行的「遊戲化」（gamefication）議題，經常奉《蚱蜢》為鰲頭；也許和當代哲學大咖如湯瑪斯．霍爾卡（Thomas Hurka）、Simon Blackburn、G. A. Cohen、Shelly Kagan、Nigel Werburton 等人的強力推薦有關；或者也許《蚱蜢》根本就是一本為二十一世紀讀者寫的哲學書。誠如本書「導讀」作者湯瑪斯．霍爾卡所言，《蚱蜢》的遊戲之玩，捍衛的是現代價值觀，和古典價值觀截然不同。如果他所言不虛，這確實是一本直通未來哲學堂奧的書。

本書中譯本，來自 Broadview 出版社2005年出的新版，除了原書外，增加了湯瑪斯．霍爾卡寫的導讀，以及三篇由舒茲撰寫的文章作為附錄，它們雖然很精彩，但我仍強烈建議讀者跳過導讀及附錄，由書的第一章開始逐章慢慢閱讀，享受作者精心安排的趣味，時不時加入對話的行列，體會概念分析的樂趣，論證推理的曲折險峻，以及把話說滿，不怕別人挑戰的決心。兩位譯者，對《蚱蜢》一向情有獨鍾，是癡迷的玩家，達人中的達人。她倆長期以來，在文哲內涵豐厚、筆意曲折靈俏的英文原著裡打轉，細心推敲，逐步醞釀出的文字，有一股難以言說的實在感。翻譯上，堅持不走捷徑，不為外在價值誘惑，只為了挑戰，而勇敢面對挑戰，那股熱愛遊戲的癡勁，讓人敬佩。

這部書，要慢慢讀，逐章讀，不要急著找答案，要樂於和書中的人物、昆蟲、概念、論證、推理……打交道。互相點個頭，說句話，交換想法，作點辯駁，玩一場遊戲。

【推薦序二】

人生如戲、戲如人生

許立宏（國立臺灣體育運動大學通識教育中心教授）

《蚱蜢》這本書的中譯本終於要出版了！很榮幸接受本書譯者國立臺北教育大學胡天玫教授的邀請，為這本書寫幾個字。本書為世界知名的運動與遊戲哲學泰斗伯爾納德．舒茲早期對比賽遊戲與人生的經典詮釋，其採取後設小說的寫作手法，運用柏拉圖式的對話方式，將「蚱蜢」這隻昆蟲作為主角所遭遇的故事做一個完整的描繪。

在上個世紀中期，西方著名的哲學家維根斯坦曾主張遊戲是無法被定義的，因此他提到一種「家族相似性」的概念，來描繪許多遊戲比賽看起來都很類似，但其實並無統一的普世本質性定義。不過，舒茲卻加以反駁，並主張「玩遊戲，就是自願去克服非必要的障礙。」（"Playing a game is a voluntary attempt to overcome unnecessary obstacles."）這段可作本質性定義的文字。他也主張參與遊戲可以體現出人類的存在理想境界，也就是扮演美好生活與烏托邦世界的一種重要角色。

舒茲的作品深深影響過去四十餘年來全世界研究遊戲、比賽與運動哲學的相關研究者，特別是幾位著名的歐美學者，如 Meier、Morgan、Kretchmar 與 Schneider 等人過去對 Play、Games 和 Sport 這三者概念的探討，皆是從舒茲的相關文獻作為學術論戰的探討依據。

在許多書評的描述中，本書大體上可分為兩部分。第一部分是提出對遊戲的定義並且為此一定義作辯護；第二部分則是處理遊戲、生命與烏托邦這三者的關係。兩個部分的撰寫皆以「蚱蜢」與其信徒的對話方式來呈現。寫作方式比較是輕鬆且詼諧的口吻，這是有別於當代純哲學式的哲學進路。尤其是在對話當中，有時又帶有一些較特別的例子來加以陪襯其主要論點，是極其有趣的寫作方式。

本書第二部分所處理的是有關烏托邦這個概念。舒茲所主張的烏托邦概念，在於強調參與遊戲是唯一可以被欲求之一種活動。這個論點在於凸顯，我們於烏托邦的世界中，所有的情況都是完美的，都是自發性瞬間產出的現象或產物。但這樣的論點能否應用在我們現實的人生當中是值得討論的。就如同我們可能會去質疑柏拉圖所強調的「理型論」（theory of forms）世界一樣，雖然最後所呈現的產物或目的地是一樣的，但我們還是會去詰問，究竟一個機器電腦作曲家或一個利用直升機登上山頂者，是否真的可以取代真人的藝術作曲家或徒手克服各種地形障礙的登山客。真正呈現出來的意義，應該不只是過程而已，且也是從克服困境完成目標後所習得的寶貴經驗與知識。後者，恐怕才是凸顯人類真正存在的意義與價值。

所謂「人生如戲、戲如人生」，「蚱蜢」一書內所描述與其信徒的對話寫照，何嘗不是我們現今大部分人們一生當中，可能會遇到各種人事物所產生問題的掙扎過程。我們不斷想辦法克服各種難關，只為了達到自己所設定的目標，或將來能夠過更美好的生活，這些奮鬥的過程就是我們渴望達到成功的關鍵要素，也能體現人生更深刻的意義，天上直接掉下來的禮物反而是違反舒茲所要強調的比賽遊戲的精神。

本書原文第一版出版於1978年，全書共十五章，以隱喻的手法寫作，內容所要呈現的剛好與我們大部分人（尤其是華人社會）所過的生活有著極大反差，這或可讓我們深刻地反省思考，我們對人生所應採取的態度與價值觀為何。在傳統儒家思想的影響下，「勤有益，戲無功」的價值觀普遍存在於華人社會，一般人很難盡情、奔放地享受人生，往往受限於生活周遭的環境限制，日復一日、年復一年，過著幾乎一成不變的生活。總覺得，人生還很長，現在多努力工作，將來有一天再來好好享受人生。進一步來說，或許本書內容也可顛覆我們習以為常的生活方式（routine life），並翻轉休閒活動（乃至體育運動）對我們生活當中的重要性之理解。

胡天玫教授長年研究舒茲，對其相關文獻的掌握非常完整，她對舒茲本人思想瞭解之透徹，目前在國內應無人能出其右。本書中文版出版過程歷經一段非常漫長的時間，由於胡教授契而不捨地翻譯，並努力聯繫舒茲的遺孀，終於完成出版的心願，也為台灣運動哲學的研究發展歷程再添一部新的中文版經典文獻。僅在本書付梓前夕，祝賀本書順利出版成功，並希望能在國內影響更多人投入探索體育運動哲學的領域。

【推薦序三】

《蚱蜢》，哲學史上的經典之作

威廉・約翰・摩根（William John Morgan，南加大傳播與新聞學院合聘教授）*

伯爾納德・舒茲的權威著作《蚱蜢：遊戲、生命與烏托邦》在1978年出版，當時陣營尚小但處於萌芽成長階段的運動哲學社群，視之為重大成就。但是，這本書過了一段時間之後才受到哲學社群的關注，主要原因在於這個圈子普遍認為諸如運動之類的人類活動，實在過於瑣碎，根本不值得進行嚴肅的哲學探究。然而，舒茲的《蚱蜢》最終還是被這個社群注意到了，這在某程度上要歸功於哲學家湯瑪斯・霍爾卡；他大大讚頌這本書的精湛哲思，以及作者筆下的文學風采。書中處理了棘手的遊戲定義問題，並且連結到對於美好生活的探討；現在，普遍的哲學社群或運動哲學圈子，都視這本書為哲學歷史上的經典著作。

舒茲的作品得到哲學界的肯定，最重要是因為書裡採用了概念分析的取徑，而且選擇了遊戲作為主要範例來說明服從於定義的概念。就像霍爾卡在2005年版《蚱蜢》的導讀中所說的，二十世紀中葉的英美哲學家以概念分析為核心任務。簡單來說，概念分析就是提出必要與充分的條件，以清晰、精確的用語定義諸如

* 本文作者為《國際運動哲學期刊》（*Journal of the Philosophy of Sport*）前主編，榮獲「國際運動哲學學會」傑出學者獎。

知識、因果關係、良善等等概念。但是，到了七〇年代末期舒茲的《蚱蜢》出版的時候，概念分析正在遭受嚴重攻擊；維根斯坦是發動攻擊的主力，他強烈指出，概念普遍缺乏精確的邊界，因此概念分析無法構成可行的哲學探究。維根斯坦因此認為，要為概念提出必要且允分的條件，是不可能的；而他使用來進行論述的範例，正是遊戲。在他眼中，我們稱某些人類活動為遊戲，但實際上這些活動之間並沒有共同點。反之，他敦促我們實際「觀察與理解」其中是否具備共同特質，而不是單純地假設這些共同點的存在；一旦我們這麼做，就會發現這些事物其實只是鬆散地聚合在一起，也就是他那廣為人知的「家族相似性」理論。維根斯坦甚至堅定地指出，不僅遊戲如此，其他的概念也一樣。因此，維根斯坦認定所有探尋定義的企圖都是無意義的，就哲學而言那是浪費時間與精力的行為。

然而，舒茲指稱維根斯坦其實也沒有遵守他自己那套「無例外的告誡」。舒茲告訴我們，如果維根斯坦不是在未經過檢視之下就認定遊戲無法定義，他將會發現其中的共同特徵，只要細究就能找到定義。更具體地說，舒茲主張遊戲由四個必要元素構成。第一個即是他所謂的前遊戲目標（prelusory goal），也就是玩家想要達成的特定狀態。在賽跑中，前遊戲目標是第一個越過終點線，高爾夫球的前遊戲目標則是讓球進入地洞。第二個元素是遊戲方法（lusory mean），舒茲說這是達成前遊戲目標所允許使用的方法。人類大部分活動都是目標導向，在其中以特定方法達成目標，因此以上兩大元素尚未具體說明遊戲的獨特之處。接下來第三個與第四個元素，將指出遊戲與人類其他活動的差別。

舒茲指出建構規則（constructive rules）是遊戲定義的第三個要素。一如這個字詞的意思，這些規則陳述了構成這場遊戲的所有條件，包括指定玩家必須達到的前遊戲目標。特別的是，這些規則並不是為了讓前遊戲目標更容易達成，反而是增加了難度。也就是說，這些規則排除了最有效率的手段，轉而指定使用一些較無效率的方法，因此讓我們追求遊戲目標的過程中增加了障礙。在賽跑中把對手絆倒，或者在高爾夫球賽中用手把球放入洞裡——這些都是最有用的手段，但遊戲規則剝奪了玩家的這類選項。如果遊戲規則允許玩家以這種最容易、最有效率的方法達成前遊戲目標，那麼，我們可以想像根本不會有人想要玩這些遊戲。事實上，就是因為規則禁止賽跑時絆倒他人，或打高爾夫球時用手把球放進洞裡，這些活動才具有原本所期待的挑戰性，人們才會渴望進行這些遊戲。

第四個元素涉及遊戲者的態度，即舒茲所謂的遊戲態度（lusory attitude）；玩者必須具備這樣的態度，才可稱之為玩遊戲。他如此描述遊戲態度：玩者意識到「接受規則只是為了讓遊戲得以進行」。遊戲態度是遊戲的必要元素，有了這樣的態度，也能夠解釋為什麼玩家要捨棄較好的方法，而選擇較差的方法來達成某個目標。這種態度也讓遊戲得以從日常生活區別開來；在日常生活中的少數狀況之下，我們也會選擇較無效率的方法來完成目標，但那是因為某種較高效率的方法會帶來災難。例如，治療頭痛最有效的方法就是直接往頭顱開一槍，但我們當然不會這麼做。幸好也基於同樣的考量，在軍事衝突中通常採用的是傳統的武器而不是核武，雖然後者消滅敵軍的效率要高出許多。相反的，在遊戲中我們接受規則的限制，因為不接受的話就無法玩遊戲了。

如前所述，《蚱蜢》在哲學領域得到很高的評價，被譽為哲學歷史上的經典之作，其中一個重要的原因在於舒茲巧妙地把他對遊戲的定義連結到他的烏托邦理論，意即他所認為最理想的生命狀態。遊戲的建構規則禁止了某些達成前遊戲目標的方法，為這些目標的追求設下原本所沒有的挑戰；在舒茲的論述中，即是這一點讓遊戲完全有別於日常生活。因為我們在日常生活中所做的大部分事情，都是以追求最高效率為優先考量。大多數我們所從事的，都屬於舒茲所謂的技術活動，也就是工作。工作的重點就是採取最容易、最快速的方法來達成目標，以滿足人類的各種需求。隨著科技進步，總有一日我們能輕易滿足所有的需求，例如，只要按下按鈕就蓋出房子或創造出精緻稀有的鑽石，過程中不需要耗費任何時間或精力。換句話說，一旦我們解決了所有因資源、知識等等條件的缺乏而產生的問題，我們也就活在烏托邦裡——糟的是，到時就無事可做了。這或許讓烏托邦的理念看來自相矛盾——人若活在這種無事可做的幸福狀況中，實在不可能有絲毫感覺自己活在烏托邦。然而，就如舒茲透露的，我們根本不需要擔心烏托邦跟我們想像中的天堂相距太遠，因為在那裡我們還有一件事可做，會讓我們忙個不完——我們可以在那裡玩盡夢想中想玩的所有遊戲。因此，舒茲的總結是：遊戲是「未來的線索；趁現在認真培育遊戲，或許是我們唯一的救贖。」

《蚱蜢》推出中文版，是件讓我開心的事，因為這意味著更多讀者有機會讀到這本讓人驚艷的著作，沉浸在其中哲思的美好與欣喜。好好享受吧！

【譯序】

那些年我們一起追逐的「運動」夢

胡天玫

《蚱蜢：遊戲、生命與烏托邦》，我與它的相遇來自於運動員的自我挑戰性格，首次與它見面是準備博士論文，閱讀遊戲哲學的文獻時，回應本身想專研一本遊戲哲學經典；第二次相遇則是撰寫教授升等論文，內心塵封已久的運動情結，因《蚱蜢》這個阿拉丁神燈，而被重新開啟，我在心中偷偷地許下一個願望：「運動」夢的追尋不只是孩子的玩意！第三次相遇則緣於中文譯本的翻譯與出版，最初翻譯只是為了準備上課的教材，課堂裡令人驚艷的思想火花與共鳴，使得出版成為一項自我賦予的責任。中文譯本初稿在十年前就已完成，苦於出版管道的層層關卡，使得這本遊戲經典至今才和中文世界的讀者見面。

本書翻譯是由周育萍和我共同負責，內文第一章到第七章譯文是由我負責，第八章到第十五章是由周育萍負責；附錄一和附錄二是由周育萍負責，附錄三、威廉・摩根的推薦序、簡介、前言則是由我負責。兩位譯者不約而同地都十分珍愛這本書，各自都熟讀本書並有了翻譯全書的想法，我想這就是本書的魅力所在。兩人在討論譯文的過程中，為了專有名詞的中譯多次上演活生生的哲學論證攻防。記得有次在咖啡館坐了四個多鐘頭，兩人針對專有名詞「PLAYING GAMES」的翻譯各有所見，由於「PLAYING GAMES」是舒茲哲學理論的關鍵詞，「玩賽局遊戲」、「遊戲比賽」、「賽事遊戲」和「玩遊戲」都可以是中文翻譯的候選人，兩位譯者雖然明白「遊戲」、「賽局」或「比賽」是常見的譯法，但它很容易使讀者落入日常用語習慣，而未能覺查到這個複合詞的特殊意涵，所以基於下列三個因素，本書將它翻譯成「玩遊戲」：一方面，有鑑於舒茲理論的中間立場，「激進自為目的主義」（radical autotelism）和「激進工具主義」（radical instrument），都是他強烈反對的理論。另一方面，「PLAY」一詞是一個高度模糊的詞語，我們「玩」一場遊戲，只是意味著我們「參與」其中，可以用其他詞來替換「玩」一詞，而完全不會改變它的意思，此種玩的隱喻用法，並不是舒茲理論的重點。最後，「Games」一詞常被視為是「PLAY」的下位概念，舒茲並不同意所有「Games」都必定是「PLAY」的傳統想法，他主張兩者在邏輯上是各自獨立的。

本書中譯本的出版，受到許多人的幫助，兩位譯者感恩於心。首先，本書作者伯爾納德．舒茲無償地提供他的碩士論文影本，並耐心地解答我對本書所提出的疑問，大師風範永存於心；作者遺孀Cheryl Ballantyne大方地提供版權的聯繫窗口和作者美照，讓中文讀者能一睹作者風貌。其次，《國際運動哲學期刊》（*Journal of the Philosophy of Sport*）前主編威廉．摩根多次協助聯繫與撰寫一篇本書精華的簡介（即推薦序三）；臺灣運動哲學之父劉一民在百忙之中仍破例為本書撰寫一篇推薦文，唯妙唯肖地把本書在美國課堂的樣貌描繪出來；國立臺灣體育運動大學教授許立宏幫我和許多《蚱蜢》愛好者牽線，以及立即應允為本書寫推薦文。最後，感謝心靈工坊出版社的總編輯桂花姊與副主編嘉俊的全力支持；以及「遊戲哲學專題研究」課堂學生的討論與翻譯，帶給我許多的心靈力量，謝謝你／妳們。

【譯序】

走向《蚱蜢》的理解之途

周育萍

《蚱蜢》，對我來說不僅是本「書」而已。

「它是迷宮」，我想像著，每一章節是獨立又相連結的空室，而空室又或巧設著機關，等待著被觸動，以開啟另一項通道。企圖尋求理解的人，必須通過有趣、迷惘、理路交織成扣人心弦、令人難以爭脫、又欲罷不能的尋「寶」之途，才能得到珍貴的生命寶藏；而又或者它像是武林通關，想拜見「答案至尊」者就必須過關斬將，通過層層考驗，以取得解答之鑰……。

初次接觸這本書是在博士班一年級的時候，當時在「遊戲哲學」這門課裡，天玫老師向我們介紹這本書，帶領我們進入導讀前言，我被書裡的故事聯結、「翻轉思維」的敘述所吸引，滿心好奇，很想一窺書裡所藏的祕密。於是一股腦地投入其中，想成為「遊戲挑戰者」。

在這期間，有時掙扎在文字脈絡裡，有時對於作者論證手法、故事情景佈局等等細節不斷琢磨，有時感覺到文化或宗教文化理解的隔閡，有時難免也是一知半解；但想了解故事的我，常沉浸在理解的遊戲裡，不可自拔。於是，在試圖理解的過程中，有時也像是被故事情節追著跑，書中有些情節赫然地形成某股迴流，撲打著我，例如，讀到「追哥」（Drag）情節的時候，「命定」的思維油然而生，「是否自己一如那位早已被設計安排的『累贅』那般，只是受命運擺弄的棋子？」類似這樣生命省思的探問，時不時地隨著故事情節被挑起而照應著自身生命經驗的種種場景。「原來，它暗藏著開啟生命省思的祕密之道，無怪乎書名副標題是『遊戲、生命與烏托邦』（Games, Lifc, and Utopia）」我有了這樣的想法。

尋求解答的過程煎熬而有趣，有時也極富啟發性，穿梭在文意連結處，常愈感困惑，愈加沉迷。「為什麼那些成功被說服的人會消失？」還記得自己有一次才剛拖著不得其解、卻已飽和無法思慮的身軀躺上床，卻沒過多久就突然醒來，感覺思緒情晰，「啊！我知道了！」有種豁然開朗，難言的喜悅，就立刻跳回書桌前，嘗試著從文本中找尋蛛絲馬跡，應證我的「頓悟」。原來，理解本身就是這樣一場遊戲⋯⋯，我有了驚人的發現。這個定論也推使我後來走向葛達瑪（Gademer），進一步探究所謂的「理解」問題。

而這可說是我對《蚱蜢》一書理解的第一階段，一方面在知識理解上受到開導，對於哲學論證的方法、技巧有所認識，另一方面也因感受到故事創作的影響力，啟發了自己對生命、創作、理解及遊戲的想像。

至於著手翻譯這本書則又是後來的事了。話說，博士畢業後，閒來無事，有天想找件事情做做，腦中突然浮現當初去旁聽「真理與方法」課程時，洪漢鼎老師所說的一句話：「葛達瑪說，『翻譯是另一種理解』，你們將來如果有機會一定要嘗試看看。」於是我決定從這本影響我深遠，感覺自己應該很熟悉的《蚱蜢》出發。

開始著手翻譯後，對於語言隔閡，有了更深層的體會。在第一階段理解之途中所避開的細節處、某些似懂非懂的文字語意，在翻譯時成了不可避的部分，必須直接面對，或許在過程中也才真正體會到葛達瑪對理解的理解之意。

從開始翻譯，陸續修正，到聯絡天玟老師，感謝天玟老師大方同意與我合作，交流彼此翻譯，同時又大力奔走，本書翻譯才又輾轉有了出版機會。

本書共分十五章，就結構上來看大致可分為三大部分，第一部分主要為遊戲定義的說明，包含一至三章，建構出作者對於玩遊戲的立場觀點以及全書故事的中樞論據和謎題提問；第二部分四至十三章為論證的鋪陳，經由各種可能情境故事的假定來檢視玩遊戲定義的適切性，分別就目標、規則、方法、遊戲態度等向度來進行討論；第三部分則為作者自身對玩遊戲定義的直接闡述，也就是謎題解答說明；而就其內容上來看，在第一章中作者通過伊索寓言裡的故事情節為起點，對比了蚱蜢—螞蟻、遊戲—工作的人生樣態和態度，並說出了自己的夢作為謎題；在第二章中則試著把提問明確化，「為什麼人們在世都在玩遊戲，卻不自知？為什麼被蚱蜢說服了解自己是遊戲者後，就會消失？」「為什麼典範蚱蜢必須是遊戲玩家？」；第三章探討遊戲構成要素，提出玩遊戲的定義；第四章透過欺騙者、玩弄者、破壞者三種偽遊戲者的樣態說明，討論真正的遊戲玩家對於目標、規則及制度認同的必要性；第五章指出遊戲的設定必須含有某個挑戰的目標；第六章提出遊戲中規則的設定與制約是必要的，「無規則遊戲」無法存在；第七章說明遊戲者之間的關係，共同接受遊戲限制、享受遊戲樂趣卻相互競爭的態度並不會讓遊戲成為一種悖論；第八章提出非競爭性個人遊戲透過自我選擇達成目標的方法，建構挑戰目標，形成是另一種型態的遊戲；九至十二章可以說是針對「假扮遊戲」的接力式論述，它似乎也在討論「是否可以把人生當作一場遊戲」的議題，透過角色扮演的方式討論了遊戲者在創作遊戲與「遊於戲」時的目標、方法及角色定位等問題。在第九章中以撞球的反塞球為例，說明目標的多重性——有時擊球所要瞄準的真正目標不是現下所瞄準的球，而是為了要「做球」，是為了創造出某種有利後續發展情境的佈局；第十章以超級間諜的生命故事，探討當遊戲者掌控了遊戲的創造權力時，該如何調配遊戲的樂趣、難度挑戰與負荷分配問題，「玩」得過火、過於沉迷，終將使遊戲發展超出玩家控制、超出原本所設定的遊戲邊界；第十一章以童子軍追哥的生命經歷做為第十章的對照說明，不管遊戲玩家所扮演的是人生裡的真實角色或是演出他者角色，在角色對應裡，是主動營造或是被動對應、主控者或受控者，遊戲必須設定邊界，透過角色安排錯雜、置亂、翻轉，作者似乎企圖提醒我們，「玩遊戲」與「只為玩」有界限上的差異；第十二章針對角色扮演遊戲類型提出總論，基本上角色扮演與競爭性遊戲只是目標不一樣的遊戲，它仍然是遊戲；第十三章指出所謂的遊戲態度意指遊戲者對於遊戲參與的投入態度，而與其是業餘或職業類別無關，而《人間遊戲》（*Games People Play*）[1]一書中所提的社會遊戲不是真正的遊戲，只是一種工具利用手段、一種騙局，真正的遊戲既非激進自為目的主義，亦非激進工具主義，而是介乎兩者之間的概念；第十四章蚱蜢復活記，透過死而復生的大蚱蜢來說明解答，所謂的「玩」與「工作」語詞指涉的是規定性質，分別意指內在價值與工具價值之活動，而並非一種二分法；第十五章進一步說明謎題解答的三個主要元素：玩（play）、玩遊戲（game playing）以及存在之理想（ideal of existence），回應第一、二章對夢境的提問，在存在之理想中，玩遊戲就是所有活動的本質原型，但這個理想世界實現的前提是每個人都喜歡玩遊戲，所以一旦人們希望為所做之事賦予價值與意義，而不是終其一生只是玩遊戲時，將因自我覺知而消逝。

在企圖理解蚱蜢一書的旅途中，有個問題是書中未提，但我卻不斷自問的，為什麼是「夢」，借夢之說是否是要對照理想與現實之間的差異，說明理想存在只是形而上學裡的一種推論，是一種未待實現的理想？抑或是說，這個遊說之夢代表著這段閱讀理解的旅程，當遊戲者進入文字脈絡中時，他正在遊戲而不自知，而等到最終其被說服，了解自己正在玩遊戲後，他必須從文字脈絡中掌握意義，必須相信這場閱讀之旅是有價值的，他從故

1　本書中文譯本《人間遊戲：人際關係心理學》（2014）由中國輕工業出版社出版。

事中走出，從文本之夢醒來，回到現實生活世界，於夢中消逝。文本不斷地被傳讀，也意味著大蚱蜢不斷地在試圖「說服」這些閱讀者、遊戲者。

這是本有趣又深具啟發性的書，希望譯本的完成出版能夠讓更多人投入閱讀，雖然在翻譯語詞的應用上或還有些值得改進的空間，但若能夠吸引更多遊戲研究同好者共同來討論書中的相關議題或者進入蚱蜢之夢的解析，則亦不失其問世存在的價值。

導讀

湯瑪斯．霍爾卡（Thomas Hurka）*

雖然知名度不是太高，但伯爾納德．舒茲的《蚱蜢》一書肯定是二十世紀最傑出的哲學書籍之一，而且是一本獨一無二的書。

原因之一是這本書的風格。大部分哲學作品都是嚴肅甚至沉悶的，但《蚱蜢》卻十分風趣，完全符合遊戲這個主題。你會帶著笑臉閱讀這本書，而且樂不可支；總之，這是一種令人放聲大笑的哲學。但是，不論是論證的內容或採用的方式，《蚱蜢》也是十足嚴肅的哲學。舒茲針對「玩遊戲」進行分析，然後論證玩遊戲是人類的終極理想；因為在烏托邦理想國度中，工具性需求都已被滿足，玩遊戲於是成了每個人的主要事業。這第二個主張是深具意義的，它以最直接清晰的方式展示了一個相對於古典的所謂現代價值，就如同馬克思與尼采相對於亞里斯多德一樣。同時，舒茲先提出一系列設想中可能會出現的反對論點，一一反駁最終得出結論，這整個分析論證過程即是哲學論證的範本。全書的詼諧語調蘊藏著嚴肅的內涵，這樣的結合造就了《蚱蜢》的特殊之處：對富有價值的哲學論點進行辯護，讀來卻輕鬆有趣。

本書以大蚱蜢和信徒之間的對話寫成，特別是那位名如其人

* 本文作者為牛津大學哲學博士，多倫多大學哲學研究所所長，該校名譽校長，加拿大皇家協會成員，是當代最具影響力的哲學家之一。

的史蓋普克斯[1]。大蚱蜢是取自伊索寓言裡的角色，整個夏天都在遊戲，現在寒冷的冬季來臨時即將要死去，但螞蟻則儲備了足夠的糧食而得以存活。然而，舒茲反轉這個傳統的道德故事。伊索頌揚工作的價值，舒茲則在書中寫出大蚱蜢的辯解，敘述他為何選擇遊戲而非工作。如同他告訴史蓋普克斯的，玩遊戲可能會造成致命的結果，但這項活動的內在本質是最好的，也是最值得的。

x 活潑與充滿互動的對話形式，是本書的基本風格。對話中有許多機智的語言交鋒，以及大蚱蜢與史蓋普克斯之間的各種揶揄。偶然事件帶來死亡，大蚱蜢感到遺憾而說道：「如果沒有冬天要防範，大蚱蜢就不會有報應，螞蟻也不會有這寒酸的勝利。」大部分人都想要結合工作與遊戲，史蓋普克斯對此做出「無可避免的隨興文字組合」，說人們想成為「螞蟻蚱蜢」或「蚱蜢螞蟻」，並且在稍後的段落裡指出：「只工作不玩樂，那一定是隻乏味的螞蟻，但是，只玩樂不工作卻會變成一隻死掉的蚱蜢。」除此之外，史蓋普克斯與大蚱蜢透過精彩的虛構角色來發展情節，從中帶出他們的論證。其中一場是兩位退休軍官伊凡與阿布（Ivan and Abdul），他們不喜歡被規則制約，試圖進行一場沒有規則的遊戲。（他們的故事也說明了為何不存在「土耳其輪盤」或「歡樂的俄羅斯輪盤」。）還有艾德蒙．希拉里爵士（Sir Edmund Hillary），他登上聖母峰頂後發現一位頭戴禮帽、

1　編註：史蓋普克斯（Skepticus），源自skeptic一字，亦即懷疑論者。

手持《泰晤士報》的英國人——這個人從山的另一側搭手扶梯上山。另一個場景是一場二百公尺賽跑，賽場內圈有食人老虎，終點線有一顆即將爆炸的定時炸彈。另外，還有一長串有關角色扮演遊戲如「官兵與強盜」的討論，從中帶出波菲爾尤・史尼克（Porphyryo Sneak）這位史上最偉大的間諜，他可以假冒世界上任何一個政治人物。

這樣的對話形式來自柏拉圖，而《蚱蜢》一書大部分是柏拉圖對話錄的迷人模仿——大蚱蜢是蘇格拉底，史蓋普克斯則是終將理解大師觀點的追隨者。但兩者還有更緊密的連結。蚱蜢面對死亡的處境，與《申辯篇》、《克里托篇》與《費多篇》中蘇格拉底即將受到雅典法庭處決的情景是相似的。蘇格拉底的朋友提出各種可免於一死的方法，但都被拒絕，因為這些方法意味著放棄哲學對話，而他認為哲學對話是對人類最好的活動。同樣的，大蚱蜢的朋友願意提供他過冬的食物，但他拒絕了，因為遊戲才是一切活動中最好的，尤其他作為一隻蚱蜢，必須視之為命定真理。因此，正如同蘇格拉底的決定一般，蚱蜢堅守著這個讓他邁向死亡的活動，即使放棄該活動便可保全性命，他仍執意堅持。

兩者還有另一個相似處。柏拉圖式對話的開頭，通常以一個實質的問題展開，例如：「尤西弗羅（Euthyphro）起訴他父親，這行動是否敬虔？」「德行可以被教導嗎？」或「行事公道是否有利於你？」但蘇格拉底說我們無法回答這些疑慮，除非先解決定義的問題，比如「何謂虔誠？」「何謂德行？」或「何謂正義？」因此，討論便轉到定義問題。通常最終仍得不出讓人滿意的定義，而原本的問題也懸而未決（《共和國篇》是個例外），但這背後有一個不變的假說：要明瞭有關某個概念 F 的特定事物，我們必須先釐清 F 是什麼。《蚱蜢》採用相似的模式，大蚱蜢首先提出玩遊戲是「理想存在」作為實質論旨，但在證實該論旨之前，必須先轉向「何謂遊戲」的定義問題。唯有釐清了定義之後，才能回到原來的主題，即遊戲的價值。

如果讀出書中跟柏拉圖對話錄的相似之處，那是令人愉悅的；但是內容呈現得如此自然，即使不認識柏拉圖的讀者，讀來也不會有任何障礙。

這就是舒茲式的幽默，從來不炫麗，也不會分散讀者的注意力；這分幽默源於北美的大眾喜劇傳統，跟其他傳統如英國道德哲學家伯納德・威廉士（Bernard Williams）的文雅英式機智，有所區別。但是，就跟威廉士一樣，這樣的呈現並不會把讀者帶離哲學論證，或遠離舒茲的主要論點。相對於抽象的討論方式，伊凡和阿布之間的競賽、聖母峰上的英國紳士、食人虎等等，以更吸引人的方式傳達了舒茲的哲學理念。

這些哲學理念分成兩個部分：一、《蚱蜢》的開頭與結尾，提出玩遊戲具有至高的內在價值；二、中間章節則呈現出舒茲對玩遊戲的定義與分析。這不同於字典裡的定義，字典只描述人們如何使用這個字。這裡呈現的是哲學家所稱的「概念分析」，或者分析遊戲得以進行之必要與充分條件。概念 X 的必要條件，指的是任何事物要成為 X 所必須擁有的特質；而任何事物一旦符合充分條件，就成為了 X。所以，X 的必要與充分條件，是所有 X 所共享的特質，這些特質使其成為X，不論我們談論 X 時是否知其然。舒茲企圖界定「玩遊戲」這個概念的這些特質。

他的分析以三個要素構成，他稱之為前遊戲目標（prelusory goal）、遊戲的建構規則（constitutive rule），以及遊戲態度（lusory attitude）。任何活動都必須擁有這三個要素，才可稱為玩遊戲；而擁有全部要素的任何活動，都是玩遊戲。接下來，我們將依序討論。

首先從前遊戲目標開始：玩遊戲時總是有一個目標，我們可以在遊戲之外描述這個目標。高爾夫的前遊戲目標，是讓球進入地洞；爬山的前遊戲目標是讓自己站在山頂；奧林匹克二百公尺賽跑的前遊戲目標，是搶在其他競爭者之前越過終點線。我們可以在遊戲之外領會且達成這個目標，因此舒茲稱之為「前遊戲」（prelusory）目標，借用的是遊戲一詞的拉丁字 ludus；他也聲稱，每一種遊戲都有這樣的目標。當然，玩遊戲所追求的也包含某些內在於遊戲之中的目標，例如贏得比賽、登上山頂或破標準桿。但對舒茲來說，這些「遊戲」目標都是衍生物，因為所謂「遊戲目標」，其實只是透過特定的方式來達成前述的「前遊戲目標」。

這個特定方式由第二個要素界定，即遊戲的建構規則。根據舒茲的論點，這些規則的功能在於禁止使用最有效率的方式來達到前遊戲目標。因此，高爾夫遊戲禁止選手攜帶著球走下球道，然後將球丟入洞裡；遊戲者必須使用高爾夫球桿，從某個距離之外揮捍，以此達成目標。爬山運動的參與者不會搭乘熱氣球或租用直昇機來登頂；在二百公尺賽跑中，選手禁止搶先偷跑或穿越內場。在遵守這些規則的前提下，遊戲的成功取決於使用最有效率的方式來完成前遊戲目標，例如以最少的桿數讓球進洞，或選擇最佳的登山路徑。但這指的是規則範圍之內的效率，而規則最主要的目的就是禁止使用最簡單的方式來達到遊戲的原初目標。

根據前述的兩大要素，遊戲者使用較無效率的方式來追求目標，但這不是構成遊戲的充分條件；因為某些人可能在被強迫的情境下使用這些方式，懷著的是懊悔與不情願的心情。例如，一位農夫因為負擔不起他想採用的機器設備，不得不用雙手耕田與收割，在這樣的情況下他並不是在玩遊戲。因此，舒茲的分析需要第三個要素，即「遊戲態度」，這包含遊戲者接受建構規則的自願態度，或者為了讓遊戲得以進行而接受規則的態度。於是乎高爾夫選手接受他不可以用手拿球或更改球點，因為他想要玩高爾夫，而服從這些規則是他玩遊戲的必要條件；同樣的，登山者接受他不該租用直昇機來登頂，因為他想要爬山。接受規則所強加的限制，是出於自願而非勉強的，因為這些限制是遊戲的必要條件。加入這第三個要素，舒茲的分析就完整了：「玩一場遊戲，是指企圖去達成一個特定的事態（前遊戲目標），過程中只用規則所允許的方法（遊戲方法），這些規則禁止玩家使用較有效率的方法而鼓勵低效率的方法（建構規則），而規則會被接受只是因為規則讓這項活動得以進行（遊戲態度）。」或者以舒茲的典雅說辭來陳述：「玩一場遊戲，意味著自願去克服非必要的障礙」。

把這個分析套用到不同遊戲中，非常有趣。以「剪刀、石頭、布」來說，前遊戲目標就是出石頭來對付玩伴的剪刀、出剪刀來贏過對手的布，或出布來對應別人的石頭；規則禁止你在玩伴出手之後才表示，因而防止使用這個最有效率的方式；玩家自願接受這個限制，他們並不希望事先看到玩伴出手。書中的分析可能無法跟英文字「遊戲」（game）一字的每一個使用情境相符。爬山是舒茲提出的主要例子之一，但我們鮮少稱之為遊戲，縱使爬山確實是一種運動。至於兒歌唱跳「玫瑰花環」（Ring Around the Rosie），許多人說這是遊戲，但舒茲會否認它是一種遊戲（「只是一種人聲伴唱或歌曲的舞蹈。這不是遊戲，就像你不會認為《天鵝湖》是遊戲一樣。」）。這些細微的錯配足以反駁「遊戲」一詞在字典裡的定義，但這並不會發生在概念分析的定義上，只要該分析突顯某種共同現象，符合「遊戲」一詞的大略意思，並且擁有重要的哲學意涵。舒茲的分析絕對符合這些條件。

首先，所有要素美妙地整合在一起。一項活動之所以是遊戲，並不是因為擁有三個彼此不相關的要素，比如要素 A 加上完全分離的要素 B，再加上另一個完全分離的要素 C。分析中的第三個要素，即遊戲態度，是以第二個要素建構規則來界定的，因為這涉及玩家面對這些規則的態度，也就是對規則的接受。分析中的第二個要素則以第一個要素的語言來界定，因為規則限制你如何達成前遊戲目標。因此，分析中的各個要素彼此如鳥巢般重疊交錯在一起，第一個要素嵌在第二個要素內，而第二個要素嵌在第三個要素內，構成整體，造就這一系列分析的哲學力道。

如果這裡所定義的玩遊戲是一種人類的核心價值，那麼這個分析就很重要；如果能夠說明玩遊戲為何具有核心價值，則這樣的分析就更有意義了。我稍後將會指出，舒茲的分析確實做到了這一點，但除此之外他的分析還有更普遍的重要性。

大約二十世紀中葉，許多哲學家將概念分析視為哲學的中心任務，然而他們通常運用在抽象概念如知識與因果關係的探究，鮮少觸及日常生活的概念如遊戲。一直到《蚱蜢》一書出版的1978年，此種主張仍受到攻擊，反對的想法主要來自兩個源頭。一個是美國哲學家奎因（W. V. O. Quine）的哲學自然主義，他認
xiv
為哲學沒有任何概念真理（conceptual truth）有待揭露：所有真理都是實證或科學的。另一個是來自維根斯坦的主張，認為概念並沒有確定的內容或清晰的邊界，但概念分析要求這些。維根斯坦說，應用某個概念所需的必要與充分條件，通常是不可能達成的；其例證僅能透過一組鬆散的「家族相似性」連結在一起。同時，維根斯坦的反定義（anti-definist）論證的主要範例，正是遊戲的概念。他在《哲學探究》一書中提到，不存在任何所有遊戲共享的本質，只有一系列無法成文的相似性，進而將此結論概括到其他的概念。1978年，當這個議題成為哲學分析一時的核心項目時，許多哲學家都持此立場。

舒茲並沒有在《蚱蜢》中主張概念分析是哲學的首要任務，也沒說每一個概念都可以進行這樣的分析。但是，當他提出玩遊戲的必要與充分條件時，舒茲恰恰做了維根斯坦認為無法完成的事，而且還以維根斯坦自己的範例來進行。因此，這本書正踢出了維根斯坦所拋出的那顆球。但他僅輕輕碰觸，只提到這位奧地利哲學家一次。他引用維根斯坦來勸戒我們：「別說什麼『必定有共同之處，要不然他們不會被稱作「遊戲」』——而是去觀察與理解是否有什麼共同之處。」舒茲說：「這是無懈可擊的勸

告，不幸的是，維根斯坦自己並沒有做到。他確實觀察了，但他在此之前就早已認定遊戲無法定義，因此他的目光快速掃描，幾乎沒有看到什麼東西。」他這麼說是沒錯的。唯有做出了嚴肅的嘗試，並且最終都失敗之後，才有可能合理地主張某個哲學探究為不可能完成的任務。維根斯坦並未針對遊戲的概念分析做出這樣的嘗試，更別說他的追隨者了。舒茲則是最鮮明的對比。在《蚱蜢》第三章提出將要進行的分析之後，他用了接下來的十個章節，考量種種可能的反例，包括一些似乎不符合他所定義的遊戲，以及一些似乎合乎他的定義但並非遊戲的活動。乍看之下，這些反例十分有力，但他一而再展現他的分析足以妥善處理這些反例；使用的手法不是增設條件來處理這些反例，而是藉由更正確地理解這個分析工作的核心元素來達成。所以，這本書是正直知識分子的模範，將自己的想法視之為真之前，先攤開接受嚴厲的批評。

舒茲的著作也顯示了維根斯坦的討論極其表面。他對玩遊戲的分析是結構性的，提出一些抽象特質如目標、規範目標達成方式的規則，以及對待規則的態度；各種表面特性相當不同的活動都共享這些抽象特質。但維根斯坦只觸及不同遊戲之間的表面差異，例如是否具有娛樂性、是否使用紙牌，但卻沒有思索它們是否具有更深層的共同性。舒茲不像維根斯坦如此享有哲學名望，但在這個主題上，他才是真正的哲學家。

他的分析也回應一項普遍存在的憂慮。有些哲學家質疑概念分析如何帶來新知。概念分析旨在揭露我們所理解的概念之中包含了什麼；而我們得以正確指認出當中內容，在於我們早已理解。（「是的，這正是我心中所理解的。」）如果分析最終只能告訴我們那些早已知道的，這怎麼還可能有新鮮事呢？這即是哲學家所謂的「分析的悖論」；然而，如果我們可能只是部分掌握，而非完整掌握某個概念，或可能在沒有意識的情況下應用該概念的定義，那麼，這樣的悖論是可以解答的。在這樣的情況下，分析可幫助我們清楚看見那些原本隱約知道，或沒有意識到自己已知道的事物。那正是舒茲的分析所完美呈現的。我們知道這個分析確實把握到我們對遊戲原本就存在的想法——「是的，那就是所有遊戲所共有的！」；但在此之前我們無法清楚敘述這些想法。

所以，舒茲對玩遊戲的分析，透過各種方式展現出概念分析是可以帶來洞見的；但如果書裡只是分析的話，那就不會這麼有趣了，當然這本書不是這樣。書裡提出玩遊戲是人類至高的善，或說遊戲是最值得從事的活動。由此觸及了那個蘇格拉底與柏拉圖最喜愛的古老哲學議題：如何才是人類最好的生活？這麼說雖然有些誇大，但這本書所給予的解答，確實包含了一個突出而重要的真相。

舒茲說，在烏托邦的理想世界，玩遊戲成為每個人的主要活動。但他以一種特別的角度來理解烏托邦：在那個世界，所有勞動或工具性活動都消失了。當某人想要某個事物，他不需要以勞動作為手段來達成，機器將會代勞，而他只需要經由心電感應來啟動機器，然後立刻得到想要的事物。在我們的非烏托邦世界中，我們必須工作來賺錢；在烏托邦，「就連社會中的蓋提們和歐納西斯們最強烈的貪婪慾望都得以滿足。」[2] 我們也耗費極大能量去追求愛；烏托邦裡「這些費力的手段就不再需要了，獲得性伴侶就如同遊艇、鑽石一樣容易」。類似的情況也發生在知識的領域，所有可知的事物都已儲存在電腦裡。既然如此，舒茲問的是：烏托邦裡的人們做什麼？他們會參與什麼活動？

他如此回答：人們刻意設置非必要的障礙，阻擋那些原本垂手可得的事物，只為了享受克服這些障礙的過程。書中所描述的一個角色，決定捨棄按下心靈感應按鈕來獲得房屋，而改用傳統木工的方式來蓋房子，只為了練習木工技巧。另一個角色決定不從電腦取得科學資訊，選擇以傳統的實驗方法來發現科學真理。（劇作家萊辛〔Gotthold Ephraim Lessing〕曾說過，如果上帝讓他在真理與尋求真理之間作選擇，他會毫不猶豫地選擇尋求真理。舒茲筆下的角色有相同的態度。）其他活動也一樣。烏托邦的人實際上在做的是玩遊戲，就如同高爾夫與曲棍球選手所做的一樣——他們自願採取明知是低效率的方式來追求目標。玩遊戲既然是烏托邦居民的核心事業，那就表示這項活動是至善的；即使不計成果，本身就已具有最高價值。

舒茲有關玩遊戲具有至高價值之主張，這是大膽的；事實上，大膽到令人無法置信。如果我們換個想法：沒有至高的善，許多不同事物都擁有價值，而且可依這些事物建立各種美好的生活。那麼舒茲的論證也就不具有說服力了。他認為烏托邦不存在任何道德行動，因為那是為了預防或矯正惡行而存在的，但烏托邦沒有惡行。人們也不需創作藝術，因為人類的希望與恐

2 參考第十五章，譯註1。

懼、勝利與悲劇等等都消失了，而他認為這些正是藝術創作的主題。但是，道德之善不僅是同理他人的痛苦，也包括同理他人幸福當下的愉悅，而這確實存在於烏托邦。藝術也可以表達喜樂——加拿大音樂家瓊尼．米歇爾（Joni Mitchell）寫下許多跟分手有關的歌曲，但她也創作了歡愉的〈切爾西的早晨〉（Chelsea Morning）。舒茲只專注於探詢烏托邦的人將會做什麼。人類的良善事物中有許多並不是活動，而是某種存在的狀態，例如擁有認識世界的知識，或感到快樂。也許這些狀態已經出現在烏托邦中，或按下按鈕就可取得，但那並不會妨礙這些存在狀態像遊戲一樣為人類帶來良善，並且一同構成烏托邦的美好。在這裡，舒茲可能受制於蘇格拉底。畢竟，蘇格拉底並不曾說哲學對話是所有良善事物之一，而是說哲學對話是唯一值得為此而活的事。他如果要正當化他接受死亡的抉擇，就只能這麼說——如果有其他
xvii 同等高尚價值的活動可讓他選擇，他大可從雅典逃亡，過他的好生活。類似地，大蚱蜢必須同樣宣稱遊戲是至高的善，才能合理化他選擇死亡的抉擇。但離開了這些對話的內容，那些主張變得無法令人信服。

所以當舒茲指稱遊戲為至高價值時，他是誇大其辭了，但玩遊戲仍可以是許多具有內在價值的事物之一。其中也可以具備一個極其重要，甚至是一種典範性的良善（paradigmatic good），而這是舒茲所呈現的成就。這裡要提出的有兩個問題：為何玩遊戲是良善的？為什麼玩遊戲會成為我所謂的現代價值的最直接表述。

大蚱蜢並沒有清楚地將遊戲的價值連結到他所提出的遊戲定義，但我們可以論證，這兩者的連結要比舒茲所說的更緊密。更

具體而言，我們可以證明定義中的不同要素帶給玩遊戲兩種不同但相關連的價值基礎；因此，遊戲同時以兩種方法呈現其良善。

先看前遊戲目標與建構規則。建構規則禁止參與者以最有效率的方法達成目標，為活動提供了合理的難度。但也不總是如此。剪刀石頭布的規則讓這遊戲的目標變得更難達成，但規則並沒有提高遊戲的困難度——畢竟剪刀石頭布不是一個太有挑戰的活動。但剪刀石頭布不是個好遊戲，至少不是個值得投入時間的遊戲。事實上，好的遊戲不僅僅是透過規則來增加難度，從客觀標準而言還必須具備適當的難度。遊戲不該太難以至無人可以達成，否則就沒有玩的意義。但也不可以毫無挑戰，必須在太艱難與太容易之間達到平衡。因此，所有的好遊戲，包括烏托邦裡所進行的那些遊戲，都因規則而讓前遊戲目標的達成具備合理適當的難度。

如果艱難的活動都是好的，那麼玩遊戲便具備了某種價值；而這是個有趣的觀點。如果要說那些具有內在價值的事物，我們想到的必定是某種成就，或者在你所選的領域中完成某些事物，無論是商業、藝術，或是維持家計等等。成就包含實現目標，但並非每一種目標的實現都是一個成就；比如說，除非你有肢體障礙，否則綁好鞋帶並不是成就。各種成就之中也有價值高低之分。因此，開創一家新公司並且成功營運，比做成一筆生意的成就更大。若問成就與非成就，或成就的價值高低從何而來，那麼答案必定跟難度的差異大有關係——是否涉及複雜度與身體挑戰，或需要多少的技巧與心智。所以，如果從事困難事物是這般重要，那麼從此角度而言，玩一場好的遊戲也就具有內在價值。

遊戲規則創造出各種挑戰，而克服挑戰即是重要的。

遊戲態度又如何呢？這帶來更深層的價值基礎，但要有所瞭解，我們必須注意到舒茲論證中的一個轉換。當他分析玩遊戲時，舒茲所謂的遊戲態度指的是我們對遊戲規則的接受，因為這讓遊戲成為可能，例如，接受高爾夫規則，才能讓高爾夫之所以是高爾夫。這樣的解釋可以含括打球賺錢的職業選手，他們的態度也可被視為遊戲態度，甚至是純粹的職業選手，只為金錢而對遊戲毫無興趣，才可包含在內。例如，一位純職業高爾夫選手知道他必須打球才能賺錢，所以得遵守高爾夫的所有規則。他接受規則或許只是為了錢，但他也確實為了打高爾夫而接受規則，如此一來他就有遊戲態度。在舒茲的分析中，這是很基本的主張——因為，說一位純職業高爾夫選手不是在玩高爾夫，這是荒謬的。

但是，當舒茲論及遊戲的價值時，他對遊戲態度的說法就轉換了。當時他說玩遊戲是烏托邦裡每個人的主要事業。但他將烏托邦界定為一個所有工具性活動都消逝了的世界，因此不再有任何職業專家。沒有人打高爾夫是為了賺錢，或為了任何遊戲以外的目標，因為他們根本不需要；所有高爾夫選手都是純粹的業餘選手，為了玩而玩。其他遊戲也一樣。但是如此一來，烏托邦居民接受遊戲規則，就不只是為了讓遊戲得以進行，還為了讓遊戲變得困難。這實際上是舒茲筆下的人物正在做的——某個角色做木工來蓋房子，捨棄心電感應的方法，因為這樣需要更多技巧；另一人用老派的方法做研究，只是為了挑戰。事實上，舒茲的核心理念是：烏托邦居民會接受限制，是為了要突破限制，或者為了讓各種限制把事物變得更困難。舒茲明確表達了這一點。

談論職業運動員時，他提出一個驚人的觀察：玩遊戲（playing a game）的時候，某個人不一定是在玩（playing）。你或許順理成章地認為打擊一顆球的時候那個人確實在打擊。但是，舒茲說，玩必定是為了遊戲本身的內在價值而參與其中，而純職業運動員並不如此，因為他帶著工具性的價值衡量，所以他在工作。因此，舒茲有關玩遊戲的定義，不是一個玩的定義，其並不帶有玩的含義。然而，在他開始討論烏托邦時，他說他將堅持把玩遊戲的價值視作某種特定形式的玩，也就是說，至少帶著部分的業餘態度在玩遊戲，或者我所謂的「遊戲之玩」（playing in a game）。在遊戲之玩的心態包含的是一種較狹義或非職業性的遊戲態度，也就是說，他們為了讓遊戲變得困難而接受規則。

這種較為狹義的態度不只是出現在想像中的烏托邦。真實世界中的大部分遊戲玩家，包括職業選手，都在某種程度上是為了遊戲而遊戲。想想這位極端冷靜精明的棒球選手彼得・羅斯（Pete Rose），在賽事中為了贏如此機關用盡而遭受厭惡。然而，在1975年世界系列錦標賽第六場賽事的尾端，他告訴敵隊的三壘教練：「普派，不論輸贏，我們這場，是他媽的有史以來最偉大的賽事。」他不只非常想要贏球，某個程度上他也是為了對棒球的熱情而參賽。

但是，遊戲之玩包含了這種較狹窄的遊戲態度，那就具備了第二種價值。為這種類型的玩所下的定義，當中各個要素於是更緊密地連結在一起：前遊戲目標與建構規則形成遊戲的特性，即困難度，而遊戲態度會選擇此種類型的玩，正是因為困難度的特性。更具體而言，如果困難度本身是有價值的，目標與規則賦予遊戲這個有價值的特性，而遊戲態度之所以會選擇接受目標和規則，就在於這種特性的賦予。如此一來，遊戲態度便連接上了許多哲學家所持有的一個有趣觀點：某種事物若具有內在價值，而某些特性為這個事物賦予了價值，那麼對這些特性的追求也就成了具有內在價值的事。因此，如果他人的幸福是好的，那麼，渴望與追求他人的幸福，並且因他人幸福而感受愉悅，也就有了更崇高的價值，我們稱之為仁（benevolence）。同樣的，如果知識是好的，那麼對知識的渴望與追尋，以及因知識而快樂，也就成了好事。同類型的價值亦呈現在我所謂的遊戲之玩，困難度具有原初的內在價值，因此，困難度的熱愛與追求也就成了好事。前遊戲目標與建構規則，兩者共同給予遊戲之玩一個價值基礎，即困難度；業餘形式的遊戲態度，為遊戲增添了另一個不同卻彼此相關的價值基礎——喜愛某個好的事物，進而追求為此事物帶來美好價值的那些特質。第二個基礎衍生自第一個；追求困難不會成為好事，除非困難度有其價值。但這第二個基礎添加了更深層且互補的價值。當你在遊戲之玩時，你一方面在做著良善之事，
xx 另一方面，你因為想要追求其良善基礎而做。

如此分成兩個部分來解釋，把舒茲的論述連結到遊戲以外更普遍的原則，因而深化了他的主張：遊戲之玩具備其內在價值。然而，他說遊戲之玩是終極良善，這大膽的主張卻被削弱了。因為有許多與遊戲無關的良善事物，例如快樂與知識；而且遊戲內含的價值也可能出現在遊戲之外。如果一個農夫刻意捨棄機器而改用雙手來耕田，他既不懷著任何遊戲態度，也不是在玩任何一種遊戲。但是如果這個活動是艱難的，而且他成功完成，那麼這

件事就有了一定的價值，毫無疑問這是一個成就。熱愛美好事物有其價值，但可以在遊戲之外找到，例如，為他人幸福感到愉悅，或為了知識的美好而追求知識。其次，以上說明顯示遊戲所內含的不是基本的價值，而是一種衍生性價值，因為遊戲以某種特殊的方式把另外兩種基本的價值結合在一起。

此種良善即使不是基本的，仍然可以是典範式的，因為它清楚地表達出某種價值。這即是遊戲之玩所完成的。如果困難的活動如此美好，必定是指向某種目標：挑戰的是目標的達成。但是這個活動的價值並非來自於目標本身的特性，而是依賴於達成目標的過程。然而，如果目標本身就是好的，那麼追求過程的重要性就會被忽略；一旦成功了，這個活動也只是被賦予工具性價值，或被視為好的手段，而且這將被當成這個活動最重要之處。如果手作農夫成功收成農作物，他的勞動帶來全家溫飽，這種生活需求層面的價值會妨礙我們注意到這件事本身所具備的價值。但是如果目標不具有內在價值的話，便沒有這樣的危險了，這在遊戲裡最清楚不過。遊戲中的前遊戲目標，比如將球放進地面的洞裡或置身山頂，本身都是微不足道的，因此玩遊戲的價值只能從達成目標的過程中彰顯。遊戲態度突顯了這一點——遊戲態度讓玩家自願接受規則以便讓目標變得困難，遊戲過程因此成了純粹的過程。玩遊戲必定涉及某個有待達成的外在目標，但這個目標的特定品質與活動的價值並沒有關係，遊戲目標是過程的一部分，而非成果，是旅程而非終點。因此，相對於古典的價值觀，遊戲以最清晰的方式展現出現代價值觀，因為現代觀點是以過程的價值為核心。

xxi 亞里斯多德主張的是古典的價值觀點，他隱約把所有活動區分成兩類：*kineseis* 或運動，以及 *energeiai* 或現實。*kineseis* 是指向外在目標的活動，就像開車到多倫多是一項以多倫多為目的的活動。目標達成後，*kineseis* 也就結束，因此可藉由動詞語態來辨認。如果使用某個現在完成式的動詞（Xed），那就表示你已不在進行式之中（Xing），就像你已經開車抵達多倫多，那就意味著你已經不再進行那個活動；因此，進行式的動詞便是 *kineseis*。相對的，*energeiai* 並不直接指向任何外在目標，而是蘊含著自身的目標。沉思是 *energeiai*，自我享受或感覺愉悅也是。類似這些 *energeiai* 無法通過動詞語態的測驗，而且不像 *kineseis*，*energeiai* 可以無限延續下去——你已完成沉思，並不意含你現在不在沉思中，更不表示將來你不會繼續沉思。

亞里斯多德主張 *energeiai* 的價值比 *kineseis* 更崇高，所以人類最好的活動必定是那些可以無限延續的，如沉思，或感受沉思的愉悅。他會這麼主張，是因為他假設 *kineseis* 的價值必定是從目標而來，所以這個價值附屬於目標，甚至僅是作為達成目標的工具。如他所說的：「當目的與行動分離（即是 *kineseis* 的特徵），那麼成品的本質比行動具有更高的價值。」但現代的價值觀否定了這個假說，進而主張有些活動必然擁有外在的目標，但其價值內在於活動本身，因為目標的達成完全仰賴於過程的特性。舒茲引用齊克果（Kierkegaard）、康德（Kant）、席勒（Schiller）與齊美爾（Georg Simmel）等人的現代觀點，但其中最突出的是馬克思的觀點，認為人類的核心良善在於透過生產性勞動來轉化自然。這種活動必定有一個外在目標，畢竟生產活動不可能沒有產物；而且，在物資缺乏的條件之下，這個目標其實是人類的存活或舒適所必要的。但是，當物質不再匱乏而人類進入「自由國度」之時，馬克思認為人類仍然把工作當作「主要需求」，因此他們會為了生產活動本身的價值而投入生產，對於生產目標不再有利益索求。或參考尼采如何述說人類的偉大。在早期著作中，尼采說「有必要為個性賦予風格」，所以讓個性中的不同元素統一為「單一品味」，品味好壞並不重要，重點在於那是單一的品味。後來他使用相同的理念去解釋「權力意志」（will to power），他認為構成驅動力的並非「大量且分離」的驅力，而是早已協調成一股占據主導地位的主要驅力。他在這兩個段落中說，如果某個活動把你的慾望組織成單一目標，無論目標為何，那麼這個活動就是好的。因此，對馬克思與尼采兩人而言，對人類帶來良善價值的活動，必定會在一方面指向一個目標，但在另一方面從目標達成的過程中衍生出價值。所以，他們所主張的價值類型，可藉由遊戲之玩作為典範性的彰顯——當目標微不足道時，過程便成了唯一可能有價值的事。馬克思與尼采絕不會用這種方式來表達（他們的哲學風格太認真了）；但兩人所賦予價值之事，實際上都是遊戲之玩——對馬克思來說，那是在不再有任何工具性需求的世界裡的物質生產遊戲；對尼采來說，那是為了權力本身而為的權力遊戲。

遊戲之玩也明確跨越了亞里斯多德對 *kineseis* 與 *energeiai* 的二分法；亞里斯多德認為所有活動只能分成這類，顯然這想法是錯誤的。*kineseis* 指向外在目標，並且可通過動詞語態的測驗，所以有其邏輯結構：如果你已經打完高爾夫或爬完一座山，那麼你就已經不再做著這些事。但這些活動本身也內含價值，就像*energeiai*，價值來自於活動的內在特性。亞里斯多德以他的二分法，否定了生產產品的過程中也可以具有重要的內在價值；玩遊戲恰好反駁了他。

如果遊戲之玩是現代價值的典範，那麼遊戲有助於我們在其他跟遊戲不相關的活動中看到相似的價值。看看商業活動，有時候這些活動指向一個獨立於商業以外的良善目標，例如減去他人的苦或增加他人的幸福。但是大部分時候，商業活動的目標只是在於贏得特定公司的市占率與利益，這些目標都是微不足道之事——選擇喝可口可樂而不喝百事可樂，或者使用微軟系統而不使用蘋果系統，這些事都是不存在任何內在價值的。古典的觀點會因此主張經濟活動幾乎不具有內在價值，哲學家如亞里斯多德確實就曾這樣說過。但如果占有市場是一件困難的事（確實如此），需要一系列仔細衡量後做出的複雜決策，那麼現代觀點會認為這是件具有重要價值的事。商業活動也可以包含類似遊戲態度這樣的事物。商人大部分時候是為了他們的股東與自身謀取最大利益，但同時也有許多商人為商業技巧本身賦予價值，純粹從技藝層面來衡量，商人甚至因他的經營技巧而為人所欽慕——現在報紙的商業版讀起來就像是運動版。或者看看藝術創作。如果藝術的目的是傳遞一種無法用其他方式傳達的真理，那麼藝術創
xxiii 作也將產出良善的獨立成品。但有一派特殊的現代觀點（並不表示這是現代人的唯一觀點），主張藝術的目的只在於美，即是有機的整體，或是讓繪畫、小說或音樂的不同元素形成一致且有活力的整體。根據此種觀點，所呈現的理念對藝術作品或許是重要

的，但理念是否為真、是否令人信服，就不那麼重要了，重點在於作品的各個部分跟理念整合得如何。這種現代觀點將藝術作品的價值放在創造過程，以及放在界定成品美感的所有複雜關係之上，所以藝術創作的價值就如同商業活動或玩遊戲的價值一樣。藝術創作也可能包含遊戲態度，只要藝術家享受過程，並且純粹從過程本身來衡量其技藝的價值。更普遍而言，在任何有一定難度的活動，並且在某程度上因其難度而享有價值，那麼就能在其中發現那些從遊戲的典範所展現的價值——養家、經營社區組織、整修房子等等的活動，都是如此。所以，這些價值可在許多活動裡找到，也可以讓許多人實現。古典觀點傾向於把具有內在價值的活動侷限在少數精英，他們討論哲學、沉思上帝或參與任何限定於最高層級者的事。但舒茲所捍衛的當代觀點，將美好生活的機會，公平民主地擴大到普羅大眾。

總而言之，《蚱蜢》看似輕鬆實則嚴肅，其中為數個重要的哲學論題辯護。於是我們回到這本書的風格。在當代哲學，尤其是倫理學的分支中，崇尚的是高度智識與嚴肅的學科氛圍，學者以冠冕堂皇的語言書寫著宏大的哲學論述。但他們的認真嚴肅卻通常無法有效傳達觀點，甚至無法覺察到針對這些觀點的關鍵反駁。《蚱蜢》的特質正好相反。這本書的寫作方式採用吸引人的詼諧風格，加以迷人的起承轉合；但這是部嚴肅的哲學作品，無論是就其中論旨的重要性而言，或就其論證的完整性而言。這並非意指哲學家應該嘗試去複製《蚱蜢》一書的特性，那是不可能的。但這本書確實給哲學寫作提供了一種概括的模式——嚴肅地對待理念，但不必然要自我設限地進行討論。但願會出現更多這樣的書。

前言

1. 本書裡的大蚱蜢，就是伊索寓言裡那隻以無先見之明而聞名的大蚱蜢。伊索把他塑造成警世寓言的主角，但是大蚱蜢來到這裡卻成了某種最美好生活的典範，藉由他的闡釋向世人展現這如此值得一活的生命。他住在構想中的烏托邦，完全投入一個早熟的理想，絕不妥協，因而死亡。但他也是一位思辯型的烏托邦居民，在死亡降臨之前，成功地為他的理想辯護，也為他的全心投入所必然帶來的死亡辯護。大蚱蜢辯護中的核心論點在於，烏托邦裡的存在形式以玩遊戲為根本，而這本書即致力於形構出這樣一種遊戲理論。

這本書所建構的理論，意圖並不在於以任何的直接方式對賽局理論（Game Theory）這個研究領域做出貢獻，雖然有些賽局理論的專家可能意識到這套理論的重要性。本書本質上也不算是社會學或社會心理學的學術貢獻，即使書中包含了角色扮演的深入討論，還有一個小節提及了伯恩（Eric Berne）的著作《人間遊戲》。

這是一本哲學書，而且依循的是哲學的某一種傳統取向——也就是企圖揭露並制定一個定義，進而沿著這個發現繼續推斷，即使這將導向一個令人訝異且有時令人倉皇失措的方向。

我當然知道，目前的哲學社群，乃至整體的學術社群，對於尋找定義這件事已不抱持任何幻想。而維根斯坦，這位反定義立場最有力（而且肯定還是最具吸引力）的發言者之一，他最著名的主張，就是認為界定任何事物都是徒勞無功的，而且還特別針對遊戲的定義來闡述他的主張。維根斯坦勸戒我們：「別說什麼『必定有共同之處，要不然他們不會被稱作「遊戲」』——而是去觀察與理解是否有什麼共同之處。」這是無懈可擊的勸告，不幸的是，維根斯坦自己並沒有做到。他確實觀察了，但他在此之
前就早已認定遊戲無法定義，因此他的目光快速掃描，幾乎沒有 2
看到什麼東西。所以我邀請讀者跟我一起針對遊戲進行一次更長遠、更透澈的注視——遊戲是否有共同之處？在這一趟檢查尚未完成之前，我們暫且不下定論。

為了避免可能發生的誤解，我加入下列說明。這本書接下來展開的探問並不是，也不應被視為一種「反反定義」的宣言；它的信服力也不該被建立在認為世間萬事萬物皆可被定義的信念之上。更合理的作法是，先假設有些事物可定義，有些事物則否，而確認某個事物屬於何者的唯一方式，就是跟隨維根斯坦的卓越建議——觀察和理解。

感謝詞

3 本書有些部分已在其他地方出版。第一章、第三章的最後一個部分，以及第十五章，是《運動哲學：早期論文集》（*The Philosophy of Sport: A Collection of Original Essays*, Charles C. Thomas, 1973）中兩篇論文的修訂版；第三章的第一部分原本標題為〈何謂遊戲？〉，發表於1967年的《科學哲學》期刊（*Philosophy of Science*）；第七章則以目前的標題發表在1969年的《科學哲學》期刊；第三章的幾個段落摘自1967年的《倫理學》中的〈生命是一場遊戲？〉（版權為芝加哥大學所有）。感謝這些出版者同意本書收錄這些論文。

本書的出版得到加拿大人文科學研究委員會（Humanities Research Council of Canada）的贊助，經費來自加拿大國會基金（Canada Council）。

本書得以完成，係因多年來許多人對我的遊戲研究所給予的鼓勵與支持。感謝 Charner Perry、Richard Rudner、J. Sayer Minas、Nathan Brett，特別是 Jan Narveson。我衷心感謝多倫多大學出版社的工作人員，尤其是 R.I.K. Davidson、Jean Jamieson、Margaret Parker、Laurie Lewis，與 William Rueter，最後，謝謝法蘭克・紐菲（Frank Newfeld）在我的文字裡展現他的繪畫藝術。

演員表

大蚱蜢（THE GRASSHOPPER）：遊手好閒但思維縝密的昆蟲學家。

史蓋普克斯與普登斯（SKEPTICUS and PRUDENCE）[1]：大蚱蜢的追隨者。

史奴斯教授（PROFESSOR SNOOZE）[2]：一位常發生意外事故的學者。

史威特大夫（DR. THREAT）[3]：兇手。

史密斯和瓊斯（SMITH and JONES）：兩位配角演員，偏好讓自己陷入棘手情境，但他們的遭遇巧妙帶出書中論點。

羅賓森（ROBINSON）：史密斯和瓊斯的朋友，當他們需要他時就會被召喚出來。

伊凡和阿布（IVAN and ABDUL）：兩位想找樂子的退休軍官。

邏輯之聲（THE VOICE OF LOGIC）：伊凡和阿布的剋星。

艾德蒙・希拉里爵士（SIR EDMUND HILLARY）[4]：登山者。

波菲爾尤・史尼克（PORPHYRYO SNEAK）[5]：世上最傑出的間諜。

巴舍勒密・追哥（BARTHOLOMEW DRAG）[6]：世上最愛找麻煩的煩人精。

赫瑞斯癸特醫生（DR. HEUSCHRECKE）[7]：史尼克和追哥的治療師。

約翰・史崔姆和威廉・希克（JOHN STRIVER and WILLIAM SEEKER）[8]：兩位不滿於現狀的烏托邦居民。

1 編註：Skepticus來自英文字Skeptic，有「懷疑論者」之意；Prudence一詞則有「審慎、精明」的意思。

2 編註：Snooze一詞是「打盹」的意思。

3 編註：Threat即「威脅」。

4 編註：紐西蘭登山家和探險家。

5 編註：Sneak有「鬼鬼祟祟」或「欺詐」的意思。

6 編註：Drag有「易裝」之意。

7 編註：Heuschrecke即德文的「蚱蜢」。

8 編註：Striver即「奮鬥者」、Seeker即「尋覓者」。

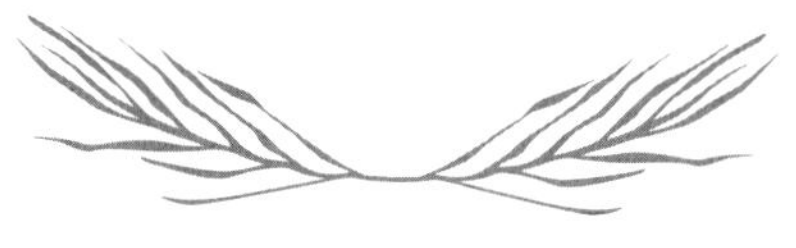

｜第一章｜

大蚱蜢之死

大蚱蜢在他的追隨者面前，為他的生活方式及正在逼近的死亡辯護，然後死去。

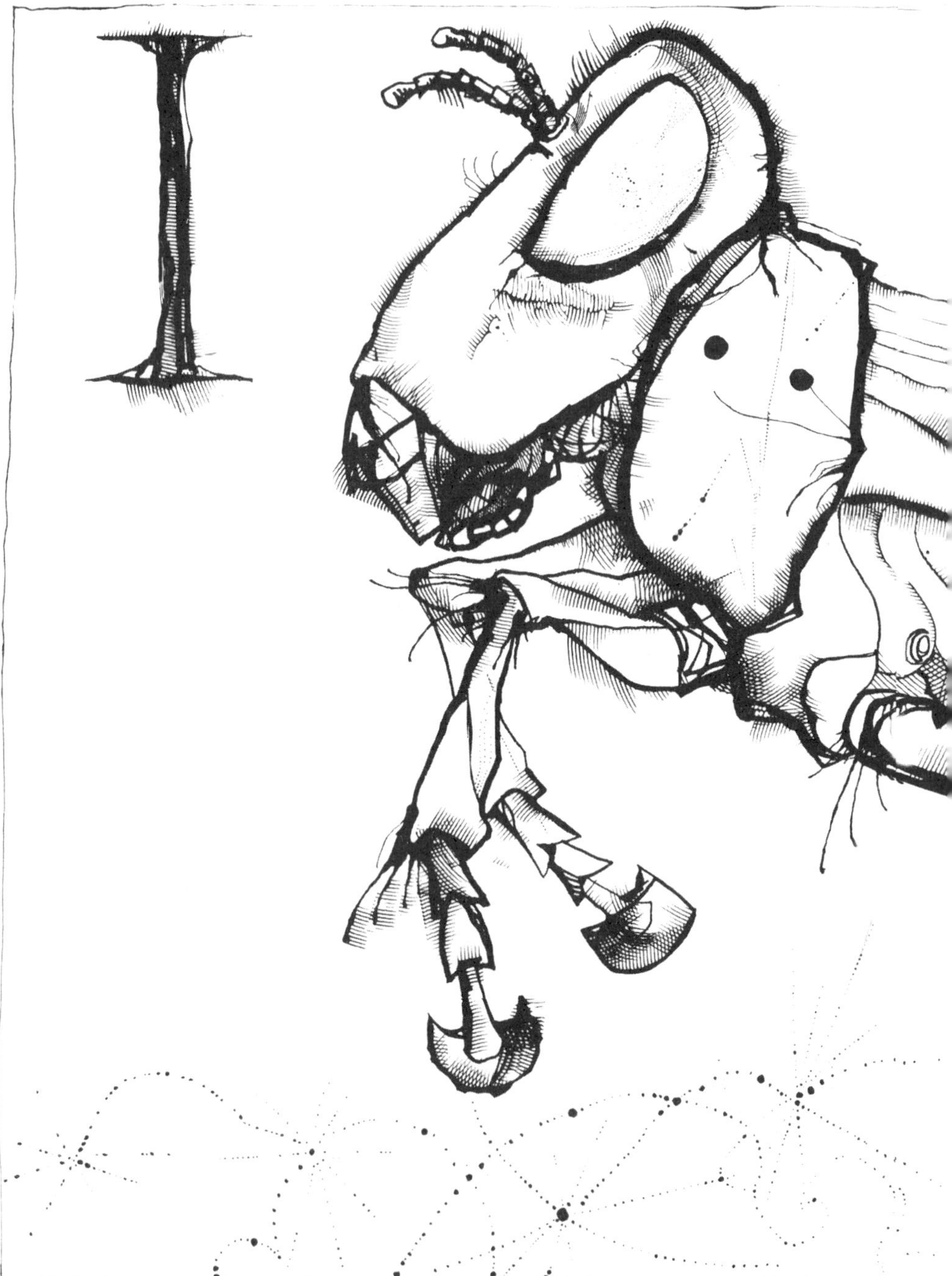
I

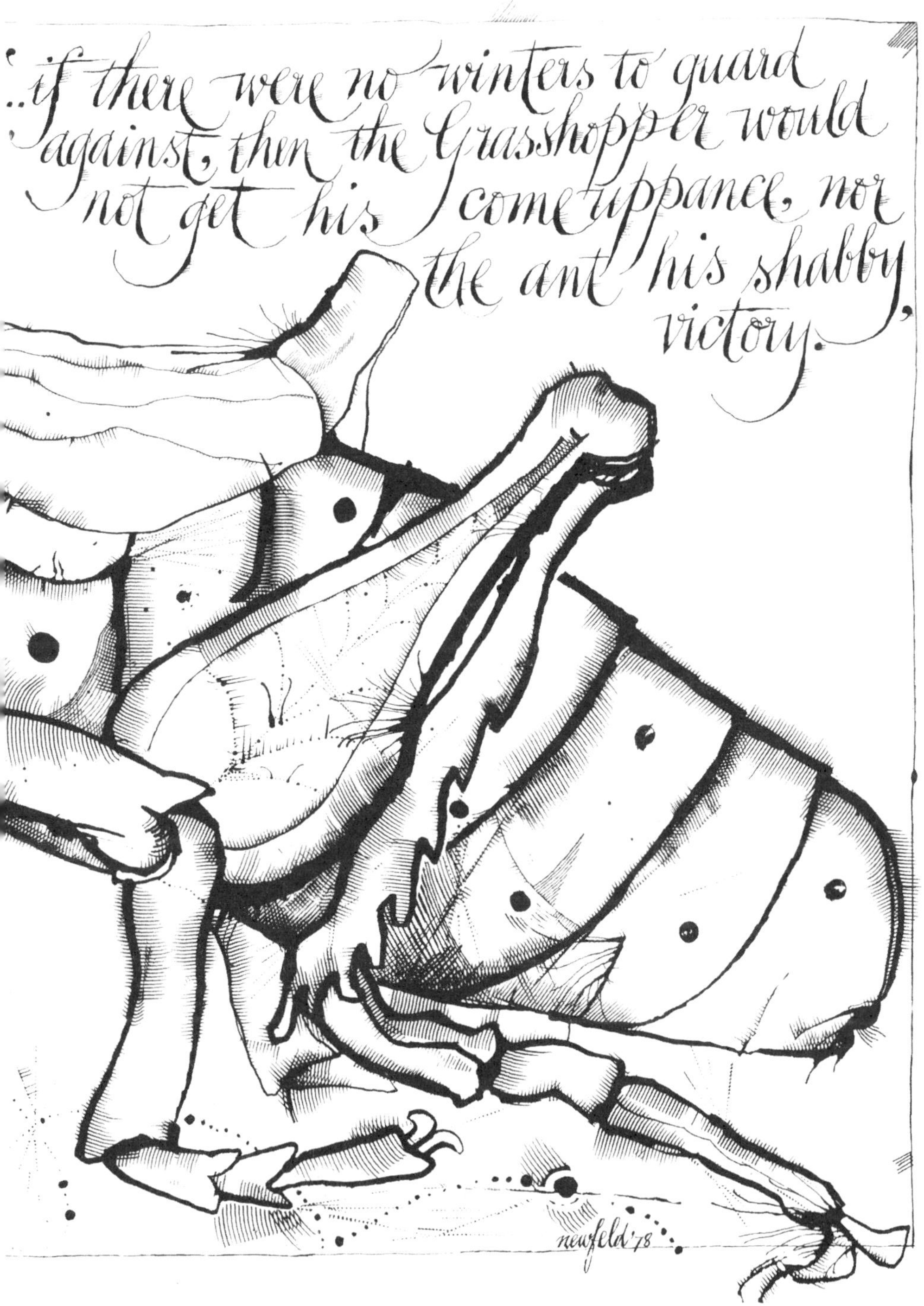

"...if there were no winters to guard against, then the Grasshopper would not get his comeuppance, nor the ant his shabby victory."

newfeld '78

8 大蚱蜢顯然無法度過這個冬季，他的追隨者聚集在一起圍繞著他，這無疑是他們最後一次的集會了。他們當中大多數已經平靜接受他即將死亡，但少數仍然義憤填膺，認為這種事情不該發生。普登斯屬於後者，她靠近大蚱蜢提出最後的請求。「大蚱蜢，」她說，「我們幾個已經決定讓出一部分食物，幫助你撐到春天，明年夏季你再工作償還我們。」

「親愛的孩子，」大蚱蜢回答，「你還是不懂。事實是，我不會工作來償還你們。我根本不會工作。我以為，當螞蟻在他門前拒絕我時，這一切就再清楚不過了。當然，我去找他一開始就是個錯誤，我不會再犯這種過錯。」

「但是，」普登斯接著說，「我們不吝惜與你分享一部分我們的食物，我們也不會要求你償還給我們。畢竟，我們不是螞蟻。」

「不，」大蚱蜢說，「你們不是螞蟻，不再是了。但是你們也不是蚱蜢。為何你們要將辛勞的果實送給我呢？當我明確告訴你們我不會償還時，這很明顯就是一件不正義的事。」

「但是那種正義，」普登斯大聲辯解，「僅是螞蟻的正義。那種『正義』跟蚱蜢沒有關係。」

「你說對了，」大蚱蜢說，「這指的是公平交易，對真正的蚱蜢來說，這種正義是不適用的。但是有另一種正義阻止我接受你們的提議。為何你們願意為了讓我繼續活下去而工作？難道不

＊ 前頁圖說：「如果沒有冬天要防範，大蚱蜢就不會有報應，螞蟻也不會有這寒酸的勝利……」

是因為我體現了你們所嚮往的生活，而你們不願意看到這個楷模走向死亡？你們的希望是可以理解的，就某一點來說甚至是值得欽佩的。但終究它是自相矛盾的，而且——請不要介意我直言——這也是虛偽的。」

「大蚱蜢，這話說得太重了。」

「但我沒有惡意。你們要了解，我的生命不是為了變成某種展示品，但是你們似乎正在把我變成那個樣子。你們看重我，應該是因為你們想要像我一樣，而不是只為了向螞蟻炫耀說你們跟大蚱蜢這個怪胎是好朋友。」

「大蚱蜢，我們不是那樣！」

「我相信你們。但是如果你們認為那個提議很好，那麼你們也就成了我所說的那個樣子。它強調你們之所以必須工作，是因為我不會工作。但是，我所教你們的重點，就是要你們不工作。然而現在你們企圖利用我作為工作的藉口，而且還要比過去做更多，因為你們不只要養活自己，還要養活我。我稱之為虛偽，因為你們所做的正在違反你們的理想生活，卻硬要耍花招為這些作為找個堂皇的理由。」

在這個時候史蓋普克斯突然大笑，插入討論：「普登斯，大蚱蜢的意思是說，我們還沒有勇氣去遵循他的信念。重點是，我們拒絕工作不應該只為了大蚱蜢，而是為了我們自己。我們應該像他一樣，為原則而死。而我們沒有這麼做的原因在於，儘管我們不再是螞蟻，卻終究也不是蚱蜢。當然，既然大蚱蜢的生命是唯一值得活著的生命形式，他所說的也就言之成理了。」

「不是這樣的，史蓋普克斯，」大蚱蜢插話了，「我同意，這些原則值得用生命捍衛。但我必須提醒你們，這是大蚱蜢的原則，我並非要說服你們為我的原則而死，我只是想說，這是我必須做的。我們應當明瞭各自的角色。你們來這裡，並不是要為我而死，應該是我為你們而死。如史蓋普克斯所說的，追隨我的信念需要勇氣；你們必須有勇氣贊同我的死亡，而不是對此感到遺憾。但你們兩個都還沒辦法做到，儘管理由有所不同。普登斯，你雖然相信這原則值得以死捍衛，但你不相信你有必要為此而死。還有你，史蓋普克斯，你甚至還不確定值不值得為此原則而死。」

史蓋普克斯回答：「我相信你是現存最有智慧的生物，所以整個夏季我都從未離開你身邊；雖然如此，我必須承認，我仍不確信大蚱蜢的生活是最佳的生活方式。如果你能給我一個清晰的景象，讓我看到你所見的美好生活，也許我的信念將更趨向於你的信念，我的勇氣也是。你或許可以利用某個你在其中受到正確對待的寓言故事來表達。」

「我親愛的史蓋普克斯，」大蚱蜢回答，「寓言，應該在嚴肅探討的結尾時才出現，而不是在開始時。換言之，唯有在論證失敗了，才用寓言。但談到寓言，跟螞蟻有關的那些事，肯定是我生涯中的寓言故事之一，而且極有可能把我的生命重現為一個道德故事，說的是深謀遠慮優於閒散的生活態度。但故事裡的主角實際上應該是大蚱蜢；該被聽者認同的，是大蚱蜢，而不該是螞蟻。寓言的重點應該不是螞蟻的勝利，而是大蚱蜢的悲劇。因為我們不得不反思，如果沒有冬天要防範，大蚱蜢就不會有報應，螞蟻也不會有這寒酸的勝利。故事應該證明大蚱蜢的生活是正確的，而螞蟻的生活是荒謬的。」

「但確實有冬天要防範呀！」普登斯反駁。

「的確如此。但科技一直在進步，未來我們的生活裡或許不再有冬天，這是可能的。因此，我們可以這麼說：雖然有點不合時宜，但我的生活方式原則上是沒有錯的。」

「手術成功，但病人死掉了。」史蓋普克斯說。

「不，」大蚱蜢回答，「不完全是那樣。我的想法是，我的生活方式最終是不是被證明是對的，這其實不是重點。我的立場背後的邏輯，才是重點。這個邏輯顯示的是，深謀遠慮的行為（比如我們稱之為工作的那些事）在原則上是自我矛盾的。因為深謀遠慮指的是如此的態度：一、犧牲某些有益的事物（比如休閒），這是換取某些更好事物（如生存）的必要且充分的條件；二、減少需要犧牲的美好事物，最理想的是完全沒有犧牲的必要。因此，深謀遠慮的理想境界，就像是預防醫學所要達至的狀態，也就是自身的滅絕。因為如果沒有好事物需要犧牲，那麼深謀遠慮的行為就變得毫無意義，甚至根本不可能存在。我認為，這個原則是通往智慧之路必不可少的知識，但螞蟻似乎從不曾理會。真正的大蚱蜢看透工作並非是自我證成的，而他的生活才是構成任何一種工作的最終正當性。」

「但是，」史蓋普克斯回答，「你無疑正在把論點推向不可理喻的極端。你說得好像生命僅有兩個選擇，要不全身投入遊戲，要不完全只有工作。但是，我們大部分人都明瞭，勞動之所以有價值，是因為勞動讓我們可以玩樂，而且我們都試圖在工作收入和玩樂支出之間達到某種平衡。人並不是全然的蚱蜢或全然的螞蟻，也沒有人想要這樣；他們要的是成為兩者的混合體。人本來就是『螞蟻蚱蜢』或『蚱蜢螞蟻』（如果你不介意這種通俗又隨興的語詞組合），而且他們確實想要這樣。我們當然可以全面停止工作，但也就無法玩樂太久，因為很快就會死掉。」

11 「史蓋普克斯，你剛剛說的那些話，我有三個答案。恐怕我得說快一些，因為太陽下山了，草地上已經結霜。第一，我來到這世界上，顯然就是為了玩樂一生，然後死去；違反天命對我來說是種褻瀆。這個，你可以稱之為神學的一面。第二，這事還有邏輯的一面，就跟命運一樣無可避免；你也可以隨意把這個看作是命運的一面，就跟邏輯一樣無可避免。反駁大蚱蜢生活的唯一論點，是一個偶然事實——不工作，就死亡。我對這個論點的解答是：我的死亡無論如何都是不可避免的。如果我在夏季時*沒有先見之明*，那麼我將在冬季死亡。而如果我在夏季時*未雨綢繆*，那麼顯然我就不再是大蚱蜢了。但是，我在夏季要不就未雨綢繆，要不就無所作為，我並沒有第三種選擇。所以，我只能選擇死亡，或不再當大蚱蜢。但我就是大蚱蜢，不多也不少，所以死亡和停止當大蚱蜢，對我來說是一樣的，是同一件事。我無法逃脫這個邏輯或命運。而且，我是大蚱蜢，而你們不是，所以你們不受這邏輯約束。像我剛才說的，我經常覺得，我來到世間的目的，就是要為你們而死，就是為了擔負沉重而無法逃脫的十字架。但我得承認，只有當我處在某種早期基督徒，或現今的異教徒之類的心智框架時，才會這麼想。在其他時候（史蓋普克斯，這就帶到我要給你的第三個，也是最後一個答案），我有個古怪的想法，覺得你們兩個都是偽裝起來隱藏著的大蚱蜢；實際上，每一個活著的生命都是大蚱蜢。」

此時，普登斯對著史蓋普克斯耳語，「怕是時候到了，他開始神智不清。」但是當他們的朋友與恩師大蚱蜢繼續說話時，史蓋普克斯只是深切地望著他。

「我承認這是一個荒唐的念頭，」大蚱蜢說著，「本來還有點猶豫要不要告訴你們我的想法。不過，反正我已經習慣被看作是愚蠢可笑的，所以我還是說下去吧，至於你們要怎麼理解我說的話，都無所謂。我要告訴你們的，是一個總是重複出現的夢，夢境一再向我揭示一件事，但如何揭示我無法向你們說明。夢中說的是，每一個活著的生命，其實都在玩著精細複雜的遊戲，但卻同時深信他們自己正是處理日常事務。木匠以為他們只是在從事技藝營生，實際上是在玩一場遊戲。政治家、哲學家、戀人、謀殺犯、小偷、聖徒，也都一樣。任何你所能想到的職業或活動，實際上都是遊戲。這個啟示當然令人驚訝，但接下來的事更可怕。在夢裡，我不斷說服每一位我遇到的人，要他們接受這個向我揭示的偉大真理。我不知道是如何說服他們的，但他們確實是被我說服了。然而，被說服的當下——這就是恐怖的地方——他就不見了。聽著我說話的人，就這樣當場消失了，不僅如此，我還絕對確切地知道，他再也不存在於任何地方。就好像他從來不曾出現過。我所宣揚的真理帶來的是這樣的結果，我驚呆了，但我無法停下來，反而是快速轉向下一個生命體傳達我的訊息，直到我將此真理傳布整個宇宙，使每個人皈依而得赦免。最終，我完全絕望，孤獨地站在夏季星空之下。然後我醒來了，原來世界仍充滿著有知覺的生命，我很高興，那只是一場夢而已。

我見到木匠和哲學家仍舊跟以前一樣做著他們的工作……但是，我問我自己，真的還和以前一樣嗎？木匠在屋頂上只是單純地釘釘子，還是正在進行著一場他早已遺忘規則的古老遊戲？但是，現在寒氣正在從我的腳爬上來。我睏了。親愛的朋友們，再會了。」

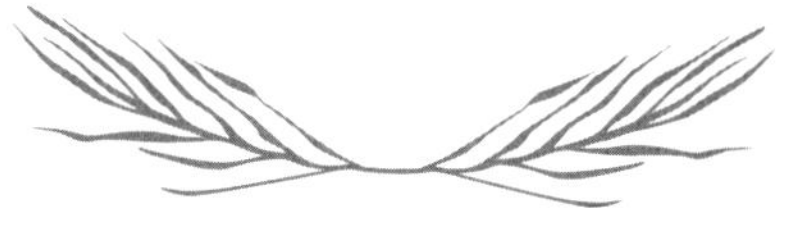

｜第二章｜

追隨者

史蓋普克斯和普登斯發現，大蚱蜢留給他們的，是一個關於玩、遊戲和好生活的糾結謎團。

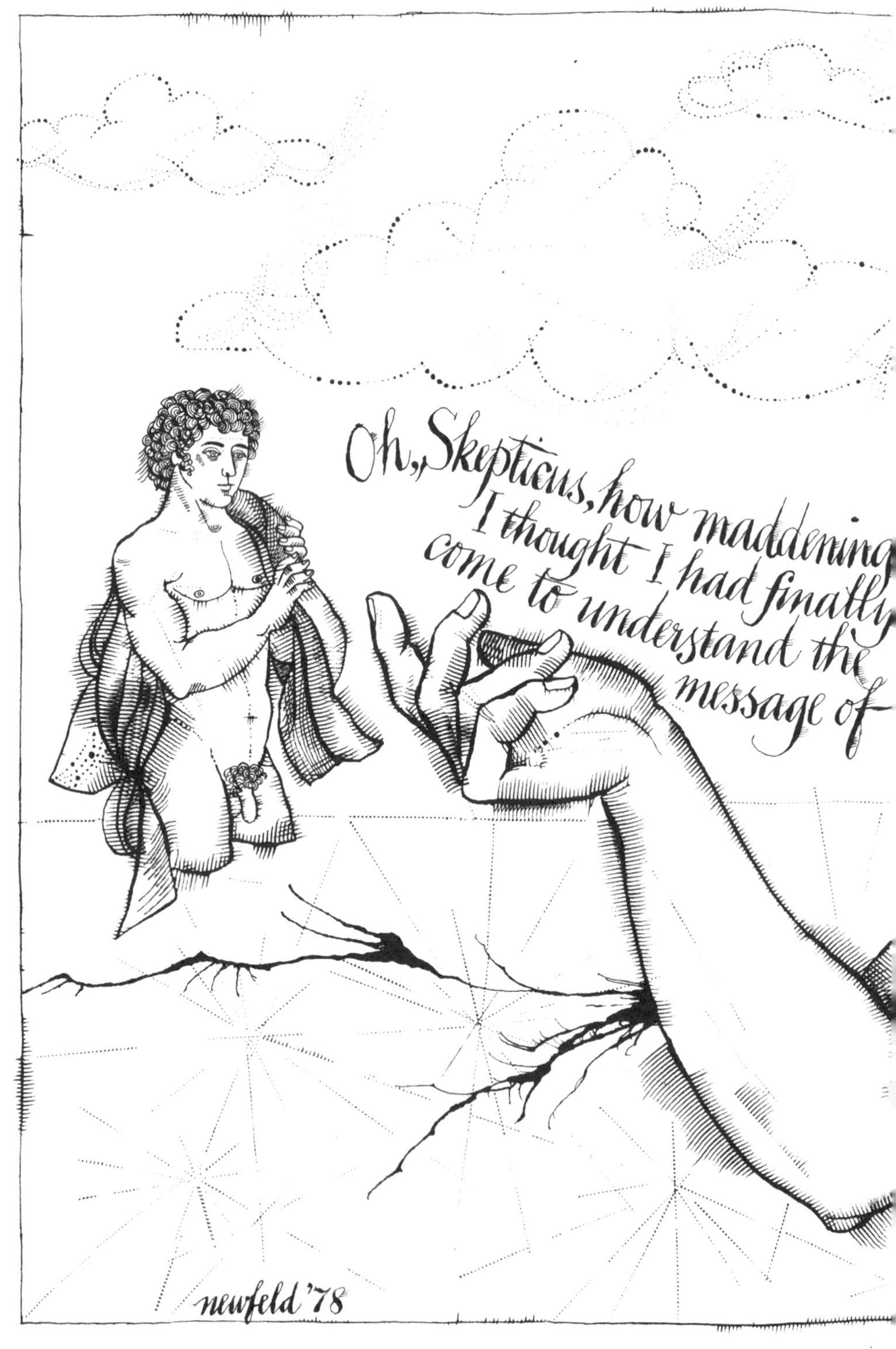

Oh, Skepticus, how maddening.
I thought I had finally
come to understand the
message of
newfeld '78

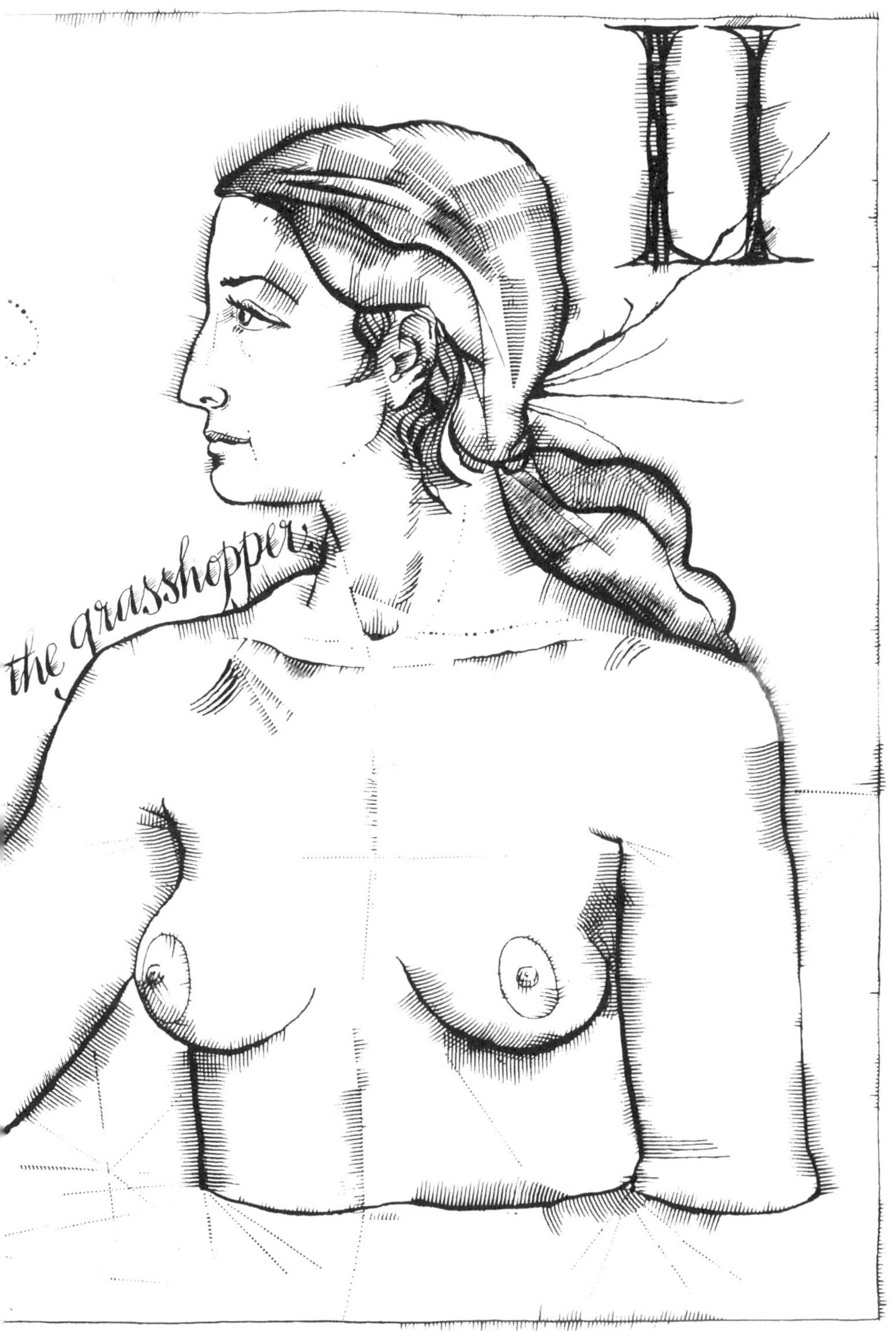
II
the grasshopper.

16 次日，史蓋普克斯找到正在悲痛中的普登斯。

史：女孩，現在該放下悲傷了，你要幫忙探究一下我們的遺產。

普：（擦乾眼淚）什麼遺產？

史：當然是大蚱蜢的夢，我整夜都醒著，試圖解開它。

普：（擤擤鼻涕）它確實很奇怪。

史：是的，很怪。但是比這個夢本身更奇怪的是，大蚱蜢竟然會告訴我們他的夢，這才是更讓我驚訝的。

普：為什麼你會這樣說？

史：嗯……大蚱蜢告訴我們這個夢，並不是因為這個夢很有趣，而是用來回答我的問題。當時我說的是，只有工作而不玩樂，那一定是隻乏味的螞蟻，但是，只有玩而不工作卻會變成一隻死掉的蚱蜢。

普：對，你正在刺激他為自己的生活方式辯護。

史：的確如此。他用三個回答來回應這個質問。第一個回答他稱作宗教學的答案，第二個他稱作邏輯的答案。

普：沒錯。

史：而第三個答案呢？普登斯？

普：第三個答案是這個夢。

＊ 前頁圖說：「哦！史蓋普克斯，這太瘋狂了！我竟然以為我終於能夠理解大蚱蜢的訊息了。」

史：是的，一個關於人類玩遊戲（playing games）的夢。這就是奇怪的地方。

普：那有什麼好奇怪的呢？想必奇怪之處就在於正在玩著無意識的遊戲，而每當他們意識到自己正在做這件事時，便會消失不見。

史：嗯，這很怪異，我同意。但那只是一般夢境都會有的怪異。但是，這裡頭有另一種怪異；這麼說好了，有一種更根本的怪異，而我們必須先解開，然後才有可能解讀這個夢境本身的奇特之處。

普：你到底在說什麼？史蓋普克斯？

史：我是說，我們要解開夢境的謎團之前，必須先回答一個問題。

普：什麼問題？

史：這個問題：為什麼大蚱蜢夢裡的生物都在玩遊戲，而不是在吹長號？ 17

普：史蓋普克斯，我完全沒聽懂你的話。

史：普登斯，我正在試著弄懂大蚱蜢的第三個答案。他的前兩個回答，也就是宗教學和邏輯的答案，實際上是同樣的東西，不是嗎？這兩個說法，其實都是表達大蚱蜢忠於自己的決心，即使代價是付出生命。

普：是，沒錯。

史：普登斯，他忠於自己，又是意味著什麼？

普：不就是拒絕工作，然後把自己完全地奉獻給玩。

史：其中的「工作」（work）和「玩」（play）這兩個字的意思

是什麼？

普：我想差不多就是人們通常使用這些字的時候所表達的意思吧。工作，就是去從事那些你必須做的事，而玩，就是為了樂趣。

史：所以，「玩」一詞，我們可用「因為玩本身而從事者」，而針對「工作」一詞，我們可替換成「為了其他目的而從事者」。

普：是的，工作是一種必要的惡；我們接受工作，是因為它讓我們能夠去從事那些我們認為美好的事物。

史：所以，我們是不是可以把各種不同的作為歸類成玩——比如，到佛羅里達州度假、收集郵票、讀小說、下棋或吹長號？

普：是的，當我們用「玩樂」這個詞時，所有這些事情都可以算是。我們說的「玩」，就等於是「休閒活動」（leisure activities）。

史：那這就清楚了，不是嗎。在我們的習慣用語裡，「玩」（playing）並不等同於「玩遊戲」（playing game），因為我們剛剛所提到的許多休閒活動，都不是遊戲。

普：是的，它們並不相同；遊戲只是休閒活動的一種。

18 史：因此，當大蚱蜢頌揚他的玩樂生活（the life of play）時，他所指的那種生活，想必不是做任何特定的事，而是做各種各樣的事；至於做什麼事，必然是依那些玩家的天分和喜好而定。比如，某些人喜歡收集郵票，有些人不喜歡；有的人有下棋或演奏管樂器的天賦，有的人則沒有。所以，大蚱蜢所辯護的那種生活方式，也就是蚱蜢的生活方式，從事的肯定不是任何一種這類休閒活動。例如，他不會說大蚱蜢的生活就是吹長號。

普：當然不會，史蓋普克斯，這多荒謬呀！

史：是的，那很荒謬，所以我才會認為大蚱蜢的第三個回答太奇怪了。因為他在第三個答案所透露的觀點似乎是，大蚱蜢的生活中不該只有休閒活動，而應該由玩遊戲所構成。你回想看看，他一開始就告訴我們，他有時幻想著每一個活著的人其實都是蚱蜢偽裝的。

普：對，我記得。

史：然後，他開始告訴我們他的夢，似乎以這個夢來解釋那個怪異的想法。在夢中，每一個活著的人都在玩遊戲，卻都不知道自己正在玩遊戲。所以看起來是這樣——大蚱蜢所謂的偽裝的蚱蜢，就是那些正在玩一場遊戲，但不知道自己在玩遊戲的人，而他因此認為，蚱蜢生活的本質是玩遊戲，而不僅僅是玩樂。

普：是的，我明白了，史蓋普克斯，多麼奇特呀！

史：確實。這個夢是個謎，而這個謎又被包含在另一個謎團之中。首先是夢境本身的複雜謎團。那些不知道自己就是蚱蜢的生命，以及那些正在玩遊戲卻不自知的生物，為什麼一旦意識到他們所做的事情時，就會消失？還有，如果他們真的是在玩遊戲，為什麼自己卻不知道？但所有這些 19
疑問都是另一個謎團的一部分。那就是，為什麼真正的蚱蜢應該是遊戲的玩家，而不是去從事任何一種本身具有價值，也跟玩遊戲一樣被視作「玩」的其他事物？

普：哦！史蓋普克斯，這太瘋狂了！我竟然以為我終於能夠理解大蚱蜢的訊息了。但現在看來，我們將永遠失去他最深刻的教導了。

史：不盡然，普登斯。

普：你的意思是？

史：或許大蚱蜢將會復活。

普：復活！

史：對！他似乎把自己視為蘇格拉底和基督耶穌的合體。

普：史蓋普克斯！

史：可是，我大概不會等待這不可希求的結果。

普：你覺得你能自己解開這個謎嗎？

史：無論如何，我想試試。我們和大蚱蜢說話時，你也聽到了，我提到過整個夏天我都沒離開過他身邊？

普：是的。

史：嗯，從五月到九月，你認為我們都在談些什麼？

普：我猜是大蚱蜢的生命哲學吧！

史：更明確地說，普登斯，我們談論的是*遊戲*。

普：遊戲！那麼當大蚱蜢告訴我們他那個有關遊戲玩家的夢時，你並不是真的驚訝吧？

史：也許我是不應該訝異的，普登斯，但我還是被嚇到了。你看，我沒想太多，就只是單純地假設，大蚱蜢樂於談論遊戲，只是因為比起我們剛才說的那些休閒玩樂活動，他剛好比較喜歡遊戲，就只是這樣而已。

普：就像，如果大蚱蜢是長號演奏家的話，他談的就會是音樂。

史：完全正確。當然，現在我明白了，這裡頭藏著一些更重要的東西。

普：好吧，史蓋普克斯，快告訴我，大蚱蜢說了哪些關於遊戲的話？ 20

史：首先，他對遊戲下了一個定義，更精確地說，是玩遊戲的定義。然後，他讓我對這個定義做一連串的檢驗。我不斷提出我所能想到的最有說服力的論點，來反駁這個定義，而他則一一回應了這些質問。

普：他的定義經得起你的責難嗎？

史：在我看來，他反駁了我的質問，捍衛住了這個定義。而且，在挑戰與答辯之中，也揭露了更多關於玩遊戲的特徵，而這些特徵並未包含在原本的定義裡；最後，至少可以說我們發展出一個較精緻的一般遊戲理論大綱。幸好我謹慎摘記下了這些對話，所以我打算重構整個論證的發展過程。因為我確定，大蚱蜢留給我們的這個複雜謎團，它的解答就在遊戲的本質裡（the nature of game）。而且，現在我才明白，大蚱蜢給我們說一個夢的寓言，而不直接告訴我們他心中所想的，正是因為他已經花了整個夏天，給予我所有解開這個謎團所必需的線索。

普：史蓋普克斯，為什麼他像是在——

史：和我們玩一個遊戲？

普：看起來像是如此，史蓋普克斯。那麼，馬上開始你的重構吧，這樣遊戲才能開始。

史：好啊，普登斯，如果說，闡明大蚱蜢的邏輯、檢驗大蚱蜢的理念，以及詮釋大蚱蜢的夢境，這些工作可以被稱作遊戲的話。[1]

1 我把大蚱蜢對遊戲的論述分成各章節闡述，有時則分成章節下的節次，這些章節的大小標題由我所加。大蚱蜢從他處引用的有關遊戲這個主題的資料，也都是由我加入註腳（除了第七章，大蚱蜢提供了他自己的註釋）。除此之外，以下行文皆依循著我們的探究歷程，忠實地記錄了我們在其中的討論。——史蓋普克斯。

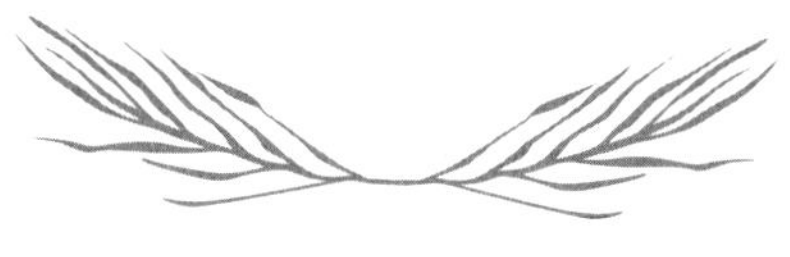

｜第三章｜

定義的建構

本章是倒敘的開始，一直延續到第十三章。在這一章，大蚱蜢從兩個不同的路徑，得出一個遊戲的定義。

It is impossible to win a game
and at the same time to—

newfeld '78

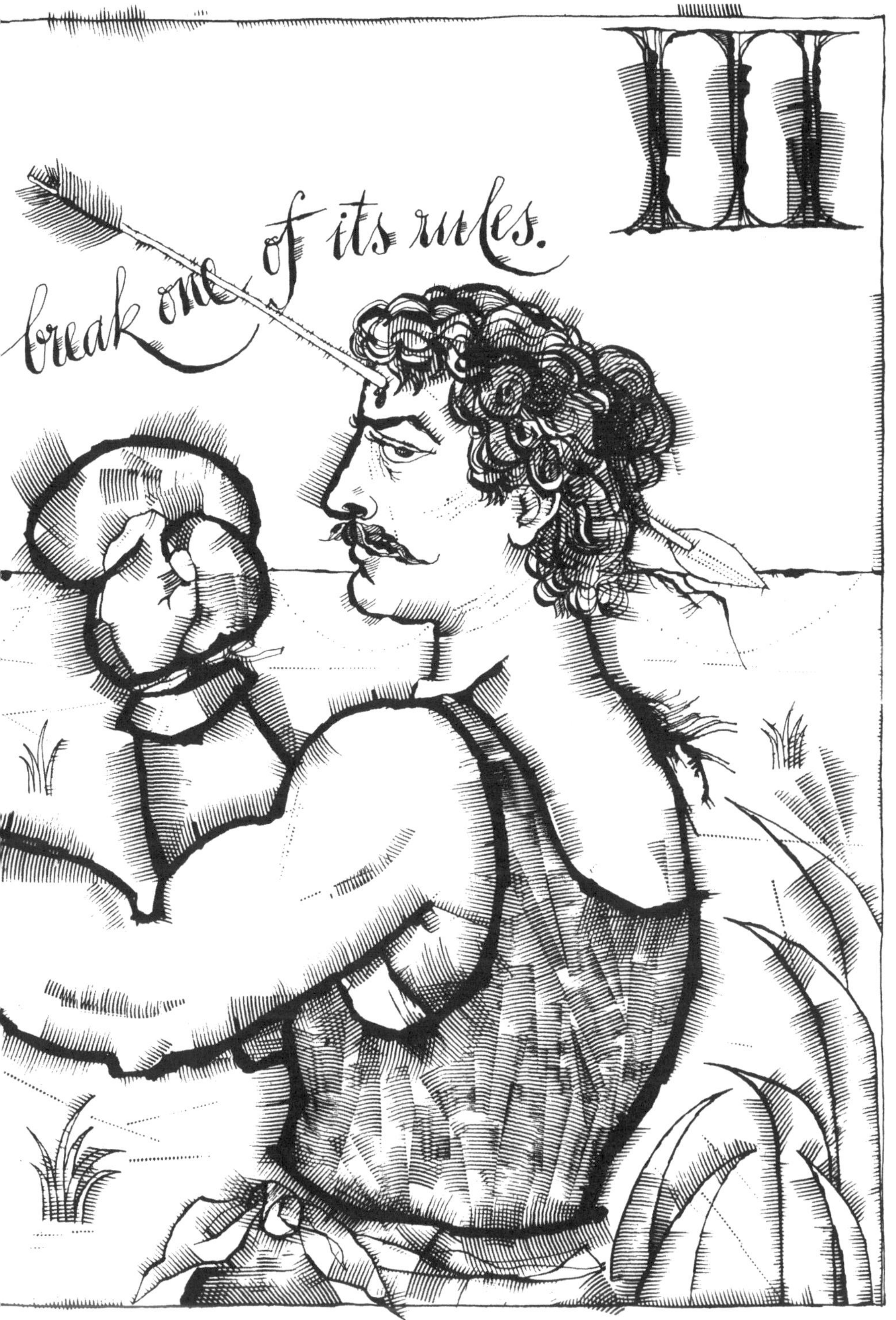

III
break one of its rules.

24 遊戲是一種低效率方法的選擇

〔大蚱蜢如此開始〕想想那些古老訓誡——尋求知識的道路該從那些較明顯的面向著手，然後漸進到較隱微的面向；讓我們從這個日常的信念開始——遊戲有別於工作。因此，我們顯然會認為遊戲跟工作是相反的。我們可以直接把工作描繪成一種「技術活動（technical activity）」，在這種活動中，行動者試圖使用最有效率的方法來達到想要的目標。既然遊戲顯然也有目標，也有達成目標的方法，因此遊戲跟技術活動的差別，可能就在於遊戲中使用的方法並不是最有效率的。那麼，就讓我們這麼說吧，遊戲是目標導向的活動，該活動要求選擇低效率的方法。譬如，賽跑時我們自願繞著跑道跑向終點線，而不是「聰明地」切直線穿過內場。

然而，接下來的思考似乎對這個說法提出疑慮。我們可以說，遊戲的目標就是贏。譬如，在撲克牌遊戲中，如果結束時我手上的錢比遊戲開始時更多，我就是贏家。但是，如果另一個玩家在遊戲進行當中，還給我過去他欠下的一百元，或者，假設我敲了另一位玩家的頭，並拿了他所有的錢；那麼，即使我整晚都沒贏過任何一局，我仍是贏家嗎？當然不是，因為我的錢並不是因為玩牌而增加。要成為一位贏家（賺錢的象徵與結果），必須符合一些特定的條件，不能是債務的回收或是違法攻擊。這些條

* 前頁圖說：「你無法既贏得遊戲，又同時打破遊戲中的任何一條規則。」

件就是撲克牌遊戲的規則，規則告訴我們如何處置手上的牌和金錢，什麼可以做，什麼不可以做。唯有透過符合規則的方法來增加個人的金錢，才算得上是撲克牌遊戲的贏家，雖然僅僅服從這個規則並不確保勝利。規則允許使用較好的或較不好的方法。例如玩撲克牌遊戲的時候，打出一對 A 或打出 A 來保留另一對牌，兩者都是可行的方法，即使其中有一個是比較好的方法。所以，雖然遊戲規則限制了贏得撲克牌遊戲的可用方法，但方法並不是完全由規則決定。因此，我們可以說，如果想要贏得撲克牌遊戲，就要使用符合規則的方法之中最有效率的那一個來贏錢。但是，如此的話撲克牌遊戲就變成了我們先前所定義的技術活動了。 25

然而，這看起來是個奇怪的結論。人們普遍認為工作與遊戲是兩件很不同的事，但現在我們似乎不得不說，遊戲其實不過是另一個必須盡可能做好的工作罷了。在放棄「玩遊戲意味著犧牲效率」這個命題之前，讓我們再多考量一個例子。假設我的目的是要以最有效率的方式把一個圓形的小物體放進地上的洞裡。用手把它放進洞裡，這是我自然會採用的方法。我肯定不會拿著一根其中一端連著金屬頭的棍子，走到洞口外的三、四百碼遠，然後試圖用這桿子推球進洞。就技術而言這不是聰明的方法。但這卻是非常受歡迎的遊戲，而前面的描述，明確說明了遊戲如何有異於技術活動。

但其實並非這樣。我們說高爾夫球的目標是把球放進洞裡，或更精確地說，以特定順序把球放進數個地洞裡；但這說法並不正確。真正的目標，是以最少的揮桿次數來達到以上目標。所謂的一桿就是以高爾夫球桿做一次特定揮桿類型的動作。因此，如果我的目標只是單純地把球放進幾個地洞，我不會想要使用高爾夫球桿，也不會站在離洞口那麼遠的距離。但是，假如我的目標是想要以高爾夫球桿把球從很遠的距離弄進洞裡的話，那麼，我就必定會使用高爾夫球桿，也必定會在特定的位置上揮桿。而且，一旦認定這個目標，我就會盡可能以最高的效率完成它。想必沒有人會這麼主張：因為我以十足效率致力於這個目標，所以我就不是在玩一場遊戲；而只要我變得草率馬虎的話，我才是在玩一場遊戲。高爾夫之所以是遊戲，原因也並不在於使用高爾夫球桿的效率比使用雙手來得低，因為沉球推桿如果不用高爾夫球桿，非但不是更有效率的方法，而是根本就不可能。如此看來，在方法的選擇上捨棄效率，似乎不是遊戲的一個滿意解釋。

26 遊戲裡的規則和目的之不可分割性

針對上一個論點所提出的異議，是基於規則在遊戲中的地位——規則與遊戲目的之間似乎存在著特殊的關係。撲克牌遊戲的目的不只是贏錢，高爾夫的目的也不只是讓球進洞，而是要按照規定的方式（或者更正確地說，不採用被禁止的方法）來完成這些事；也就是說，只能按規則行事。就某些意義而言，遊戲中的規則與遊戲目的是不可分割的，因為一旦打破遊戲規則，就不再可能達到目的。雖然你可以謊報分數而獲得一座獎盃，但事實上你並沒有贏得該比賽。不過，在我們所說的技術活動中，破壞規則來達到目的是有可能的，就像是謊報高爾夫球的分數而去贏得獎盃。所以，違反規則而不破壞行動的原初目的，這在技術活動裡是有可能發生的，而在遊戲裡則完全不可能。假如規則被破壞了，原初的目的就不可能達成——因為，唯有進行遊戲，才有可能（真正地）贏得遊戲，並且除非服從遊戲規則，否則我們無法（真正地）進行該遊戲。

下面的例子或許可說明這道理。在校園裡某個僻靜的角落，史奴斯教授在灌木叢的遮陰下睡著了。我從旁邊走過時看到他，也注意到教授斜靠著的灌木是一棵食人樹，而且我看到這棵樹的行動，知道它正要吃掉教授。我衝向他身旁時，同時看到一個牌子寫著「禁止踐踏草皮」。我沒有多慮就忽略這個禁令，救了史奴斯的生命。為什麼我會做出這個（顯然是無意識的）決定？因為拯史奴斯的生命（或任何生命）遠遠要比遵守禁踏草皮的禁令來得重要。

在遊戲中面臨的選擇，就完全不是這麼一回事了。玩遊戲時，我無法把目的（贏）從遊戲規則分割開來；就是因為有了規則，才有贏的意義。當然，我可以用欺騙的方式來獲得賭注，但如此一來，我的目的就已經從贏得比賽變成賺取金錢。因此，決定救史奴斯生命時，我的目的不是「救史奴斯並同時遵守校園行人的規則」；我的目的就只是救史奴斯的生命，而且有許多其他的方式可以完成它。例如，我也可以留在走道上用力喚醒他，但可能錯失寶貴的搶救時間；而且，縱使史奴斯試圖隱瞞，但其實
他幾近全聾。史奴斯事件中有兩個顯然不同的目的：拯救史奴 27
斯，以及遵守規則，無論是出於尊重法律或愛護草皮。我可以達成其中一個目的，而同時沒有完成另一個目的。但在遊戲裡，規

則和目的不容許如此區分。贏得遊戲的同時破壞該比賽規則，對我而言是不可能的事。誠實贏得比賽，或欺詐贏得比賽，對我而言從來就不是二擇一的選項，因為一旦欺騙，我就不算是在進行這場遊戲，更別說贏得遊戲。

假如史奴斯事件中的行動只有一個目的，而且是唯一目的（救史奴斯而且不踐踏草皮），我們即可憑這一點說這行動已經成為一場遊戲。因為沒有其他獨立選項，所以沒有任何選擇的餘地；達到一部分目的而捨棄另一部分，就是失敗。在這種詮釋之下，假如有位感動的同事因我及時救人而向我致意，我能給予的適當回應是：「我不值得你的稱讚。沒錯，我救了史奴斯，但因為我踐踏草皮，那就不算數了。」這就像是我承認用手把球放進第五果嶺的球洞裡。或者，同樣根據這個詮釋，我當初可能會用另一種相當不同的方式來思考這個問題：「我來試試看是否可能不踩踏草皮就可以救史奴斯。」想像我飛快地跑向運動大樓（沒有採取違規的捷徑），借了一支撐竿跳選手用的長竿子（還謹慎地登記），我希望可以戳醒史奴斯而不違反規則；但我飛奔回到史奴斯那裡時，他已消失在食人樹中了。「好吧！」我有點自負地說，「我沒有獲勝，但至少我參與了這場遊戲」。

然而，這裡必須指出，這例子可能有誤導之嫌。救人一命和禁止踐踏草皮，這兩件事情的價值無法放在同一個基礎上比較。史奴斯事件能用來支持這個論點（也就是，遊戲和技術活動的不同，在於遊戲具有規則和目的的不可分割性），只是因為兩個選項中的其中一個相對微不足道。這個例子的這個特徵可以修改——我決定遵守禁止踐踏草皮的規則，因為我是個瘋狂的康德學派追隨者，謹守著最沉重的哲學信念，平等尊重所有的道德律。如此看來，我瘋狂地想要用適當的方式來拯救生命，就不再顯得荒唐可笑，反而成為了最高層次的道德劇碼。但是，史蓋普克 28
斯，畢竟我們不是瘋狂的康德主義者，我將再舉出一個較不怪異但是邏輯相同的例子。

假設史奴斯的性命不是被食人樹威脅，而是史威特大夫，他正在接近瞌睡中的史奴斯，顯然意圖殺掉史奴斯。同樣的，我想救史奴斯，但是（假設）我一定要殺死史威特大夫，才能夠救他。然而，我堅守一條規則：無論如何不得殺人。因此，即使我剛好處在的位置可以輕易殺掉史威特（而且我手上也剛好拿著裝有子彈而且已經上鏜的手槍），我還是決定使用其他方法去救史奴斯，只因為我希望遵守禁止殺人的規則。我於是衝向史威特，試圖奪下他手上的武器。我遲了一步，史威特謀殺了史奴斯。這個例子明顯具有我們所說的特徵，也就是行動中的目的和規則相連結，但我們完全不會想把它稱為遊戲。我的目的不只是救史奴斯的性命，就像高爾夫的目的不只是把球放入洞裡這麼簡單；真正的目的是要在不違反某項規則的情況下，拯救他的性命。我想要正當地把球推進洞裡，也想要以合乎道德的手段拯救史奴斯。道德規範或許就是以這樣的方式構成人類行為的普遍規範。根據倫理道德的規範，某件事如果只能以不道德的手法來進行，那麼這件事就不應該做；「如果賠上了這底線，人就什麼都沒了」等。因此，規則和目的不可分割，似乎並不完全是專屬於遊戲的特徵。

遊戲規則不是終極約束

然而，我們應該明白，上述批評只要求部分拒絕該命題。這些批判指出，並非所有符合這項公式的都是遊戲，但我們仍然可以確定，所有遊戲都符合這個公式的可能性是存在的。這表示我們不應該拒絕這個命題，而是應該先試著增加一條適當的區辨原則，來限制它的指涉範圍。從兩個史奴斯事件之間的明顯差異，提示了我們這項區辨原則。從食人樹救出史奴斯而不踩踏草皮，這行動之所以是遊戲，是因為拯救草皮相對於救人一命是微不足道的。但是在第二個劇碼裡，「禁止踐踏草皮」換成「汝不得殺
29 人」，情況就不同了。兩者的差異可以用下列方式來呈現。禁止踐踏草皮的規則不是一項終極命令，但是禁止殺人或許就是。所以，遊戲的特徵除了必須符合規則與目的的不可分割性之外，遊戲中對規則的承諾也並不是終極性的。對參與遊戲的人來說，永遠有遊戲規則所隸屬的更高層級的非遊戲規則存在的可能性。因此，第二個史奴斯事件之所以不是遊戲，在於拯救者所信守的規則，也就是即使會犧牲史奴斯也無可妥協的規則，對拯救者來說是一條終極的規則。規則總是我們所畫設的界線，但遊戲中畫下的線永遠都未碰及最終目的或最高端的命令。所以，我們不妨這麼說：在遊戲中，遵守規則本身即是這項活動目的的一部分，而這些規則是屬於非終極性的；也就是說，總是有其他規則可以取代遊戲規則；換言之，遊戲裡每個玩家總是可以停止參加該遊戲。

不過，再思考一下賽車手獻身於賽事的案例。瑪利歐・史都

特（即是我們所說的賽車手）是本世紀備受喜愛的湮鬱國賽車手。在湮鬱國的這場賽事裡，有一條這樣的規則：賽車只要離開賽道即被取消資格。在賽事的關鍵時刻，一個小孩爬進了賽道裡，就在瑪利歐賽車行經的路上。避免輾過小孩子的唯一方法，就是開離賽道並且失去資格。瑪利歐輾過孩子，且繼續完成競賽。我認為我們不應該為了這個理由，而否定他在玩一場遊戲。可是，如果說他這麼做（只）是在玩，顯然也是不恰當的。但重點是，瑪利歐並不是以不合格的方式來進行，他確實在玩一場遊戲。而且他顯然比一般車手更全心全意參賽。以他的觀點，一個賽車手避開小孩而開離車道的話，就是在玩弄著賽事；也就是說，他會因此而不再是一個獻身於賽事的玩家。但是，如果極度獻身於某個活動，最終會讓這個活動受到損害，這就太弔詭了。某個正在全心全意投入挖溝渠的工作，我們不會只因為某人全心的投入，就說他並沒有真正在挖溝渠。

不過，我們也可以如此解答——那正是遊戲的標記：不像挖溝渠，遊戲正是那種無法要求終極忠誠的事物。這種說法，正是我們針對遊戲所提出的那個論點當中重要的一環；不過這麼說可
能還是有些爭議。要進一步支持這項主張，我們可以說：人們普 30
遍認為遊戲在某種意義上並非嚴肅的事情。因此，我們必須探問：在何種情況下，比賽遊戲是嚴肅的？以及在什麼樣的情況下，比賽遊戲不是嚴肅的？當我們認為遊戲不是嚴肅的事情時，我們所想的是什麼？我們會這麼說，當然不是因為認為遊戲玩家總是以不在乎的態度來做這件事。一個隨意出牌的橋牌玩家，可能會被譴責*沒有*認真看待遊戲——的確，他無法玩一場遊戲的原

因，只因他不能認真看待遊戲。當我們說遊戲不是嚴肅的事情時，我們真正的意思更有可能是：遊戲玩家的生命中總是有某些比遊戲更重要的事物；或者說，玩家總是可以用某種理由來停止繼續玩。我想要質疑的，就是這種看法。

讓我們看看這一位高爾夫選手喬治，他如此熱衷於高爾夫運動而忽略了妻子和六個孩子，家庭已陷入窮困。而且，喬治即使知道自己的狂熱所造成的後果，卻不認為家庭的困境是改變行為的好理由。認為遊戲不是嚴肅之事的一方，可能會把喬治案例作為這個觀點的證據。因為明顯地在喬治的生命裡，沒有任何東西是比高爾夫更重要的，所以高爾夫對他來說，已經不再是一場遊戲。這個論證似乎從喬治妻子的抱怨得到支持；她說，高爾夫對他來說，已經不再是一場遊戲，而是一種生活方式。

但是我們不需要對喬治妻子的觀點照單全收。若說高爾夫對喬治來說已不再只是一種休閒形式，這說法是沒錯的。但如果因此主張喬治所進行的高爾夫不再是遊戲的話，那就是預設了此處的爭議點——遊戲是否可以在任何人的生活中占據至高無上的地位。高爾夫確實占據了喬治所有的生活。但歸根結底，占據他全部生活的是遊戲，而不是其他東西。的確，假如讓喬治忘卻責任的事情不是遊戲，他的太太可能不會這麼氣憤；譬如，他其實在努力工作的話，或者正全心投入建構出一個有關遊戲的定義。無疑的，她仍然會抱怨丈夫過度投入在家庭以外的事物；但是，讓她飽受貧困的竟是遊戲，這對她而言就是另一種層次的剝奪了。

極度獻身於遊戲，像賽車手及喬治的例子，對幾乎所有人的道德觀感都有所抵觸。的確，那可能是可以肯定的，因為我們之所以感到厭惡，正是由於這些遊戲已經侵占了那些我們認為更值得追求的事物。我們所厭惡的這些行為，可能讓我們更了解極度獻身遊戲中的玩家，然而，我認為它並沒有告訴我們任何有關他 31
們玩的遊戲本身的事。當我們說遊戲規則不可能是終極或無條件的獻身對象時，我相信以上的觀察已足以推翻這個論點。

非終極性的，是方法而不是規則

一般人認為，遊戲中確實有些東西是非終極性的，也就是說，會有所限制；我同意這樣的看法。但我想提出的是：有所限制的並不是規則。遊戲的非終極性展現在其他的面向。不得付出終極承諾的，不是指遵守遊戲規則，而是指規則所允許的方法。例如，有一個跳高選手無法完成他的一跳，是因為他發現橫杆就擺在斷崖的邊緣，這無疑顯示跳過橫杆並不是他生命中至關緊要的事。但是，這活動之所以是遊戲，並不是因為他拒絕不顧生命地跳越，而是因為他拒絕使用樓梯或彈射器之類的工具來跨過橫杆。同樣的道理也一樣適用在那位獻身賽車的選手。賽車之所以是遊戲，並不在於選手寧可輸掉該場遊戲也不肯殺害小孩，而是在於選手拒絕穿過內場來領先其他車手。不過，我們也可以用這種方式來說遊戲不是一件認真、嚴肅的事——拒絕使用梯子或彈射器的那位跳高選手，他並不是認真地想到達橫杆的另一邊。但我們同時也可以說，他對於不使用此種工具來達到橫杆另一邊，可是嚴肅得要命；換言之，他對跳高這件事可是嚴肅得不得了。相較於其他事情，遊戲到底是不是比較不嚴肅？看來，單靠研究遊戲，是無法解答這個問題的。

想想史奴斯之死的第三個版本。史威特要謀殺史奴斯時，我做出下列的決定。我決定要自我限制，使用非致命的方法去救史奴斯，即使我也可以使用致命的方法，而且我並未受任何禁止殺生的規則所約束（相當於賽車的例子中，內場並沒有佈滿地雷）。即使到頭來非得要行使被禁止的手段才能救史奴斯，我仍然會做這樣的決定。於是，我的目的就不再只是救史奴斯，而是在不殺害史威特的情況下救史奴斯的生命，雖然沒有任何理由限
32 制我要這麼做。

也許有人會問，這行為要如何解釋。答案可能是：這是無從解釋的，因為它只是一種武斷（arbitrary）的行為。然而，武斷畫出一條界線來指出哪些方法是被允許的，這個行動本身卻不必然是出自於一個武斷的決定。決定要採取武斷的態度，這決定可能是有目的的，而目的就是為了要玩一場遊戲。遊戲裡的線，看起來並非真的完全出自於武斷。界線確實畫下去，以及畫在何處，這兩者不只對所進行的遊戲類型有重要影響，對遊戲的品質也很重要。可以這麼說，如何巧妙（因而不是武斷）地畫下界線，是遊戲設計者的技藝精髓。遊戲設計者必須避免兩種極端。假如界線畫得太寬鬆，遊戲將會很無趣，因為太容易贏了。當寬鬆程度提升到全然散漫時，遊戲便會瓦解，因為再也沒有任何規則去規範遊戲中使用的方法（例如，可以設計一款自動導向的推進器，保證高爾夫球選手每次揮捍都進洞）。另一方面，規則的界線也可能畫得太嚴苛，遊戲因此變得太困難。界線若過於嚴格，遊戲也將不再存在（假設遊戲目標是越過終點線，其中有條

規則規定參賽者要留在跑道上，而另一條規則卻規定終點線的位置必須設在不離開跑道就不可能越過的地方）。因此，根據目前所提出的論點，遊戲是一種規則與目的無法分割的活動（如先前所接受的），但這裡加了一項附帶條件——規則所允許的方法，其範圍必定比沒有規則的時候更狹窄。

規則被接受是為了讓活動成為可能

遊戲中規則的功能是為了限制可用來達到目的的方法，即便這個說法是正確的，卻還不足以排除非遊戲的活動。我沒有成功拯救史奴斯的生命，是因為我不願意行使不道德的行為去殺人，這時候，禁止殺人的規則限制了我用來達到目的的方法。那麼，跳高及賽車手這兩個例子，跟我試圖以合乎道德的手段拯救史奴斯，或跟政治家試圖不在選舉中欺騙，當中有什麼區別呢？答案在於兩類案例中遵守規則的理由。在遊戲中我遵守規則，只是因 33 為遵守規則是參與活動的必要條件，正是該服從使得此活動成為可能。如我們所看到的，在跳高比賽中，雖然選手試圖到達橫杆的另一邊，但是他們自願排除某些可以達到目標的方法。他們不會繞過或鑽過橫杆，也不會使用梯子或彈射器的方式去越過它。基本上，選手的目標不是到達橫杆的另外一邊，因為除了作為遊戲之外，他們沒有任何理由要到另一邊去。他們的目標不只是要跨過去另一邊，而是，要使用規則允許的方法來跨越，也就是助跑一段距離後跳躍過去。他們接受這個規則的理由，只是因為他們想要在規則所強加的限制下行動。接受規則，才能玩一場遊戲；而他們接受這一套規則，所以才可以玩這一場遊戲。

但是，若談及其他的規則，例如道德規範，我們總會有另一些理由去遵守那規則，這些理由可被稱作外在或獨立的理由。在合乎道德規範之下，我們拒絕殺害史威特或欺騙選民，拒絕的理由跟跳高選手的理由不一樣，並非因為這個活動的存在仰賴我們的拒絕。我們拒絕這些作法，是因為我們認為殺人和說謊是錯的。誠實的政治家之所以誠實，不是因為他對「試圖不欺騙而當選」這項活動有興趣，而是為了相當不同的理由（雖然他還是會重視誠實這項承諾，因為那可提供他一個有趣的挑戰）。例如，他或許是位康德主義者，認為不管在任何情況下說謊都是錯的。所以他的道德感要求他在任何情形下都要誠實，因此也要求他在選舉事務上要誠實。又或許他是一個道德目的論者，他相信不誠實的作為縱使提高當選的可能性，卻不利於長程發展。但是跳高選手不會為了任何一個這種理由而接受規則。原則上他不會讓事情變得更困難；他甚至也不會老是為自己製造更難克服的物理障礙。他只會在參加跳高比賽時如此行事。他身為一個跳高選手，不是因為更優先的道德規範而拒絕運用較有效的方法來越過
34 橫杆（彈射器才剛被用來防禦城牆，或梯子被用來拯救屋頂的小孩），而只是因為他想跳高。從道德而言，服從規範讓行動變得正確；在遊戲中，遵守規則讓該行動有效。

當然，在這個面向上不同於遊戲規則的，不只是道德規範。普遍來說，我們可以拿規則在遊戲中的功能，與其他兩種情況下的規則功能做比較。一、規則直接有助於達成既定目的（假如你想要讓揮桿表現得更好，眼睛就要盯著球）。二、規則可以是外

來的限制，框限你可以用來達成目的的方法（不要為了獲得選票而欺騙選民）。在第二種情況，我們發現道德規則往往為技術活動構成限制，雖然緊密相扣的技術活動本身也可能產生第一類的限制（假如你想準時到達機場，就開快一些；但是假如你想安全到達，就不要開得太快）。就像一張格線紙，我遵照著格線（規則）書寫，才能寫得直。這闡明了第一種規則的作用。現在假設這些規則不是紙上的格線，而是以紙牆形成迷宮；我想要走出迷宮，但不希望破壞這些牆。紙牆成為我走出去的限制條件。這說明了第二種規則的作用。三、現在回到遊戲，想想第三種情形。我還是在迷宮裡，但是我的目的不只是處在迷宮外面（就像阿麗雅德妮在外面等我出現）[1]，而是要用解迷宮的方式走出迷宮。紙牆所扮演的角色是什麼？顯然它們不只是我走出迷宮的障礙物，因為我的目的不是單純地在外面。如果有個朋友搭直昇機從天而降提供援手，我會婉拒他的好意，雖然在第二個情況的話我會接受。我的目的，是要在遵守這些條件的限制下走出迷宮，換言之，我要回應迷宮給我的挑戰。這當然不同於第一個情況——在那個情況，我並沒興趣看看是否我可以不破壞規則去寫出句

1　譯註：阿麗雅德妮（Ariadne）是古希臘神話人物，是克里特國王米諾斯與帕西淮之女。米諾斯因貪念震怒了海神波賽頓，海神施咒讓皇后生下了一個牛頭人身的怪物。羞愧的米諾斯請工匠建造了一座巨大迷宮，將這個怪物藏在裡面。從此之後，每年米諾斯都要派出七名少年少女進入迷宮殺死這頭怪物，但最後這些少年都迷失在裡面而成為怪物的食物。克里特島的居民生活在恐懼中。後來雅典英雄賽修斯決定進入大迷宮，在阿麗雅德妮的協助下，他帶著一卷線捲進入迷宮，殺死牛頭人之後靠這條線走出迷宮。

子，而是利用格線規則來協助我把字寫直。

因此，我們可以說：遊戲要求我們在追求目標時遵守那些對方法造成限制的規則，而且唯有遵守規則，這項活動才能成立。

35 規則限制方法的目的，並不是贏

不過，還有最後一個難題。把規則描述成操作方法的許可範圍，似乎與我們發明或修改遊戲的方式相符。但是，如果我們主張在規則所允許的方法之外，總是還有其他達到目的的方法，這似乎是說不通的。以西洋棋為例，棋手所追求的目的是贏，該目的似乎涉及以符合規則的方式將棋子放在特定的方格裡。但是，既然破壞規則就等同於無法達到該目的，那麼還有其他的方法可用嗎？基於這個理由，我們推翻了當初第一個提出的有關遊戲本質的論點：使用高爾夫球桿打高爾夫球，那不是一種低效率的（換言之，是可替代的）方法。它是邏輯上不可避免的方法。

我想可以滿足這個抗辯，經由指出西洋棋裡存在著一個目的，就分析上而言那不同於贏。讓我們從另一個角度重新來分析。狹義來說，西洋棋的目的，就是要按照讓對手的國王不得動彈（用西洋棋術語說）的陣式，布署棋子到棋盤上。現在，單純就西洋棋這件事而論，我們可以說，要達到以上狀態的方法，就是移動棋子。當然，西洋棋規則說明了棋子要如何移動，清楚界定了合法與不合法的移動方式。以騎士的棋子為例，它只能用一種高度受限的方式來移動；移動騎士被允許的方法範圍，顯然小於所有可能移動方式的範圍。這裡暫且不推翻下列論點，即其他

移動騎士的方法，比如沿著對角線移動，其實並非真的可行，因
為這樣做違反規則，所以不是一種贏的方法。目前的討論重點並
不在於這種移動騎士的方式是不是一種贏的方法，而在於這是不
是一種可能的方法（雖然不被允許），能夠讓騎士攻占一個方
格，造成國王在遊戲規則之下無法動彈。這樣做的人當然稱不上
是在玩西洋棋，或許可以說他在棋局裡作弊。同樣的，假如我捨
棄了我的武斷選擇，也就是決定在不殺害史威特的情況下拯救史
奴斯，那麼我就不是在玩一場遊戲了。西洋棋以及我拯救史奴斯 36
生命的第三種情況，都是遊戲，因為可用來達成目的的方法受到
某種「武斷」的限制。

主要的重點在於，上面所提到的目的，並不是贏得遊戲這樣的目的。那裡面勢必存在著另一個不同於贏的目的，正是因為達到這另一個目的方法受到限制，所以才有可能贏，也才能界定何謂贏。為遊戲下定義時，我們應該包含這兩個目的的解釋，以及我們馬上會看到的第三個目的。第一，目的指的是一個特定的事件狀態，比如棋盤擺棋的陣式、救出朋友的性命、跨越終點線。然後，規則出現，對達到以上目的的手段施加限制，因此我們有了第二個目的——贏。最後，既然規則已界定了何謂贏，於是冒出了第三個目的，也就是試圖獲勝的行動——即，玩遊戲。

所以，一開始我們認為，界定遊戲的或許是無效率方法的選擇，我們其實是對的。只不過我們在不對的地方找尋這個無效率的特質。遊戲肯定不會要求我們對贏採取無效率作為。但是遊戲確實要求我們以無效率的手段去達成該事件狀態，而只有符合規則，此種狀態才可以算是贏。那些規則的功能，就是限制玩家以

最有效率的方式來達到那個狀態。

定義

我的結論是，進行一場遊戲，就是去參與一個導向某種特定狀態的活動，過程中只使用規則所允許的方法，而規則禁止較有效率的方法同時偏好低效率的方法；這些規則被接受，因為有了規則這個活動才有可能存在。

「好了，史蓋普克斯」，大蚱蜢總結了這番話，「你覺得怎樣？」

我回答：「我想，你已經得出了一個貌似合理的定義。」

「但尚未經過檢測。因此，史蓋普克斯，我想請你竭盡所能地質疑這個定義。因為如果這個定義能夠經得起密集的論辯攻擊，而我指望你來發動攻擊，也許我們就能夠證明這個結論不只
37 貌似可信，而且千真萬確。你願意幫我這個忙嗎？」

「我很樂意，大蚱蜢，」我回答，「請給我一些時間整理思緒。因為我覺得我們好像才剛剛找到路，走出一座複雜的迷宮。我知道，我們最後是弄清楚了，但我完全無法知道我們是如何達到的，因為我們的每一個正確步驟，以及所有的盲目開端，還有路程中遇到的死胡同，都交織在一起成為我們旅程的一部分，而我已經迷失其中。光是要回想那些論證的轉折，就令我頭昏腦脹了。」

「史蓋普克斯，你所描述的，是一種哲學家的慢性輕微症狀，稱為辯證的眩暈（dialectical vertigo），治療的方法，就是立即給予直接的論證。按你的比喻來說，你必須被吊到空中俯視整座迷宮，這樣才能一眼分辨出正確的路徑與錯誤的轉折處。我來試著給你一個鳥瞰整個論證的視角。」

「沒問題。」我說。

〔大蚱蜢繼續說下去〕透過定義何謂玩遊戲的*要素*，可以更直接理解遊戲。由於遊戲是一種目標導向的活動，其中涉及選擇，所以，目標和方法是遊戲的兩大要素。但是，遊戲除了作為一種「方法－目標」導向的活動，它也是被規則所支配的活動，所以規則成了遊戲的第三個要素。而且，就像我們所見到的，遊戲規則是一種特殊類型的規則，所以必須考量到另一個要素——遊戲者*作為*遊戲者的態度。我添加了「*作為*遊戲者」這個條件，因為我指的不是遊戲者在任何情境下的個別態度（例如，希望贏得獎金，或者享受對仰慕的觀眾展現身體技藝所帶來的滿足感），而是指玩一場遊戲時，所必然要具備，否則就玩不下去的那種態度。讓我們稱這樣的態度為「*遊戲*」態度（*lusory* attitude，取自拉丁字 *ludus*，意指遊戲）。

我的任務是要說服你，我所稱之為遊戲態度的這個要素，將會把其他要素整合成單一公式，任何一項活動之所以成為遊戲的必要且充分條件，都含括在這個公式之中。因此我提出遊戲的要素是：一、目標；二、達成目標的方法；三、規則；四、遊戲態度。我將依序簡短說明每個要素。

38

目標

首先，我們應該注意到，遊戲裡包含了三種不同的目標。如果我們問長跑選手參與競賽的目標，他的答案可能是下面任何一個或全部三個，而每一個都是正確、適當且彼此一致的。他可能會這麼說：一、他的目標是參加一場長跑競賽；二、他的目標是贏得這場比賽；三、他的目標是領先其他參賽者衝過終點線。值得注意的是，這三個回答並非只是以不同說法來表達同一個目標。贏得比賽，跟領先其他參賽者衝過終點線，這兩者是不同的；因為，如果只是為了領先其他參賽者，大可使用不公平的方式來達成，例如逕直穿過跑道內野。參與競賽，也與其他兩個目標不同，因為，即使參與者全心投入比賽，不論是採取正當或違規的方法，也有可能無法優先跨過終點線。遊戲必定包含此目標三連體，這點將會在遊戲態度跟規則和方法相連結的段落來解釋。不過，此刻我們暫時只看其中之一類目標；就是上面例子所謂領先其他參賽者衝過終點線的這一類目標。這個目標從字面上來看是最簡單的，因為其他兩個目標都以它為前提，但它不需以其他兩者為前提。因此，這個目標最適合被當作遊戲目標的基礎成分。另外兩個目標既然含有複合成分，那就只能在揭露其他要素之後才能定義。

我們現在所討論的，是以這一類型方式所呈現的目標：領先衝過終點線（不必然是以正當的方式）、有不知數的牌堆在橋牌桌上（不必然是玩橋牌遊戲中所累積的結果），或者使高爾夫球進球洞（不必然使用高爾夫球桿）。此類目標可以籠統概約地描述為「一種特定的事件達成狀態」。這樣的描述，我相信是不偏不倚的。不提事件狀態是如何達成的，因此避免了讓此一目標與贏的目標兩者之間造成混淆。而且，任何的事件達成狀態，只要有一定的巧思，都可以作為遊戲的目標，所以這樣的描述並不會涵蓋太廣。我提議把這樣的目標稱為遊戲的前遊戲目標（the *prelusory* goal of a game），因為我們在這目標所構成或即將構成的任何遊戲開始之前，即可描述這目標，也可在獨立於遊戲的情
況下加以說明。相對的，「贏」只能透過該遊戲用語才能描述， 39
因而贏可以被稱為遊戲過程中的遊戲目標（the *lusory* goal of a game）。最後，「參與遊戲」這個目標，嚴格說來，完全不是遊戲的一部分。它就像財富、榮耀或安全感，只是人們擁有的目標之一；所以它也可以被稱為一種遊戲目標，一種生活中的遊戲目標，而不是遊戲中的遊戲目標。

方法

就像我們已經看到的，遊戲的目標有三種不同（但適宜且一致）的詮釋，我們也會發現到，遊戲中的方法可以有不只一種——事實上，有兩種，端看我們指的是贏得遊戲的方法，或者達成前遊戲目標的方法。拳擊比賽的前遊戲目標，即是創造出這樣的事件狀態：讓你的對手「倒下」直至裁判數到十；而要達成這個狀態最有效率的方式，是朝他的頭部射擊。但顯然這不是贏得比賽的方法。當然，在遊戲中我們感興趣的是被允許用來獲勝的方法，而我們現在正要定義這一類型方法；我們可以稱之為遊

戲方法（*lusory* means）。遊戲方法，就是那些被允許（也就是合法或正當的）用來達成前遊戲目標的方法。

需要注意的是，我們區分遊戲（lusory）與非遊戲（illusory）方法，僅只是透過假定，並未分析造成兩者區別的必要元素。我們把遊戲方法定義成被許可的方法，但未檢視這許可的本質。當我們論及規則時，便將補上這個部分。

規則

一如目標和方法，遊戲中也有兩種規則，一種與前遊戲目標相關，另一種則與遊戲目標相關。一場遊戲規則的作用，是對某些特定的達到前遊戲目標有效方法的禁止。例如，在賽跑比賽中，絆倒對手是很有效的手段，但卻是被禁止的。這類規則可以稱為遊戲的構成要素，因為即是這些規則加上前遊戲目標的明確說明，共同設定了玩遊戲必須符合的所有條件（當然，雖然不必然是有技巧地玩遊戲）。讓我們把這類規則稱為建構規則（*constitutive* rules）。另一種規則，可以這麼說，是在建構規則所界定的範圍內運作，這可稱之為技術規則（rule of skill）；包
40 括這一類常見的指令，例如眼睛看球、避免打出王牌壓過隊友的王牌等等。違反技術規則通常會在某程度上被視為玩得不棒，但是違反建構規則的話，就完全無法再進行遊戲了（一些遊戲中還有第三種規則，乍看之下有別於以上兩種。違反這種規則會有固定處罰，因而違反規則不會讓遊戲無法進行，也不必然表示玩家表現得不好，因為有時候違規所造成的處罰〔例如曲棍球〕反而

是為了策略上的利益。但是，這類規則以及違反規則的遊戲後果，是由建構規則所建立，因而純粹是建構規則的延伸）。

釐清了建構規則與技術規則的區分後，接下來我將忽略技術規則，因為我的目的並非要說明遊戲如何玩得好，而是要定義遊戲本身。追求前遊戲目標時，決定哪些類型或方法的行使範圍被允許的，是那些我所謂的建構規則。

對於前遊戲目標的追求，建構規則加諸在方法上的限制，有什麼樣的本質呢？史蓋普克斯，請你隨意提出一種遊戲。現在，定義這個遊戲的前遊戲目標：挺胸壓過終點線、擊倒對手等等。我想你會同意，達成這些目標最簡單、最容易及最直接的方法總是被排除在外，而偏愛較複雜、較難、較不直接的方法。因此，接觸新的與困難的遊戲時，玩家之間常常會同意「放鬆」規則限制，也就是讓他們的自由度大於正式規則所賦予的。這意味著移除一些障礙，或（以方法的術語）同意某種規則所不允許的方法。另一方面，遊戲者如果發現有些遊戲太容易，則可能會選擇讓規則變得更嚴格一點，提高需要去克服的困難度。

我們因此可以這樣定義：建構規則是禁止使用最有效率的方法來達成前遊戲目標的規則。

遊戲態度

遊戲者的態度必然是遊戲中的一大要素，因為需要解釋這種奇異的狀態：人們接受規則的限制以至必須採用較差而非較好的方法來達成目標。一般說來，會接受這樣的限制性規則的正當性

41 基礎，在於所排除的方法雖然比較有效率，但從遊戲者的觀點來看，會產生較不想要的影響結果。正因為如此，核子武器雖然比傳統武器能更有效率贏得戰役，但各國之間仍甘願保有這樣的共識：核武攻擊所產生的後果，足以讓大家把它排除在可運用的戰爭手段之外。這樣的事情時常發生，舉凡國際策略領域到日常生活的瑣碎事情；治療牙痛最果斷的方法就是把頭砍掉，但大部分人總會有理由捨棄如此有效率的手段。不過，在遊戲中，雖然較有效率的方法被排除，甚至必定得排除，但排除的理由卻與捨棄核武和自我斬首有很大的差異。賽跑選手忍住不穿過田徑場內野，並不是因為那裡有危險，例如布滿地雷，而僅僅是因為競賽規則禁止參賽者這樣做。但是，日常生活中若以此類規則來禁止某種行動，則會被視為最糟糕的理由。某個行動被禁止，只是因為有條規定禁止它，可以稱之為*官僚主義*的理由，意即毫無正當性可言。

排除這些官僚作為，如果在遊戲以外的任何活動中，增加不必要的障礙來阻撓目標的達成，那是不合理的；相反的，在遊戲中，這則是必要的基本事情。有些人基於這樣的事實而提出結論，指遊戲有某種內在的荒謬性，或說遊戲必然包含某種根本的悖論（paradox）。[2]我認為這樣的觀點是錯誤的。錯誤在於，把非遊戲的方法－目標活動所採用的標準，套用在遊戲上。如果玩遊戲被視為與去辦公室或填支票這類活動沒有本質上的差異，那麼，它就必然有某部分是荒謬或矛盾的，或者更有理由地說，遊戲只是一件愚蠢的事。

但我相信遊戲在本質上不同於日常生活的活動，也許以下史密斯和瓊斯之間的對話可以解釋這一點。史密斯對遊戲並沒有概念，但是他知道自己要從 A 處到 C 處去，他也知道，在這段旅程中，採用 B 路徑是到達目的地最有效的方法。然而，他得到權威性的命令，告訴他不得採用 B 路徑。他問道：「為什麼不行 42
呢？是因為 B 處有大蛇嗎？」他得到的回答是：「不是的，B 處從各方面來看都很安全，只是有條規定禁止你經由 B 處到 C 處去。」史密斯咕噥道：「好吧，如果你堅持的話。只是，如果我必須經常往返 A 處和 C 處，我一定會想辦法廢除這條規定。」史密斯確實這麼做了，他找上了同樣也要由 A 處到 C 處去的瓊斯。史密斯要求瓊斯連署廢除這項禁止人們從 A 處經由 B 處到 C 處的規定。但瓊斯回說，他反對廢除這項規定，這讓史密斯非常不解。

史密斯：可是，如果你要到 C 處去，為什麼要支持這項禁止讓你自己走最快和最方便路徑的規則呢？

瓊斯：啊，你知道嗎，我其實對於身處 C 處並沒有太大的興趣，那個不是我的目標，姑且只能說是次要的目標。我真正的目標比那更複雜，那就是「從 A 處到 C 處而不經過 B 處」。如果我經由 B 處，不就不能達成目標了嗎？

史：但為什麼你要這麼做？

瓊：我要比羅賓森更早做到這件事，你明白嗎？

2　關於這一點的延伸討論，請參閱第七章〈遊戲與悖論〉。

史：不，我不明白。這算什麼答案。不管羅賓森是誰，他到底為什麼要這樣做？我猜你會告訴我，他就像你一樣，到C處去只是他的次要目標。

瓊：沒錯！

史：那麼，如果你們兩人都不是真的要到C處去，誰先到又有什麼差別呢？而且，你們為什麼一定要避開B處呢？

瓊：我問你，你為什麼要到C處？

史：因為那裡有很棒的音樂會，我要去聽。

瓊：為什麼？

史：當然是因為我喜歡聽音樂會啊！這難道不是一個好理由嗎？

瓊：這是其中最好的一個理由。而我所喜歡的，則是要比羅賓森更快成功由A處到C處而不經過B處。

史：好吧！但我不是。為什麼他們要告訴我不能經過B處呢？

瓊：哦！我知道了，他們一定以為你也在競賽中。

史：競賽？

43 我想我們現在可以為遊戲態度（*lusory attitude*）下個定義了：接受建構規則，只是為了讓因接受規則而成立的活動得以進行。

定義

讓我重新總結，並且指出我們剛剛定義的要素與這結論的契合處。

玩一場遊戲，是指企圖去達成一個特定的事態（前遊戲目標），過程中只用規則所允許的方法（遊戲方法），這些規則禁止玩家使用較有效率的方法而鼓勵低效率的方法（建構規則），而規則會被接受只是因為規則讓這項活動得以進行（遊戲態度）。或者，用一種較簡單，也較易於陳述的說法：玩一場遊戲，意味著自願去克服非必要的障礙。

大蚱蜢停了下來，我說：「謝謝你，大蚱蜢，你的一番說辭完全治好了我的暈眩，我想我已經充分了解你的定義，可以舉一些反例來反駁了。」

「太棒了，我早知道你會讓我放心。」

「我會以反例來說出我的反對論點，並且將從兩個方面中的其中一點來揭露這個定義的不充分——或者太寬鬆、或者太狹隘，一個定義通常就是因為這兩方面的問題而變得不充分。」

「你所謂的太寬鬆，我想你指的是這個定義錯誤地包含了不是遊戲的活動；而所謂的太狹隘，就是錯誤地排除了是遊戲的活動。」

「沒錯。」我如此回答。

「你要先揭露哪一種錯誤呢？史蓋普克斯。是含攝的錯誤，還是排斥的錯誤？」

「我先說排斥的錯誤，大蚱蜢。我想要提出，你對前遊戲目標的解釋導出了一個過於狹窄的定義。」

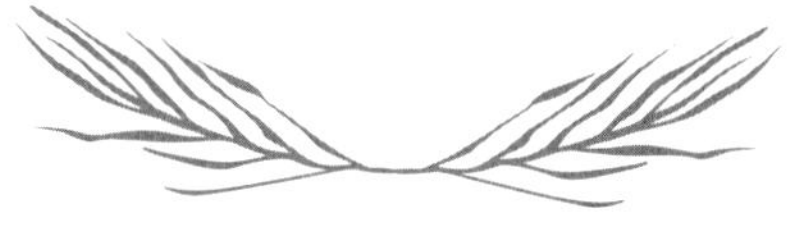

｜第四章｜

玩笑者、欺騙者和破壞者

大蚱蜢區分出遊戲和遊戲制度，以此回應史蓋普克斯對遊戲定義的攻擊。

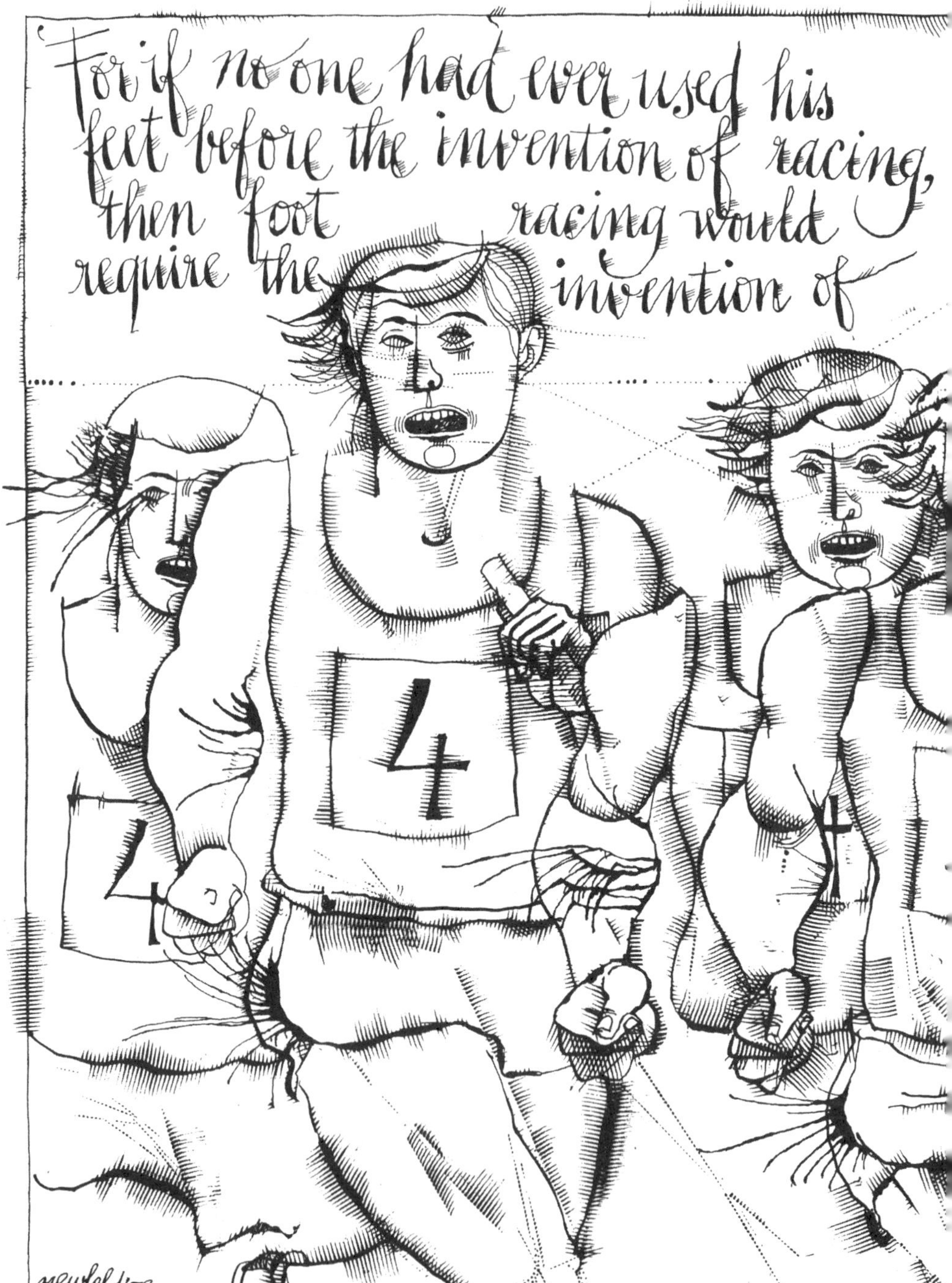

'For if no one had ever used his feet before the invention of racing, then foot racing would require the invention of

4

newfeld '78

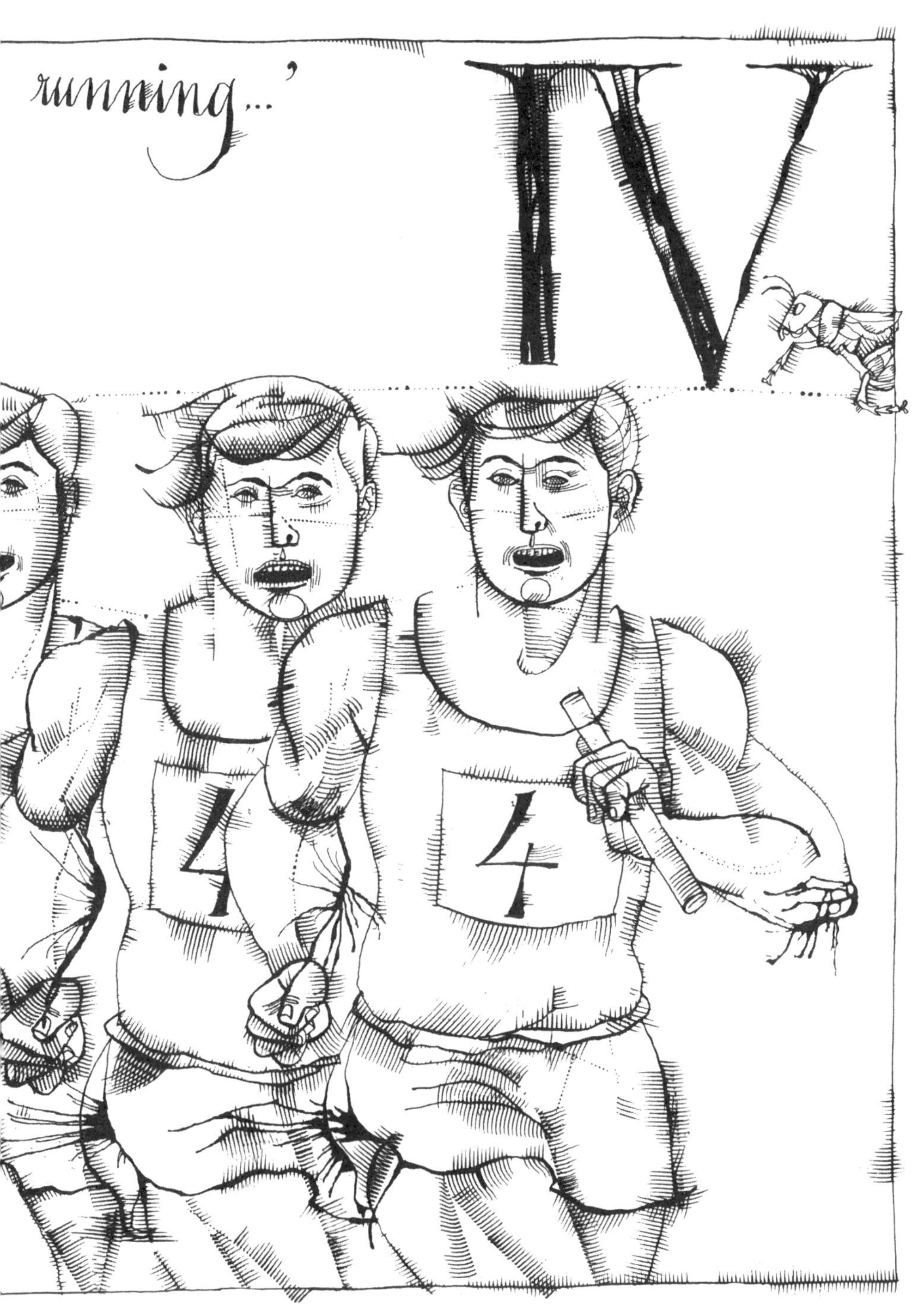
running…'
IV
4
4

48 〔我繼續說下去〕有很多目標只是作為遊戲的目標而存在，在這種情況下，要界定前遊戲目標似乎是不可能的；前遊戲目標，用大蚱蜢你自己的話來說，指的是可以「獨立於它所指涉或即將指涉的遊戲之外」而達成的目標。例如，「將軍」（checkmate）怎能在西洋棋遊戲之外達成呢？你不能為了要把將軍從西洋棋分開，而把將軍描繪成物件按某個特定樣式（或某些樣式組合）的物理排列形式；因為，把這些棋子陣式認定為「將軍」的，是規定棋子移動方式的規則，而非僅是幾何的排列。既然西洋棋的國王僅是一個根據規則所規範而放置於正方格內的標誌而已，因此遊戲的目的，即讓敵人的國王不能移動，也是一種由規則所支配的狀態。當你用下列文字來描述西洋棋的前遊戲目標：「布置棋盤上的棋子使國王在西洋棋的規則下無法移動。」你這麼說的時候，看來是知道這一點的。因此，在西洋棋中，似乎不可能界定出前遊戲目標——前遊戲目標是一個可達成的事件狀態，唯有引進規則來限制方法的使用，這狀態才會被視為遊戲的目標。基於前面所聲稱的西洋棋前遊戲目標早已內含了規則，因此不同於定義中的前遊戲目標。我同意你所說的，像賽跑此類較原始的遊戲，確實有此種目標，因為要越過一條畫在地上的線，大可以在賽跑規則之外達成。但西洋棋以及眾多的遊戲卻沒有這樣的目標。因此，從這點而言，定義太過狹隘。

---

* 前頁圖說：「因為，如果在賽跑發明之前沒有人使用過他的腳，那就必須先發明跑步，才能有賽跑……」

〔大蚱蜢回覆〕史蓋普克斯，這是很好的反駁，而且你表達得非常有力，但是，你會這麼說，我想是因為你混淆了規則在遊戲中兩種相當不同的表現方式。雖然在描述將軍時必須引用西洋棋規則，而且在玩西洋棋時，達到這個狀態也是必須遵守規則；以上兩種情況都涉及西洋棋規則，但不應混淆的是，規則是以相當不同的方式在運作。一方面規則是用來描述一種事態，另一方面規則是用來規範某種程序。顯然，人們可以在運用規則的描述性功能，同時因不遵守規則的規範性功能而得利。任何人都可以完全不顧規則所規範的程序，而製造出規則所描述的將軍事態。 49
只要單純地擺出一盤黑棋將軍白棋的棋盤。當然，此種「描述性」的將軍，並不代表任何人在西洋棋中的勝利，因為這並非任何人玩西洋棋的結果。但是這樣的說明為當前的爭論提出證據，也就是說，西洋棋有某種能夠獨立於遊戲本身的目標，不論該遊戲最終是否舉行。

雖然，（描述性的）將軍確實可以在不進行西洋棋遊戲的情況下達成，但是，要達成將軍，在某種意義上還是得依賴西洋棋。所謂的「某種意義」指的是什麼？我認為，那就是可從任何一場西洋棋遊戲區別出來的西洋棋制度（*institution*）。舉個例子，因為有了這樣的制度，才可能從盒子裡取出「騎士」這隻棋子，然後描述此棋子的功能，即使此時這個棋子並非放置在西洋棋遊戲的棋盤裡作為一枚棋子發揮著騎士的功能。因此，如前面所說的，我們不一定要進行遊戲，也有可能將棋子排列擺放成將軍的狀態。從此看來，要達到西洋棋的前遊戲目標（或者至少意識到自己已達成），雖然無法在西洋棋制度以外實現，但它確實有可能在西洋棋遊戲之外達成。

為了進一步支持此結論，我們來看看三種玩遊戲時常見的行為類型：玩笑者（triflers）、欺騙者（cheats）、破壞者（spoilsports）的行為。我們將會看到，這三類行為的區分，是以遊戲與遊戲制度的區分，以及此區分所界定的前遊戲目標為前提。

西洋棋中的玩笑者是一位遊戲的準玩家（quasi-player），他遵守遊戲規則，走的每一步也都合法，但卻非朝向將軍。玩笑者心中可能有其他的目的，例如，他可能只是單純地想在被將軍之前，把自己的六枚棋子移到棋盤另一邊；我們可以說，他對西洋棋態度輕浮，正在以下棋之名玩著另一種遊戲。或者，他只是想看看自己能創造出怎樣的棋陣。或者他可能只是隨機地移動棋子。這個行為類型的人雖然可以在沒有違反西洋棋規則下做出上述所有事情，但我認為我們可公允地說，這個人並非在玩西洋棋，即使他顯然是在西洋棋的制度內操作，但他所做的就只是移動棋子。但是明瞭西洋棋遊戲與西洋棋制度有所區分的話，也會
50 明瞭西洋棋前遊戲目標的存在，正是因為玩笑者拒絕達成此目標，才讓我們認為他雖然進行著某種像是西洋棋的活動，但實際上並沒有在玩西洋棋。

或許我們可以說，玩笑者並不是在玩西洋棋，因為他對追求前遊戲目標缺乏熱情。如此一來，我們也就可以說，欺騙者由於對前遊戲目標過度熱衷，所以他也不是在玩西洋棋。和玩笑者不同，欺騙者確實想要達到將軍的描述性條件，但是，他想達到此條件的慾望大到足以讓他在過程中違反西洋棋規則。然而，他依然在西洋棋制度之內行事，因為他之所以會違反規則的規範，僅

因他預期這些規則會在描述性運作中被看到。因此，雖然他並沒有真的在玩這遊戲，但他也沒有放棄這遊戲制度。相反的，持續在制度中操弄，是他剝削遊戲與對手的必要條件。如同康德所說的，若每個人都是欺騙者，換言之，如果沒有一個建構良善的說真話制度，欺騙者也就沒人可騙了。因為，對於任何人說的話，假使沒有更多的理由去相信而非去懷疑，那麼說謊將無法得逞，謊言也不再有絲毫意義了。從欺騙者對制度的依賴角度，比賽遊戲中的欺騙者完全就像日常生活中的說謊者。假設在沒有任何監督之下，一位西洋棋欺騙者以違規的方法達成一次偽將軍，但卻發現他的對手不承認此種棋子排列算是一種勝利。

「將軍。」欺騙者說。

「胡說，」他的對手反駁道。「將軍的條件是你使我的國王無法移動，但你並沒有使我的國王不能動。瞧，我在空中移動它。」

「那並非西洋棋的一步，你這白痴！」憤怒的欺騙者大叫。

「多無聊。移動就是移動。」

「別鬧了。我怎麼可能同意這『一步』？」

「為什麼不抓著我的手腕？」

「你怎麼會這麼笨啊？你到底是要玩西洋棋還是要比腕力？」

「對！比腕力。你說到重點了。西洋棋無聊死了。」

「你去死吧！」欺騙者啜泣著，「你這個破壞者！」

「耶！我成功了！」破壞者回應。

51 總而言之，我們可以這麼說，玩笑者認同的是規則而不是目標，欺騙者認同的是目標而不是規則，玩家認同的是規則與目標兩者，而破壞者對規則與目標兩者都不認同；另一方面，玩家認可遊戲及其制度的要求，玩笑者與欺騙者只認可制度，而破壞者則全都不認可。

因此，西洋棋與賽跑的差異，並不在於賽跑有一個可指認出的前遊戲目標，而西洋棋沒有；這兩者的差別在於，賽跑顯然不需要西洋棋所必須的那種制度。在賽跑中，「移動」就是由各種的跑（配速跑、衝刺跑、變速跑等）所構成，這些行為在賽跑之外就已經存在，而西洋棋主教與城堡的移動方式，在西洋棋外是不存在的。其次，賽跑的前遊戲目標，也就是領先其他跑者越線，並不需參照賽跑制度才能理解。然而，即使就這一點而言，賽跑與西洋棋之間的差異也並非表面上看來這麼懸殊。因為，如果在賽跑發明之前沒有人使用過他的腳，那就必須先發明跑步，才能有賽跑；而配速跑、衝刺跑與變速跑，也就跟西洋棋一般，成了制度化的移動方式。但這情況並不妨礙我們指認出前遊戲目標，因為就像在西洋棋中，賽跑的前遊戲目標總是可以在違反或忽略賽跑的程序規則之下達成。讓前遊戲目標得以獨立於遊戲的，正是這一點，而不是在於這個目標可外在於遊戲制度而存在。

「好呀，大蚱蜢。」我回覆，「對於你的回應我無法立即反駁。遊戲和其制度之間的區別看來是不可否認的，因此也就不得不承認前遊戲目標的普遍性。那麼讓我提出第二個反對論點，這一點跟你所描繪的建構規則特徵有關。我將指出，這特徵會讓許多明顯不是遊戲的活動被歸類到遊戲中來。」

「請開始。」大蚱蜢說。

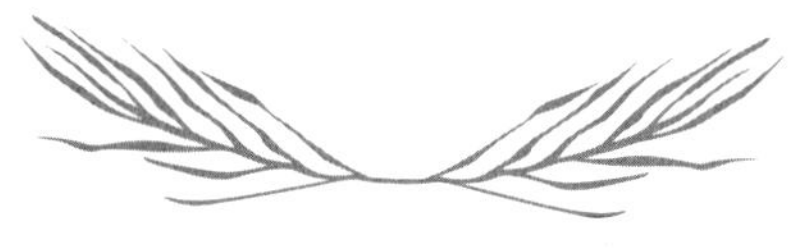

| 第五章 |

走遠路回家

大蚱蜢提出效率的定義，以便為他的遊戲定義辯護。

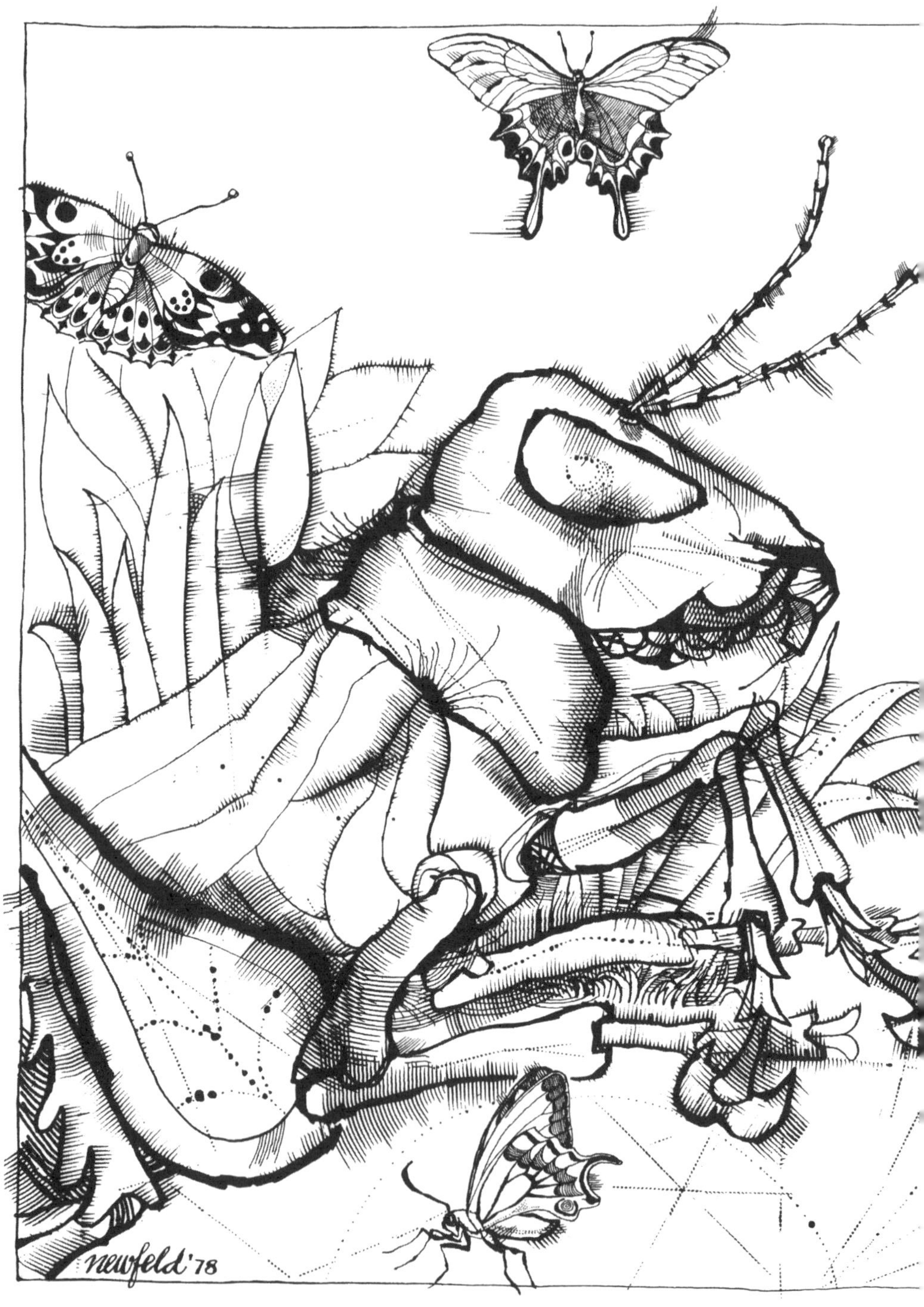
newfeld '78

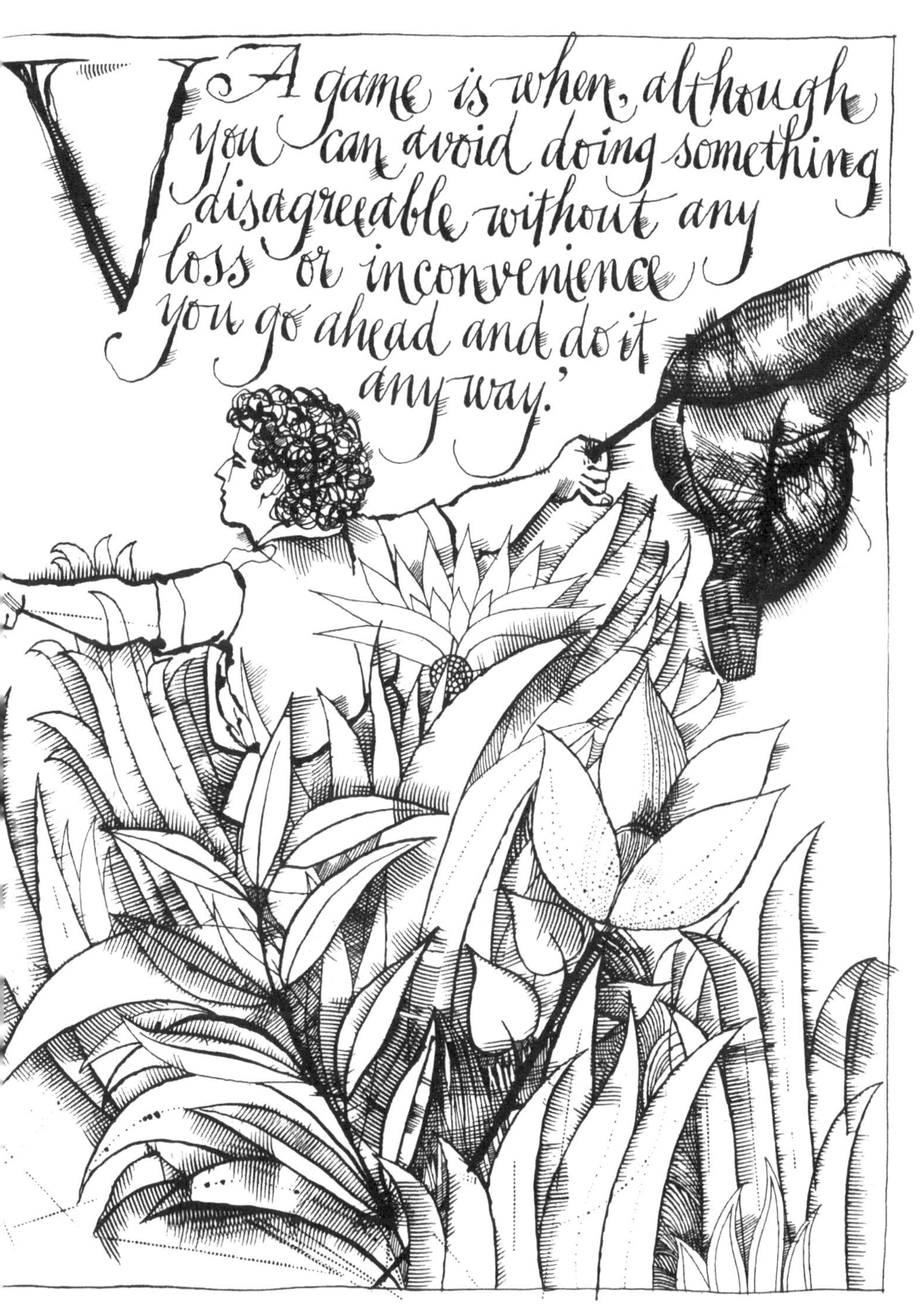
V
'A game is when, although
you can avoid doing something
disagreeable without any
loss or inconvenience
you go ahead and do it
any way.'

56 〔我開始說〕史密斯在瓊斯家裡，正要走路回家。他有兩條路線可以選擇，一條比較近，另一條比較遠。短的路線風景秀麗，沿著峭壁走可看到喬治亞灣的壯麗風景。長的路線只是穿過數個平坦原野。

「今晚我想走較遠的那條路。」史密斯告訴瓊斯。

「為什麼？」瓊斯問。

「你看，我決定要玩一場回家的遊戲。」

「非常好，」瓊斯再問，「什麼遊戲？」

「我剛剛告訴你了。」史密斯答。

「真的嗎？一定是我沒聽到，再說一遍吧。」

「我說，我要選擇走遠路回家。」

「親愛的，那不是遊戲，而是件厭煩又無聊的事。沿途景色一成不變，路上雜草叢生，而且還要花更長時間。」

「沒錯。所以才說這是一場遊戲。」

「我沒聽懂你的意思。」

「來，我試著給你解釋。當你明明可以不用去做那些不合宜的事，而且避開這些事也不會造成你的損失或不便，但你就是去做了。這就是遊戲。」

「誰告訴你那樣就是遊戲啊？」

「我在大學裡認識的一位教授。他了解所有關於遊戲的事。」

「那當然。」

＊ 前頁圖說：「當你明明可以不用去做那些不合宜的事，而且避開這些事也不會造成你的任何損失或不便，但你就是去做了。這就是遊戲。」

「實際上，他並不是完全以這樣的方式說明。」

「啊哈。」

大蚱蜢，史密斯後來對瓊斯引述你的定義。

「好吧，他那樣的說法聽起來還比較不那麼愚蠢。」瓊斯說，「現在讓我們逐步檢驗你所謂的遊戲，看看是否符合這個定義。首先，你正嘗試達到某些事件狀態嗎？」

「是的，這事件狀態就是：我回到家。」

「好。現在你是否擁有各種不同的方法可選擇，而你可在其中選出你所偏好的方法？」

「有。我可以選擇走遠路或者走近路。」

「好，這一點確認了。你有沒有施以某種規則，以禁止較有效率的方法而鼓勵較無效率的方法？」

「這很明顯，我排除了走近路這個較有效率的方法。」 57

「你如此選擇後者，是否只為了你可以走遠路回家，而不是為了其他不為人知的目的？」

「我是這樣，沒錯。」

「你在草地上該不會有個熱情的約會吧？你有嗎，老傢伙？如果有的話，我就毫不懷疑你正在忙著某種遊戲。」

「真不幸，我沒約會。事實完全就像我所說的一樣。」

「那麼，這情況必定是以下這兩者之一。」

「哪兩者？」

「一個就是你選擇走遠路回家是一場遊戲；另一個則是你的教授搞錯了——他誤以為你的行為之所以是遊戲，在於你自願選擇了較低效率而捨棄高效率的方法，以及他所列出的其他條件。

由於你永遠也無法說服我相信你走遠路回家是一場遊戲，所以我只能斷定你教授的定義是錯的。」

「是的。但假設我選擇走遠路回家，沒有其他目的，就只是為了走遠路回家。當然，我還是做著某些事，而並非無所作為。如果我不是在玩一場遊戲的話，那麼我正在做的又是什麼呢？」

「到目前為止我所看到的是，你自以為你正在進行的事情是一場遊戲。問題是什麼呢？昨晚我以為我成功地唬住了魯賓遜，使他誤以為我有多張王牌，但我沒成功。我錯了。」

〔大蚱蜢回答〕如果史密斯走遠路回家的決定，是屬於選擇無效率方法而捨棄高效率方法的例子，那麼我對玩遊戲所下的定義看來就似乎太寬鬆了，因為我也完全樂意承認史密斯對瓊斯描述的活動並不是一場遊戲。但我將會爭辯史密斯走遠路回家，並不會比他走近路回家來得沒有效率。這任務需要我為效率下一個我認為無可爭論的定義。

我把效率定義為有限資源的最小支出，此資源是達到既定目標所不可或缺的。我強調這是有限的資源，因為如果資源是用之不竭的，那麼，不論它被使用於什麼目的，在其他條件不變的情況下，我們都沒理由說它用得多比用得少更沒有效率。我的論點是，遊戲確實有低效率的特徵，但史密斯走遠路回家並沒有這特徵。

以下兩個例子應足以說明，遊戲所呈現出的此種有限資源，
58 是判斷方法效率高低的必要條件。以賽跑為例，選手盡全力衝速，因為他們跟比賽記錄競逐著，它限制選手可運用的時間（選

手並不擁有五分鐘來進行一場四分鐘的一英里賽事），或者跟另一個跑者競逐，而對手的配速限制了他們可運用的時間。因此，他們必須盡可能花最少時間來達到目標。如此一來，比起其他像是騎單車或開法拉利的方法，用跑步來完成賽道可說是效率較低的方法。當然，除了時間以外，遊戲中也有其他資源。之前我已提到，西洋棋遊戲中的棋子布署，有時騎士沿著對角線移動，要比規則所規定的移動方式更有效率達到將軍。在這個例子中，所謂的低效率，是就哪一種有限資源而言？我認為，那就是遊戲者所能運用的移動步數。因為如果黑棋要走五十步來將軍白棋，而白棋只用四十九步來將軍黑棋，那麼黑棋將會輸掉。所以，只有當沿著對角線移動騎士的方式能夠降低達成目標的步數時，我們才能說這是達到西洋棋前遊戲目標較有效率的方式。

史密斯走遠路回家，並不必然等於使用較低效率的方法，除非有些東西，比如說時間，對他而言是有限的。這裡說史密斯擁有的時間有限，指的倒不是說時間本來就是有限的資源。時間對我們所有的人來說都是有限的。但是，時間或其他可能被用作資源的事物，除非從實現目標的角度來看，否則都不會被稱為實際的資源；同樣的，除非這些事物對目標的質與量構成限制，否則也不被稱為有限資源。因此，雖然時間對每個人而言都是有限的，但它卻不是每個人的有限資源。對無聊的人來說，時間是負擔；對躺在行刑台上的人來說，時間是折磨。而且，當時間成為資源時，也不必然是有限的資源。對一位只抱持相當少目標的人來說，永遠有足夠的時間去完成所有目標。古典斯多葛主義者的原則就是要節制慾望以符合他所擁有的資源，所以原則上他擁有的時間總是剛剛好。

因此，史密斯這個反例的問題在於，根據他的描述這不是一種低效率方法的選擇，因為沒有跡象顯示史密斯在回家過程中決定使用的任何方法必須利用某些有限的資源。史密斯鞋子的皮革
59 可能是他的有限資源，或更有可能的是他的時間。但是，這兩種資源對史密斯而言也絕對有可能不是有限的。他可能因各種穿鞋之苦，所以每月照例為自己買雙新鞋。至於時間，當他決定回家的方式時，或許他手上的時間綽綽有餘。若真如此，那麼，與其說史密斯正在以低效率的方法回家，倒不如說他正在以高效率的方法消磨時間。

這個反例可因此被駁回。但與其這樣做，不如讓我們來重新改寫這個例子，讓史密斯所提出的「遊戲」展現其原本所缺乏的低效率特徵。如果適當修改，我想，瓊斯和你，史蓋普克斯，將會接受這是一場遊戲。

針對史密斯回家途中所使用的某些資源，我們必須設定成對他是有限的。讓我們假設他的時間有限。說他的時間有限，也就意味著他有另一個目標也需要時間去完成，而這兩個目標競爭著史密斯所擁有的時間。假定史密斯想要在天黑前到家，此時太陽已經開始落下，就他回家路途的距離而言，選擇走遠路將對他的目標達成造成某程度的風險。在這樣的情況下，走遠路顯然比走近路更沒有效率。因而，如果史密斯走遠路回家，除了他希望參與這個經由人工障礙所創造的活動，並不存在其他的目的，那麼，我便主張他正在進行一場遊戲；具體而言，他正在和太陽競賽。

史蓋普克斯，這個例子也讓我有機會再次強調之前所提過的一個重點。在最初提出的定義中，我說遊戲設計者在創造遊戲時所訂定的規則，必須避免兩個極端，也就是規則不可過於鬆散或過於緊縮，否則他創造的遊戲就無法成形。因此，史密斯的「遊戲」是個失敗的嘗試，因為其中沒有禁止任何方法；而限制性的規則不存在，因為在這裡時間不是一種有限的資源。把史密斯和瓊斯之間的交談再延伸一些，我們也可以說明另一種相反的失敗。我們假定這對朋友運用我先前所提出的原則來界定效率，並且套用在史密斯以回家作為遊戲的嘗試上。

瓊　斯：為什麼你不試著走遠路，而且趕在太陽下山之前回到家呢？那會是個遊戲，老傢伙。

史密斯：不可能。 60

瓊　斯：天哪，為什麼？

史密斯：因為我們想著要如何玩這遊戲時，已經把所有時間都耗光了。太陽已經下山了。

「太好了，大蚱蜢，」我說，「我很滿意。我反駁說你對建構規則的解釋使定義變得太寬，這個反對意見已經獲得令人滿意的回答。現在就讓我再從另一方面提出抗辯，這次要指出的問題將造成你的定義過於狹窄——有些活動被公認為遊戲，但其中並沒有任何規定限制達成『前遊戲』目標所使用的方法。我為前遊戲一詞加上引號，因為一旦這個抗辯成立，那麼遊戲和前遊戲目標之間的區別就必須捨棄。」

「這聽起來的確是個強烈的異議。」大蚱蜢說。

「沒錯。」我作出肯定回答。

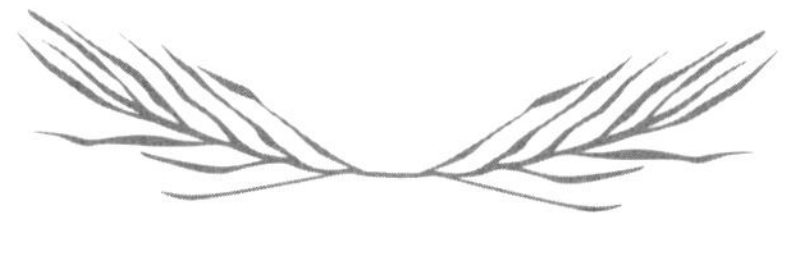

| 第六章 |

伊凡與阿布

大蚱蜢聽完故事，並且把故事延續下去，在結局中證明遊戲不可能沒有規則，以此捍衛了他的定義。

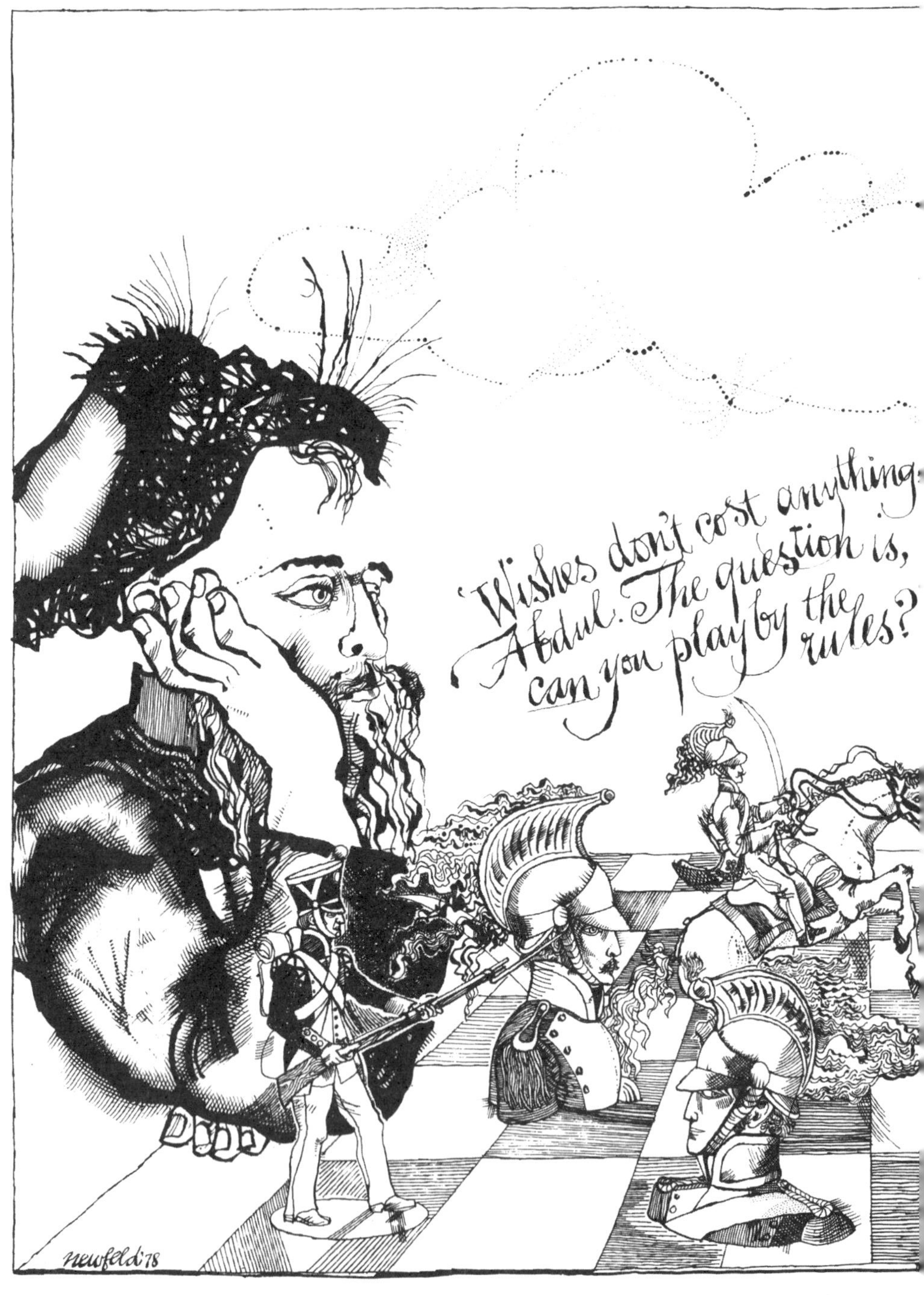

'Wishes don't cost anything:
Abdul. The question is,
can you play by the rules?'
newfeld '78

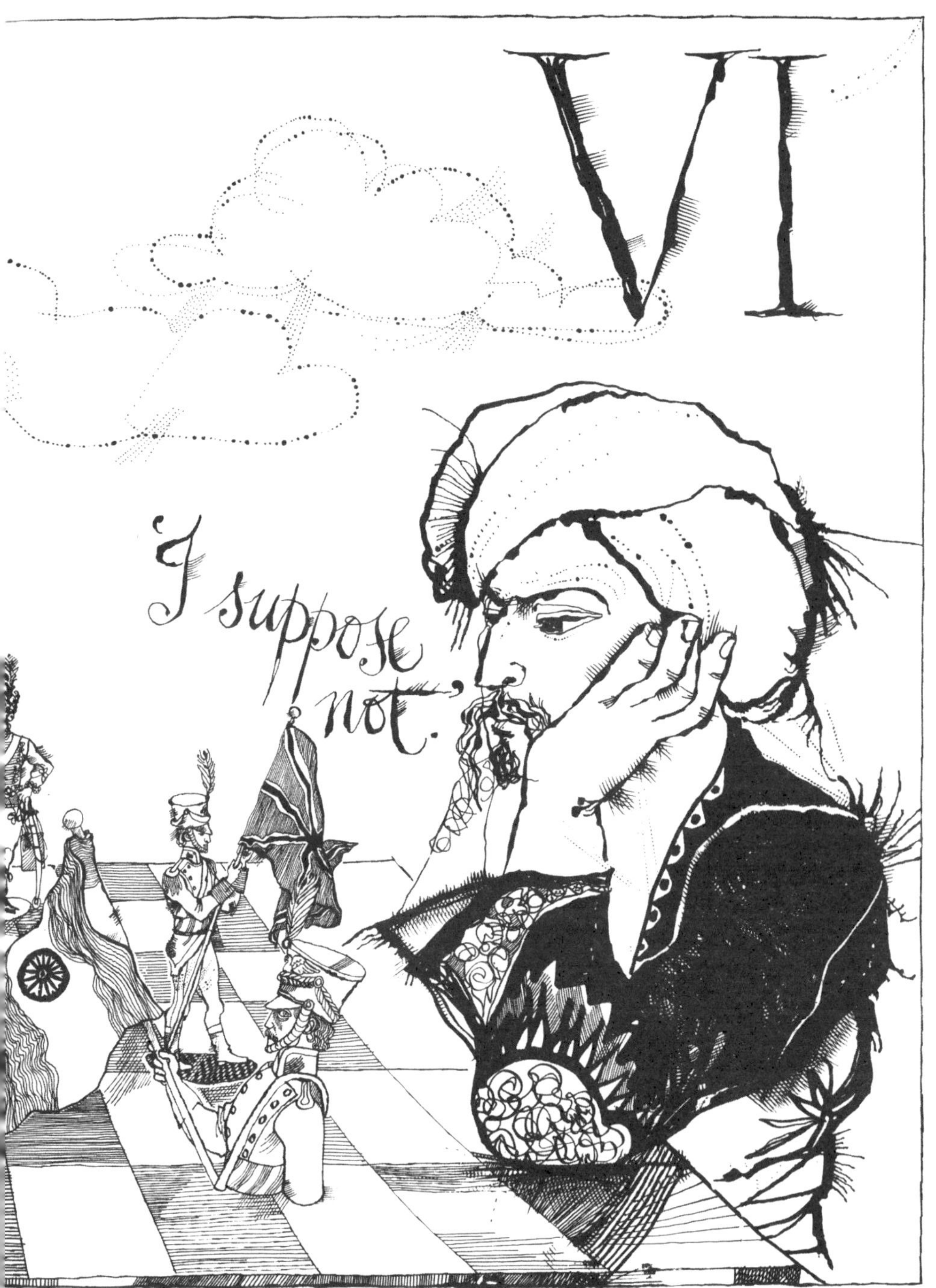
VI
'I suppose not.'

64 〔我開始說〕伊凡與阿布都曾是軍官，退休後「升遷」為瑞尼斐（Rien-à-faire）[1] 首都的大使。兩人在經常互戰的家鄉都有傑出的軍旅生涯，事實上，伊凡和阿布正面交戰過許多次。所以，這兩位戰士都非常開心，因為這職位讓他們有機會共同重溫過往的戰役。他們已從各種可能的角度來回顧所有勝負，並且以各種方式修正過去戰役的後勤與戰略，幾個月後，他們對這一切回味感到越來越無趣，轉而尋求其他消遣。

對這一對退役的戰士而言，運動顯然是一個可從事的休閒活動，因為他們以為運動是戰爭的某種替代品或某種文雅的戰事。然而，他們很快就發現，運動和戰爭只有在最表面的層次上彼此相似。他們發現，為運動設下重重約束的，是最蠻橫武斷的禁令。例如打高爾夫球時，即使對手看不見你的舉動，你仍然必須使用高爾夫球桿救出沙坑裡的球；打網球時，即使對手無法判斷球的位置，你仍應該誠實報出界外球與界內球；西洋棋也差不多，雖然在棋盤上偷偷移動棋子顯然是有效的策略，但這是被禁止的。

由於兩人也找不到其他更好的活動來消磨時間，只好繼續玩著這些遊戲，雖然進行的方式有些不同——如同圓滑的駐外人員一般，兩人很快就明瞭到其樂趣之所在。每當破壞規則不會被發現或被懲罰，他們就打破規則。雖然此種方式終究難逃失敗的命

＊　前頁圖說：「『阿布，僅僅希望是不用付出代價的。問題是，你能夠遵守規則地玩遊戲？』『我想沒辦法。』」

1　編註：法文，意為「無事可做」。

運，但仍可以有效運作一段時間；而且，他們在大部分的傳統遊戲規則中增添了許多令人無法置信的修改。例如，他們在高爾夫中使用全自動雷達導控的球，以及在西洋棋中合法使用迷幻藥作為進攻武器。在網球賽中，阿布使出令人讚嘆的妙計，他雇用了兩個男子適時把球網拉高或降低，直到伊凡發明了可以穿過球網的球來破解。在一場高潮迭起的西洋棋賽中，事情來到命定的結局。

準備參賽時，這兩位選手為了防範各種可能的藥物使用，所以都吃了適當的解毒劑，而且兩人都堅決地在整場賽事裡仔細盯著對手的一舉一動。第一局的前六個回合，比賽正常進行。接 65
著，伊凡走出的一步，把比賽帶向結束。他完全無視棋子步法的規範，以不合規則的方式把皇后移動到一個格子裡，形成給阿布將了一軍的局面。全場觀眾為之振奮，摒息等待阿布的反擊。阿布迅速反應，直接將伊凡的皇后從棋盤上拿起，放進自己的口袋。伊凡立刻還以顏色，轉眼間他快手地將棋盤上的棋子重新布局，再給阿布一次將軍，並且大喊：「我贏了。」

「朋友，你錯了。」阿布嘶吼著，除了自己的國王，他一把抓起其他棋子，統統丟到地上。

「阿布，你不能這樣，」伊凡氣憤地說，「你被將軍的時候，我就贏了這場遊戲。」

「瞧你說得跟真的一樣，」阿布回答，「但你明明就錯了，你看，我的國王還在這，還可以自由移動。」

當然，伊凡並不期待這樣易於破解的招數就能擊敗狡猾的阿布。他只不過是策略性地轉移對手注意力，趁對手分心之際，用他一直握在手中藏在桌下的快乾膠，將阿布的國王固著在棋盤上。毫不意外地，在你沒來得及喊出「刀子」之前，阿布迅速從外衣抽出來的是一瓶溶劑，用來釋放了他的國王。伊凡的手立刻伸向國王，但阿布及時抓住他的手腕，阻止了此次攻擊。整整一分鐘，他們凍結在兩方力量抗衡的靜止畫面中，引起觀眾如雷的掌聲；在他們分開之前，兩人從椅子跳起，開始小心翼翼地繞圈對峙。他們的交戰成了一場神話般的競賽（contest），因為——

> 他們徹夜交戰
> 在昏黃的燈光下，
> 喧囂之聲遠播。
> 大量民眾湧入，
> 聲名鵲起的
> 是阿布和伊凡・史克姆。

這個傳說於是以訛傳訛地流轉下去，將此遊戲傳頌成阿布與伊凡兩敗俱傷，最終以和局結束，然後深情地說著那個聳立在藍色多瑙河畔的墓碑，以及北極星光下一位莫斯科少女孤獨祈禱的身影；但這些顯然都是吟遊詩人的杜撰和點綴。這場遊戲並不是以和局收場，而是一場僵局，最終兩人都筋疲力竭而癱瘓在地上，而且還發現有個觀眾已帶著棋子和棋盤離去。

事實上，隔日午後這對朋友在他們最喜愛的咖啡店碰面。伊凡說：「我的朋友，那是我所玩過最棒的一場西洋棋。」

「喔，無庸置疑。」阿布回答。

他們安靜相伴，啜飲著開胃酒，然後伊凡再度開口。

「但是，有些事情困擾著我。」

「其實，」阿布說，「你知道嗎，或許我也在煩惱著同樣的事。」

「我不驚訝。如果你所想的和我正在想的一樣，你就會明白，我們不可能再一起下棋了。」

「確實如此。我們擺好棋盤開始比賽的那一刻，就顯示我們的戰爭開始了，而這個戰爭的武器根本和西洋棋沒有任何關係，因為我倆唯一會接受的招式，是那些真正具強制力的暴力或欺詐招式。因為我們都不信守遊戲規則，所以唯有最終完全掌控局勢的人才是勝利者。況且，我們不只再也不能玩西洋棋，基於同樣的理由，我們也不能再玩任何遊戲，因為遊戲要求我們在追求勝利時，為自身加諸一些人為的限制，但我們都不願意那麼做。」

「確實如此，」伊凡說，「過去我帶領部隊時，參謀本部總是以軍隊榮譽為名，發布一些優柔寡斷的命令，我發誓如果我擔任參謀總長，我一定會連根拔除這些東西。這才是戰爭的規則！」

「毒氣呢？你沒使用過毒氣吧？」

「當然沒有。但我沒用並不是因為我要『玩這場遊戲』，而是，你也知道的，毒氣對使用者實在太危險。而且，也只有白痴會想要招來同樣的報復。當然，原子彈也一樣。避免隨興暴露於風險之下，這不是騎士精神，而是基本的策略。」

「不過，人為限制還是有用的。喔，但打仗時就不是這樣，老傢伙，這點我同意你。可是你看，還是有很多人下棋或打高爾夫球而沒有變成鬥毆。」

「他們不是軍人，是老百姓。老兄，他們是平民。」

「在鄉村俱樂部打高爾夫的那些軍官呢？」

67 「自大的老百姓，參謀本部的最佳候選人。」

「伊凡，看看我們失去的一切。有時我倒是希望自己能遵守規則地玩。」

「阿布，僅僅希望是不用付出代價的。問題是，你能夠遵守規則地玩遊戲？」

「我想沒辦法。」

「當然不行。我們就是這個樣子。」

「看來，在我們剩下的日子，仍然得回去重溫我們的昔日榮耀。或許該是時候放下了，伊凡，就像高貴的羅馬人那樣。」

「我不認為會變成那樣子，我的朋友。」

「你有個主意，伊凡，我感覺得到。」

「念頭的種子，阿布，一顆醞釀中的種子。總之，我會用一整夜來好好思量它。明天同時間見？」

「好，明天再說。」

隔天，阿布看到他的朋友已坐在咖啡店裡他們昨天坐過的位子，對著他面前的一杯伏特加正開心地微笑著。

「立刻告訴我你的想法，伊凡。」阿布邊坐下來邊說。

「好，我的朋友，馬上，我馬上就說。我已經想了一整晚，又再想了幾乎一整天，我很滿意，這個邏輯絕對有說服力——還有一個，而且就只剩下這一個遊戲，是我們可以玩的。」

「什麼遊戲，伊凡？是哪種邏輯？」

「殊死戰，我的朋友。」

「什麼！伊凡，你瘋了！」

「正好相反。事實很清楚，任何其他選項都是愚蠢的。我們已經知道，除非我們當中有一人能完全征服另一人，否則對你我來說，沒有人可以贏得遊戲。我們無法像老百姓一樣加上一句『就遊戲而言完全征服』，因為那意味著按照遊戲規則而言，但我們不承認那些規則。因此，在那個晚上，當我無視規則直接把棋子擺設成將軍你國王的棋陣時，老百姓會說我並沒有真正贏得比賽，因為我沒依照規則來達到這個狀態，是不是？」

「是的，確實如此。」

「而且我們也認為我沒有真正贏得遊戲，但卻是基於一個相當不同的理由，不是嗎？」

「沒錯。你沒贏，因為你無法保持住你的地位。」

「是的。所以我們可以說，當老百姓贏得遊戲時，他們看的是過去，因為他們在意的是如何達到那裡；但對我們來說，一旦成功，重要的就不再是我們過去如何做到，而是我們能否保持勝利的地位。我們總是望向未來。」

「說得太好了，伊凡。」

「是的，阿布，這就是為何我們唯一可以進行的遊戲，就是戰到至死方休。」

「恐怕我不太明瞭為什麼會導向那個結論，我的朋友。」

「好，難道我們不是都同意，對我們來說，勝利在於其中一人完全征服另一人，不管進行的是哪一種遊戲？」

「是的，我們都同意。」

「好，阿布，那麼我問你，在我們選擇玩的任何遊戲中，或者在我們唯一還能玩的那個遊戲裡，其中一人必須完全征服另一個人多久的時間，才算是勝利？」

「伊凡，為什麼我們不能隨意指定一個時間限制？五分鐘、一天，或者一週，都可以，不是嗎？」

「阿布，阿布，你沒在思考。當前的問題就在於你和我無法進行那些規則主導的遊戲，但你提出的解答居然是發明一條規則。那算是什麼解答啊？」

「嗯，我明白了。也就是說，我所提出的時間限制，事實上等同於規則。」

「難道還不夠清楚嗎？我用黏膠將你的國王黏在桌子上，就當作是五分鐘，讓它動彈不得，同時用手槍制服你，讓你無法使用溶解劑。五分鐘之後，我收起手槍，宣布自己是贏家。我的朋友，你肯定不會想告訴我，你的反應是恭喜我在遊戲中表現得很好吧？」

「不，伊凡，我不會。我會立刻抽出我的武器，一面倒出溶劑一面制服你。」

「你當然會這麼做，因為過往的勝利對我們來說是沒有價值的，除非可以延續成未來的支配權。」

「所以，我們其中一人要支配另一個人多久才算勝利？答案必然是永遠。」

「恰恰如此。我們所謂的『支配』一詞指的是永遠免於被支配一方的攻擊；要達到支配對方的局面，需要的是怎麼樣的效率（如果可以這麼說的話），這是相當清楚的，不是嗎？」

「沒錯。任何人都無法確保他不再受到對手的攻擊，除非這對手已無法活著來攻擊他。」

「因此，我的朋友，既然知道了我倆無法進行任何有規則的遊戲，那麼，如果還是要來一場遊戲的話，就必定是沒有規則的，而殊死戰是唯一沒有規則的遊戲。證明完畢。」

「我同意。但是要依這個結論來行動，你是認真的嗎？」

「我是絕對認真的。還有其他選擇嗎？你昨天不是才在考慮要自殺的可能性。那會更好嗎？」

「不，它並不是更可取的做法。」兩人同時陷入嚴肅的寂靜，直到阿布再次發出笑聲。

「怎麼了？」伊凡說。

「我只是在想，法國人被公認為世界上最有邏輯的思想家，但是伊凡，我想只有你這個俄國人，會瘋狂到願意跟著一連串有力的推論來行動，無論這些推論會把你引到哪裡。」

「所以你不想進行這個終極遊戲嗎？」

「正好相反，我幾乎已準備好玩這場遊戲了。我只是在想，如果只有我自己，我大概不會變態到真正去面對這個最後承諾。」

「是的，這就是為什麼世間不再聽到土耳其輪盤（Turkish Roulette）這東西。」

「不，也沒聽過俄羅斯娛樂（Russian Delight）。告訴我，你有玩過俄羅斯輪盤[2]嗎？」

2　譯註：俄羅斯輪盤（Russian roulette）是一種左輪手槍的玩命遊戲，將一到五顆子彈放入有六個彈巢的左輪手槍中，旋轉彈巢後，參與者分別朝自己頭部開一槍，遊戲一直進行到發出子彈或有人喊停。

「最近沒有。參謀本部和外交部不贊成將軍和大使做那樣的消遣。但我還是中尉時，我常常玩這種遊戲。」

「而且你還能活下來跟我說這些事！想必你是極度幸運的。」

「這跟運氣毫無關係，我總是把子彈藏在掌心。但談到這就好了。我已迫不及待要開始這個遊戲了。明天清晨就開始吧，你準備好了嗎？」

「早就準備好了。」

「我們各自一定都還有些準備要做，我先離開了。阿布，再見。」

「再會，伊凡。」

〔大蚱蜢回答〕如果伊凡與阿布所計劃的殊死戰是一場遊戲，而其中沒有任何規則禁止較高效率且偏好較低效率的方法，那麼我的定義就一定是太狹隘了。因此，只有當殊死戰不是一場遊戲，或者殊死戰事實上存在著定義所要求的那些規則，這個定
70 義才能夠成立。由於我相當願意接受他們的殊死戰是一場遊戲，所以我顯然有必要證明，即使伊凡與阿布並不知情，但這場遊戲實際上至少包含一條遊戲定義所要求的規則。而且，史蓋普克斯，要證明這一點，我想我只需要向你提出以下問題：「當伊凡本身承諾進行殊死戰時，為什麼伊凡不立刻就消滅掉阿布？」他們在咖啡店談事時，伊凡本來可輕易就得手，但他卻沒行動。莫名奇妙的是，他反而向阿布提議遊戲在隔天清晨開始。讓我們在約定日期的黎明來臨前，把伊凡叫醒，問他：

「伊凡，你醒著嗎？」

「是。你是誰？你要做什麼？」

「我是邏輯之聲，我有一個問題要問你。」

「幾點了？」

「離天亮還有一個小時。」

「你問吧，但請長話短說。」

「問題很短。你為什麼不在決定殊死戰的當下就殺了阿布？」

「回答也很簡單。因為我的興趣不在消滅阿布本身。我之所以想要殺他，只是為了可以跟他交戰。」

「如果你不介意，讓我來檢驗你的主張。」

「請吧。」

「很好。我告訴你，阿布此刻還在睡夢中。你可輕易進入大使館，趁他睡著時殺他；如此出其不意，你可用最低的風險來贏得此戰。」

「你看，我並沒有從床上跳起來火速衝到大使館去。」

「是的，我知道，所以才令我十分困惑。」

「我找不到要這麼做的理由。如果我在遊戲開始之前就殺了阿布，那麼我就無法與他交戰，不是嗎？如果我現在就殺了他，我們的遊戲就永遠無法開始了。」

「你是說，你們即將進行的這個遊戲有一個開始時間。」

「當然。」

「換句話說，有這麼一條規則，禁止你在某個約定的時間之前採取任何行動。」

「你是說，規則？」

「是的，」邏輯之聲無動於衷地回答，「一條規則。」 71

「那麼，」伊凡坐在床上，皺著眉頭說，「我們的殊死戰並非真的是一場沒有規則的遊戲。」

「如果你信守著開始時間是清晨的話，就不是。」

「我還以為我們最終找到了一種沒有任何人為規則的遊戲。我們怎會忽略了起始時間這回事呢？」

「或許是因為你忙著消除遊戲的結束時間。但事實十分清楚，不是嗎？起始時間和結束時間一樣，都是人為的？」

「是的，它是。」

「現在你看清這點了，所以當然要趁阿布睡覺時立刻溜去殺他，對不對？」

「當然不對。」

「為什麼呢？」

「我已經回答這個問題兩次了。該死，我並不想謀殺阿布。看在上帝分上，我喜歡他。我就只是想和他玩一場遊戲。」

「是的，我能理解。而且你們想要一場沒有任何規則的遊戲，所以遊戲中可使用的獲勝手段不會受到規則的人為限制，對嗎？」

「是的。」

「現在你知道了起始時間也是人為限制，你為什麼不依照修正的版本來玩這場遊戲，馬上起身去殺阿布呢？」

「因為消除了起始時間，我也消除了任何活動成為一場遊戲的可能性。」

「為何如此？」

「我和阿布原本計劃的遊戲是一場競賽，不是嗎？除非參賽者有實際發生競賽，不然這場遊戲玩不下去。趁阿布睡著時下手殺他，就像是在敵方抵達體育館之前，把整支足球隊屠殺了，然後宣布你贏了比賽。」

「所以，接受起始時間的限制，等同於確保你會有對手；也就是說，你所要攻擊的對手也準備好了要攻擊你。」

「完全正確。這個遊戲的想法當中如果不是含有某種競爭本質的話，那我可能在兩天前還沒想到殊死戰之前，就已經殺了阿布；或者，我也可能已經殺死了一些偶遇之人，然後宣稱我贏了一場殊死戰。但是，殺害那些未防備的受害者並沒有任何的勝利可言。任何人都可以這麼做。」 72

「換言之，單純只是殺死阿布並不算是贏得這場遊戲，因為殺死他這個目標可能存在於遊戲之外，而那樣就成了謀殺。」

「是的。只有在他也準備好要殺我，而且我們兩人都知道不是他死就是我亡，在這種條件下殺了阿布才算得上是贏。這就是約定起始時間的全部意義。」

「針對你剛剛所說的，你認同我這麼解釋嗎？——你企圖達到某種特定事件狀態（阿布的死亡），只使用規則所允許的方法（你們雙方必須同時知道對方試圖殺害自己），規則禁止較有效率的方法而偏好較低效率的方法（如果不需要下戰書再取得對方同意便直接殺死阿布，這是更有效率的方法）；而且，接受規則限制的唯一理由，就是為了讓這個活動成為可能（這點目前不辯自明）。」

「是的，這完美描述了整個狀況。」

「既然你願意玩這樣一場遊戲，我看不出來為何你會無法玩任何一種遊戲。也就是說，如果你為了跟阿布玩這個遊戲而已經準備好了接受那些所謂非必要的障礙，那麼你為什麼不接受其他的非必要障礙，然後跟阿布一起玩西洋棋、網球或高爾夫，並且放棄這愚蠢的殊死戰？不然，你就得承認沒有任何理由等待起始信號，現在就可以殺了阿布。」

伊凡心中反覆思考這點時，四周一片寂靜。然後，他從床上一躍而起，快速套上衣服，慌忙衝出房間。

「你要去哪？」邏輯之聲大喊。

「我必須在清晨前找到阿布！」伊凡從樓梯大叫著。

「取消遊戲還是殺他？」邏輯之聲提出這二選一的探問。

但伊凡的回答模糊不清，無法辯解，只見他倉促穿過黑暗與荒涼的街道。

大約在往阿布大使館的半途上，伊凡看到一個身影正從林蔭大道不遠的另一端接近。是阿布。阿布是不是也聽到了邏輯之聲呢？他趕著去找伊凡，是為了取消遊戲還是為了突擊呢？如果伊凡可以確定阿布是意外突擊的話，它就不是意外，遊戲馬上可以
73 啟動，因為已經有了起始時間，而且就是現在。但伊凡如何可以確定是現在呢，除非他知道阿布的目的為何？阿布當然也可能處在相同的困惑裡。伊凡可能大叫：「讓我們取消遊戲吧！」但阿布可能敏感地認為這是伊凡為了取得優勢而設計的謀略。如果阿布提出同樣的建議而伊凡心無疑慮地接受，那他就是有勇無謀。兩人猶豫不決，在困惑中停下腳步。

而他們就在那裡站立，直到了今天，在瑞尼斐的首都，兩座大理石雕像沿著林蔭大道，彼此遙遙對望著。瑞尼斐導遊在介紹

大使館街頭雕像時，所說的就是這個故事。

「我必須說，」當大蚱蜢結束時，我帶著笑容說，「你為我的故事帶來一個驚人的結局。」

「的確如此。但問題是，史蓋普克斯，你是否信服了，所有遊戲都必須具備定義裡所要求的建構規則？」

「幾乎，大蚱蜢，幾乎是。」

「但不全然是？」

「即使伊凡和阿布的傳奇故事證明了競爭性的遊戲至少有一條此種規則，但並不足以證明非競爭性遊戲也必須具備同樣的條件；現在我要針對這點提出抗辯。首先，我不得不提出一個反駁，這個反駁如果成立的話，任何針對競爭性遊戲提出合理解釋的企圖都將被破壞；屆時，你目前對於建構規則的辯護，即使不至於完全無理，也會變成無關痛癢。」

「天啊，史蓋普克斯，有這樣的反駁？」

「恐怕是有的，大蚱蜢。因為競爭性遊戲是根本的悖論，這早已有爭論。我認為悖論意味著無法理解，這麼說來，如果這說法成立的話，那麼要為競爭性遊戲下一個定義，是不可能的。」

「是的，那推論沒錯。當我們發現正在試圖理解的事物真的是個悖論時，理性會迫使我們放棄探究，因為那就如同要尋找一種永恆運動，或尋找仁慈的銀行家一般遙不可期。史蓋普克斯，但我猜想你是不是想到科奈（Aurel Kolnai）那篇發表在亞里斯多德學會（Aristotelian Society），標題為〈遊戲和目的〉的論文，

74 他論證的主題就是你剛剛所主張的。」[3]

「正是如此，大蚱蜢。我剛從學會出版的《學報》（*Proceedings*）裡讀完這篇文章。在我看來，科奈以他的立場提出了一個相當合理的解釋。」

「真巧，我也讀過這篇論文，而且我還為此寫了一篇簡短的回應。其實我就帶在身邊，因為我打算寄到《昆蟲學評論期刊》。如果你願意陪我走去郵局，或許我可以在路上讀給你聽。」

「請，大蚱蜢。」

3　Aurel Kolnai, 'Games and Aims', *Proceedings of the Aristotelian Society* 1966, 103-28.

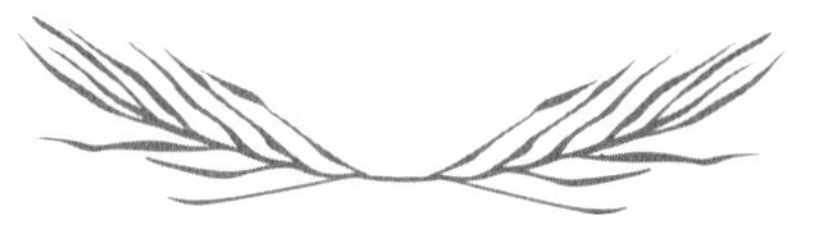

｜第七章｜

遊戲與悖論

大蚱蜢檢驗與推翻競爭性（零和）遊戲的根本是悖論的可能性，以及從該論點所預設的無法定義性。

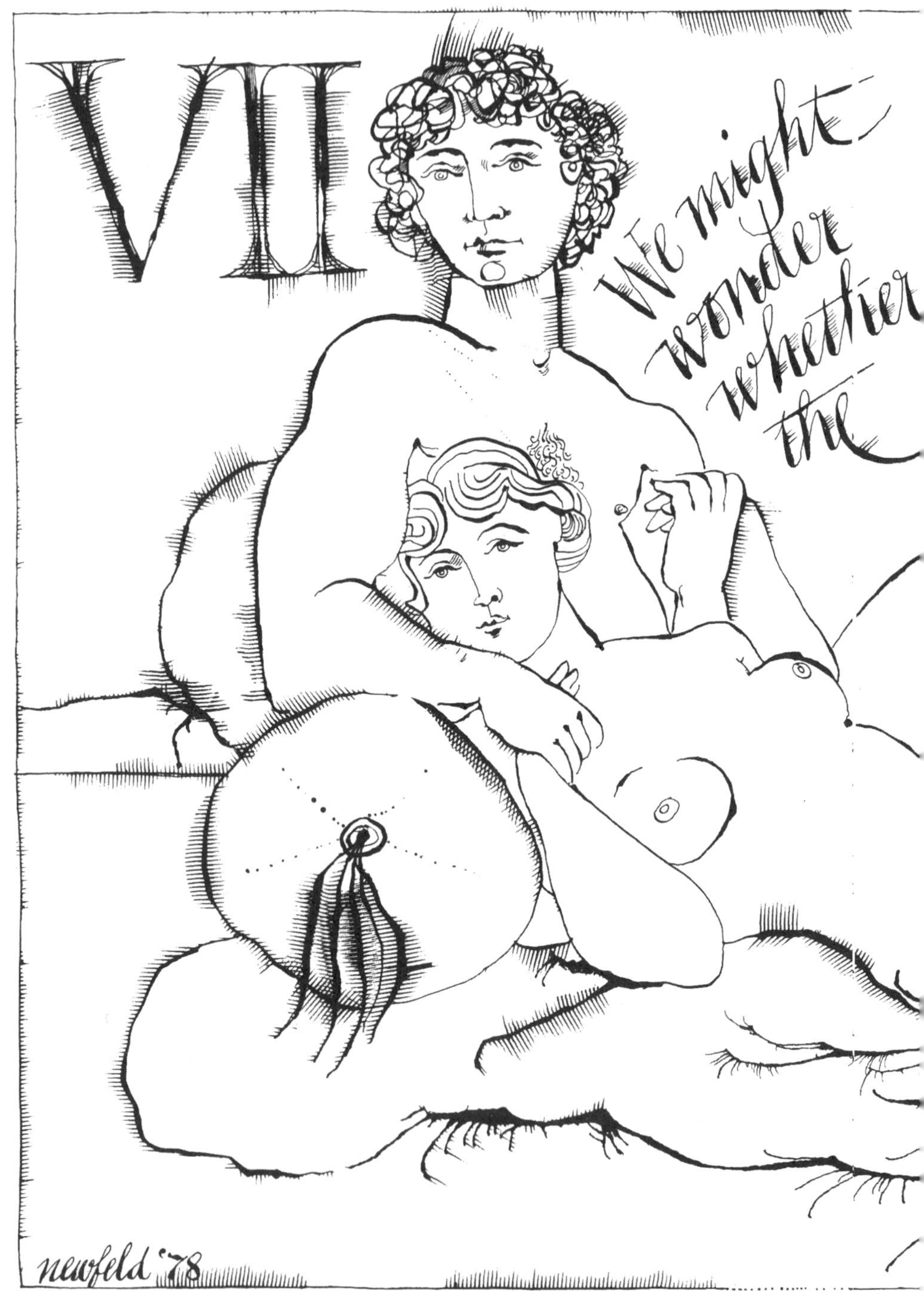
VII
We might
wonder
whether
the
newfeld '78

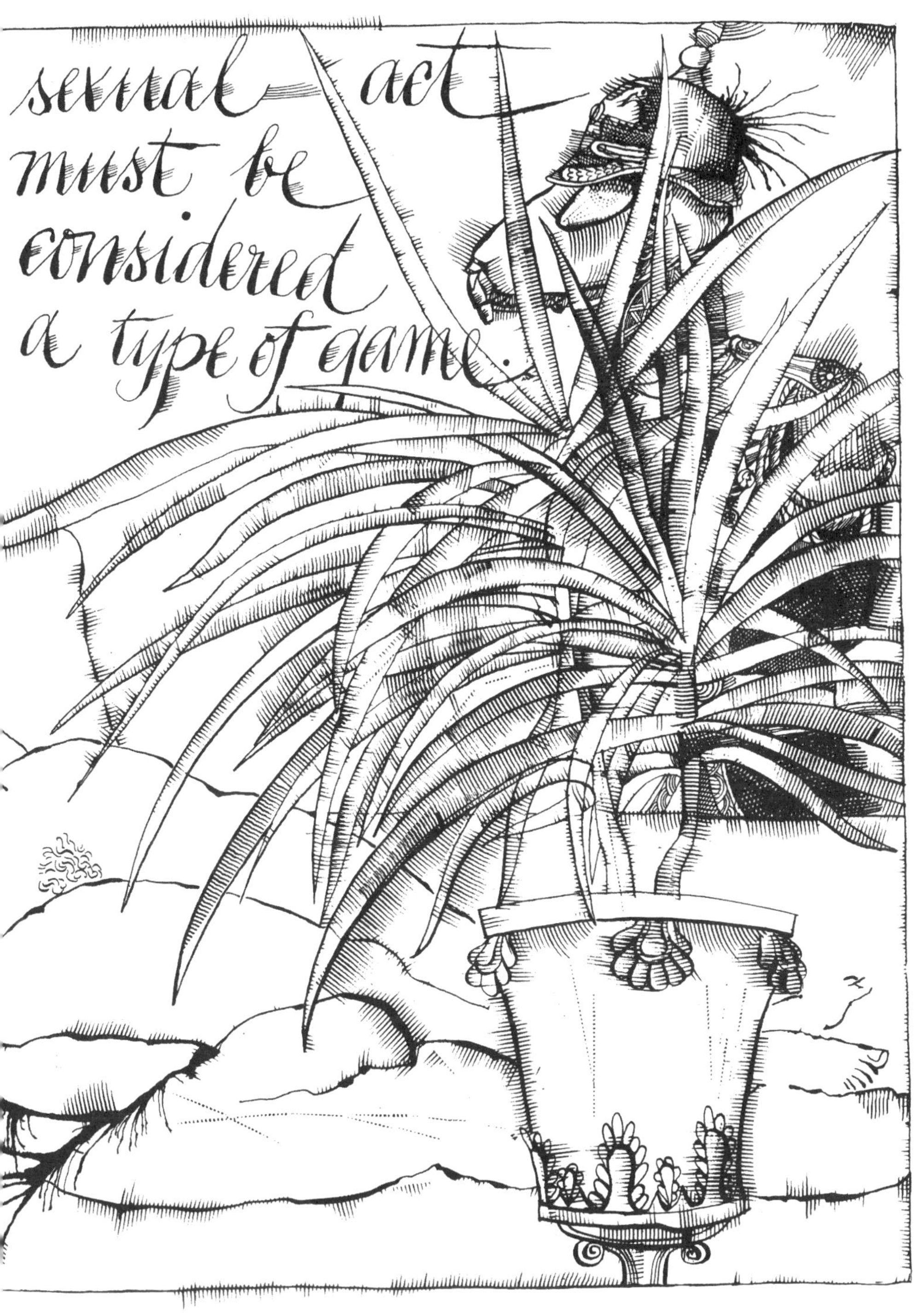
sexual act
must be
considered
a type of game.

78 〔大蚱蜢朗讀〕在亞里斯多德學會發表的論文中，科奈指出遊戲呈現了他所稱的「真正的悖論」（genuine paradoxy）。即使是從「悖論」最表層的字面意義而言，我也不認為他的論點導向這個結論。無論如何，他喚起了大家注意到遊戲當中一個值得進一步研究的面向，因此我提出以下的思考，主要目的不是批評科奈，而是藉此依循科奈所指出，而在我看來他自己卻沒有走上去的研究途徑，著手進一步探索。

科奈如此說明他所斷言的悖論：

> ……西洋棋裡無法分離的雙重目的，在於保持完全一致於共同的樂趣之中，同時每位遊戲者在西洋棋之中的唯一目標就是打敗對手、破壞其力量、摧毀其意圖；在我看來，此種雙重性以最顯著的方式把這種怪異的自願心態，勾勒成我所大膽提出的「遊戲的悖論」。（頁112）[1]

如果真正的悖論需要包含不可避免的矛盾，那麼科奈並沒有證明遊戲展現的是一個真正的悖論，因為科奈所提出的矛盾是可以避免的。我認為科奈把其中的姿態視為怪異的自願，是因為他認為任何一位遊戲玩家，作為遊戲玩家，都擁有兩個無法相容的

* 前頁圖說：「我們或許會疑惑是否有必要把性愛視為一種遊戲。」

1 必須指出的是，科奈這項主張是針對零和遊戲所提出的，他如此說明：「我所稱的『非生產性』或『零和』的遊戲類型指的是：參賽者之間除了就遊戲而言的輸贏與得失之外，不存有任何可衡量或可記錄的成就。」（頁109）我針對悖論的討論，同樣也是侷限於零和遊戲。

目的。這兩個目的分別是：一、一個 A 和 B 達成一致的目的（A 和 B 是在同一場遊戲中互相競爭的遊戲者）；二、一個 A 和 B 不一致的目的。讓我們稱此種一致為 C；因此這裡的「矛盾」在於遊戲者的目的是由「C 和非 C」所構成。

顯而易見的是，悖論的程度依賴於 C 的模稜兩可。遊戲者因處於「絕對一致」而得到「共同樂趣」，這樂趣肯定是來自遊戲者擊敗對手的企圖。因此，對於彼此要進行競爭這點，他們處於「絕對一致」。當然，他們所渴望的競爭結果是不一致的，因 79
為如果他們是一致的話，則該競爭本身就不可能發生。但擁有這些不同目的顯然並不帶來矛盾，因為雙方所肯定的「一致」，是不同於雙方所否定的「一致」。所以，此命題（雙方對於競爭意願是一致的，但對於誰將獲勝的期待則不一致）頂多只是一種套套邏輯，完全談不上悖論；換言之，此命題的否定才會產生悖論。因而，科奈所宣稱的悖論可以如此破解：A 和 B 的目的並非「C 和非 C」，而是旨在「C1 和非 C2」，更正確而言，唯有非 C2 成立，C1 才成立。也就是說，雙方對此衝突結果的不同渴望，是衝突的必要條件。

科奈顯然也看到這點，但似乎沒有將它（弔詭地，如果我可以這麼說）視為悖論的解答，而是視之為悖論本身。他說「玩西洋棋和將對手的軍……是互補和互為條件的追求。」（頁104）他繼續說：

> 遊戲者的原初目的是玩西洋棋，而非贏得遊戲：但為了達到原初目的，他必須根據定義來建立並且追求另一個

> 明顯不同的目的，即將對手的軍，或至少阻擾對手將死自己。這兩個分不開的「目的」是明顯不同的——原初目的對雙方參與者來說都是必需的，而「贏」的目的則必然分裂成兩個對立性的目的，即一方勝利等同於另一方失敗。

科奈顯然認為玩與贏兩個目的之間的差異（真的是「明顯的」差異），是他所宣稱之悖論的基礎。然而，遊戲者的合作性與對立性目的，事實上指向不同的結局而非相同的結局，因此這種自願姿態不構成悖論。

無論如何，我也可能對科奈所使用的「悖論」一詞強加過多限制性的意義。或許他指的並非不一致，而只是表面貌似不一致。但科奈堅決把他所談論的悖論稱之為「真正的悖論」，看來他認為當中確實包含真正的矛盾。他用「真正的」一詞，可能是因為他真的認為此悖論涉及真正的矛盾。當然，但那是對誰而言
80 的矛盾呢？有些表象的矛盾對某些人而言非常真實，對其他人而言則非如此，但我暫時不管這一點；我準備提供較寬鬆的解釋，當我們提出證據反駁科奈所認為的真實矛盾時，他的悖論就已解決了。一個悖論若依賴於可輕易釐清的模稜兩可，其實看起來也就不可能有多矛盾。

考慮以下的對照情況。如果遊戲的玩家對於同一個目的既是合作性又是競爭性，我們便可把同時擁有這兩種目的稱為悖論。因此，假如遊戲者的目的是既要服從規則（為了玩這個遊戲），同時又要破壞規則（為了取得準勝利或獎金），我們將會

視之為兩個遊戲者之間既合作又對抗的真正衝突。雖然這可被稱為真正的悖論，或許是精神分裂式欺騙的悖論（the Paradox of Schizophrenic Cheat），沒有人想要把它等同於遊戲裡的怪異自願姿態，它其實沒有那麼怪異。事實上，自願姿態作為遊戲的特徵，根本並沒有怪到足以被視作真正的悖論，因為遊戲並不要求我們採取相互衝突的意向（conflicting intentions），而只是要我們企圖競爭衝突（to intend conflict）。

因此，我不同意科奈的地方，並不是在於他認為遊戲所含有的悖論是可解決的，而是在於這悖論很容易就可解決。我也並不是在反對任何人把某件只是貌似矛盾的事稱為悖論。指出「悖論」是表達驚奇的一種方式，亞里斯多德說這是哲學探究的開始，而非結束。因此，我發現科奈的悖論有兩個方面的缺點。當他把遊戲的悖論視為探問的終點而非起點時，他似乎滿足於把我們留在遊戲的驚奇狀態裡；[2]而既然此悖論很容易解決，這留給我們的驚奇就不怎麼奇妙了。

2　這句陳述可能需要更多說明。在論文的後段，科奈辯稱贏與玩兩種目的之間有一種非常特殊的關係：「我建議稱之為伴隨目的類型的關係，因為內在或主題性的目的，即『贏』或『將軍』，可看作被原初目的『玩』所包覆；原初目的因而被暗指為某種次要，但同時也是『參與遊戲』這項決定所產生的必要且自主的目的……」科奈可能將此種伴隨目的關係視為「遊戲悖論」的解答。然而，一方面他並未告訴我們他要這麼做；另一方面，他即使這麼做，也是錯的。如果贏與玩這兩種目的是相互必要的條件，則很難看出其中之一如何能「優先於」或「產生」另一者，就像「旨在贏」和「旨在競爭」（即零和遊戲裡「玩」的意涵）是無可分離一樣。因為後者可被說成「旨在打敗對手」，所以無異於「旨在贏」。

81 我認為，我們追求的不是真正的悖論，而是富有成效的悖論（fruitful paradoxes）——有這樣一種怪異，可帶領我們發現怪異的並不是它本身，而是對它的否認才會產生真正的怪異，而我們總是從那些剛開始看來怪異的事物中有所學習。（亞里斯多德說：「沒有什麼事物比正方形的對角是可公度量的，更讓幾何學家驚奇。」）我相信對遊戲的思考會揭露此類悖論。

此種悖論可見於精神分裂性欺騙的事例中，涉及的是遊戲中互相衝突的目的，無論是以公平及不公平的方式。換言之，想贏得比賽的人可能心懷互相衝突的目的。他可能既想擊敗對手，同時也跟想擊敗自己的對手合作。這可被稱作「不情願勝利者的悖論」（the Paradox of the Reluctant Victor）。此種雙重目的是遊戲的特性嗎？有時候是。想一下那種玩家實力懸殊的遊戲，例如，西洋棋新手與經驗老手的賽局。新手即將下的一步棋，讓他的對手只要多走兩步就可勝出。這位老手提示了新手，讓新手更有效制衡老手，遊戲因而可以繼續下去。這位西洋棋老手似乎表現出相互矛盾的意圖，一方面想擊敗對手，另一方面卻故意為此目的加設障礙；即使如此，我們並不認為他的行為難以理解或違反理性。這當然怪異，你也可隨意稱之為悖論。為什麼我們不認為此種打擊自身目的的努力很奇怪？答案在於這種特殊種類的努力，即「打擊自身目的」，是針對遊戲所做的。因此我們不禁要問：遊戲中到底有什麼特性，使得此種行為不構成悖論？言外之意，此種行為在遊戲之外是矛盾的，如同以下事例。某軍官 A 的目的是打敗敵方，他勝券在握，因為敵方無法獲得軍隊位置的情報。現在，這位真的以擊敗敵方為目的的 A 軍官，故意提供敵方情資。我們試圖找出他如此做的原因；假設我們發現這個行為背後的唯一理由，就是他不僅希望打敗敵人，同時也想與敵人合 82
作達成他們的目的，也就是擊敗他自己，我們可能得到這樣的結論：這是一位本質善良的人，不願讓任何人失望。同時我們可能也發現如此無節制的善良本質很可能產生一種導向怪異自願姿態的意向，而這些姿態包含了基本的矛盾態度，且相當不同於科奈所謂的遊戲玩家姿態。我們可稱此種悖論為「無限仁慈的悖論」（the Paradox of Infinite Benignity）。

可是，在遊戲中給予敵方戰略資訊，這種奇怪的行為並非罕見。占優勢的西洋棋手告誡劣勢對手收回不好的棋步，並不是因為他想要對手獲勝，而是想要自已最終的勝利來得更有成就感。可以這麼說：他想要贏，但不想贏得太快。同樣的，軍官提供敵人珍貴的戰略資訊時，如果目的不在於讓敵方勝利，而是為了延長戰爭，那麼他的行為就可能跟悖論沒有關係。軍官們可能（或許常常）把戰鬥與勝利兩者都視為目的。以科奈的用語來說，這種情況套在遊戲中時，玩遊戲與贏遊戲，兩者除了是相互必要的條件之外，也是「本身自足的目的」（autotelic）。正是遊戲的這個特性，為悖論提供了解答。

但是，遊戲避開了「無限仁慈的悖論」，卻似乎落入了另一種悖論。如果有兩個既定目的，而達成其中一個便會妨礙另一個的話，那麼在某種意義上，這兩個目的必定是互相對立的，因此，同時抱持這兩個目的的人，可以說他的態度裡存有矛盾。這種情況可能發生在遊戲中：一、贏的目的如果太容易達成，就會阻撓了玩此遊戲的目的；二、企圖達到玩此遊戲的目的（例如幫助對手打擊自己以延長遊戲），則可能會阻撓贏的目的。這些悖論可分別稱作「強迫性贏家的悖論」（the Paradox of the Compulsive Winner）以及「拖延症玩家的悖論」（the Paradox of the Procrastinating Player）。

抱持可能造成彼此衝突的目的，跟抱持必然造成衝突的目的，兩者是相當不同的。贏得遊戲與（滿足地）玩遊戲，這兩個目的並不必然（也不常）會變成衝突。如同在新手與老手下棋的例子中所看到，此種衝突通常是在某種程度上有缺陷的遊戲中
83 才會出現的特徵，或許是（一）遊戲者的實力相差懸殊，或是（二）遊戲本身的設計讓其中一方縱使不是優秀的玩家，也會處於無懈可擊的優勢，例如遊戲中下第一步的一方總會是或通常是得到此種優勢。我們可以說，只有當遊戲或遊戲過程品質不佳時，贏與玩這兩個目的之間的衝突才會可能出現；而這個現象一旦出現，就表示這場遊戲或其進行方式屬於次等。相對的，對贏家而言，好的遊戲意味著玩與贏這兩個目的是一起實現的，或是達成某種最理想的平衡。換言之，好的遊戲就是避開「悖論」的遊戲。因此，若是想從「悖論」來談遊戲的特徵，我們不應說遊戲展現出根本的矛盾，而是說遊戲是一種含有悖論發生的可能性（甚至是危機）的事物。所以，唯有從此種衝突會危及到某個活動的角度而言，該活動才可稱之為遊戲，或許更準確地說類似遊戲的活動。我們可以說，成功避開這種悖論的遊戲，才是好的遊戲。這裡是否使用「悖論」一詞並不是太重要，使用「衝突」或「意向的衝突」這樣的詞語也可以；所以我們可以說，能夠良好

進行的遊戲，是那些能避開真正的怪異自願心態的遊戲。

玩遊戲與贏得遊戲之間的關係，普遍展現在某種可稱作「嘗試與達成」的活動類型中；在這類活動中，嘗試與達成都是本身即目的之活動。應該注意的是，遊戲並非此類活動的唯一形態。「愛過再失去，總比從未愛過好。」所謂標準（但不是唯一形式）的性愛，不僅是此類活動中本質上最具吸引力的一項，也是最清楚展現此類活動特徵的。我想像，嘗試達到性高潮，以及達到性高潮，兩者都以其自身為目的，所以，達成一者可能會阻撓另一者。雖然性高潮本身就是目的，但若瞬間就達到，就會破壞它的建立過程之目的。我們也知道，一旦太過專注於達到性高潮的過程，會妨礙達成性高潮。根據上述，我們或許會因此而疑惑，是否有必要把性愛視為一種遊戲。但其實沒有這個必要。從上面的描述看來，性愛只是一種性高潮的嘗試與達成這兩者之間
平衡的努力。然而，遊戲中付出的努力純粹是為了贏得遊戲；如 84
果這個遊戲是建構良好的，玩家也實力相當，那麼嘗試與達成之間的平衡將會實現，而此平衡並不需要（可能也不應該）是玩家刻意與原本的努力方向。在建構良好的遊戲中表現優異，換言之，以打敗對手為目的，這並不是悖論。

但這不太稱得上是玩遊戲與性愛之間的差別。對相配的性伴侶而言，嘗試與達成之間的平衡，也可能是（或應該是）在絲毫沒有刻意的努力下實現。在這個性愛例子裡，新手配上老手時所面臨的狀況，也跟遊戲中所出現的一樣。

我仍要主張玩遊戲不同於性愛，為了達到此主張，我提出最

後一種遊戲的「悖論」：在遊戲中，輸是一種成就。想想一場沒有達到高潮的性愛。這不同於輸了遊戲，因為遊戲輸了意味著某人贏了，但未完成的性愛卻沒有贏家。或者，如果「自然」（以人類的生理限制為形式）被視為對手，只要成功阻止伴侶間取得嘗試與達成之間完美平衡的共同努力，「自然」就成了「贏家」，那麼性愛就是一場與「自然」之間的遊戲。但我們不是如此看待這件事，未完成的性愛不是輸了遊戲，而是未能完成遊戲：例如，有一場棒球賽進入如此多次的延長局數，以至雙方隊伍無望地放棄一切。重點是，玩家不論是輸或贏都可以算是完成了遊戲。輸了一場遊戲，也算是達成了某件事，即使並未達成勝利。有可能達成失敗嗎？若說我在遊戲中達成失敗，似乎等同於說我以失敗來達到成功；而對大部分「嘗試與達成」類型的活動而言，這麼說確實矛盾。（「不敗輸家的悖論」〔the Paradox of the Unbeatable Loser〕？）那麼，為什麼在遊戲中如此說就不是悖論？（假設它不是。）因為輸僅是我們無法贏得遊戲的其中一種方式。還有其他種種方式讓我們當不成贏家，可能因下雨而取消遊戲、因遊戲進行太久而放棄決定勝負、因欺騙而被取消資格，或因遊戲結束前猝死。不過，無法贏得遊戲時所展現出的輸家風範，意味著一種成就——雖然沒贏，但該活動（玩該遊戲）
85 已經成功地（雖不是勝利地）完成了。在我們所說的性愛中，如果指出某人已成功完成活動，但卻沒達到高潮，那是沒道理的。而且，如果那樣的說法成立，就似乎意味著性愛是一種遊戲，因此一方可能對另一方說：「這次你贏了。」或雙方可能對自然說：「我們這次輸了，但愛過而失去總比未愛過好。」

在遊戲中，輸作為一種成就，這並非矛盾。雖然難以解釋，但也不足為奇。這本來就是遊戲特徵的一種展現。確實，這特徵可能被稱作怪異。但它本身並不怪異，只是相較於其他活動如性愛時，才顯得怪異，而所謂怪異也不過是因「差異」而來。明白這一點，就能看清楚這特徵從別的角度而言，一點都不奇怪。如果標準的性愛變成跟競爭性遊戲一樣的話，那才真是怪異了。

「競爭性遊戲並沒有悖論，大蚱蜢，你的說法出乎預料地讓我滿意。所以，讓我們回到第二個反駁，我之前說過會對你的建構規則提出反駁的論點。」

「請繼續，史蓋普克斯。」

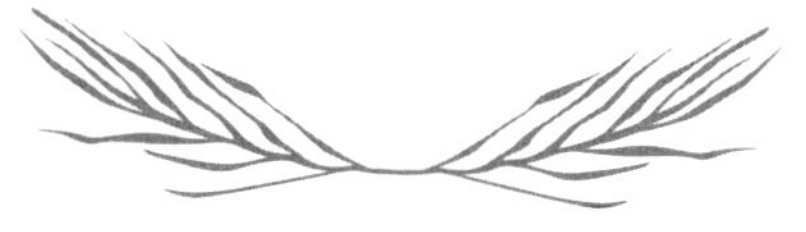

| 第八章 |

登山

大蚱蜢捍衛了他的定義，指出某些遊戲中必須要有方法的「原則性限制」，而玩家為達成自身目標必須採納這樣的限制。

'What are you doing here?' cries Sir Edmund. 'How the devil did you get here?'

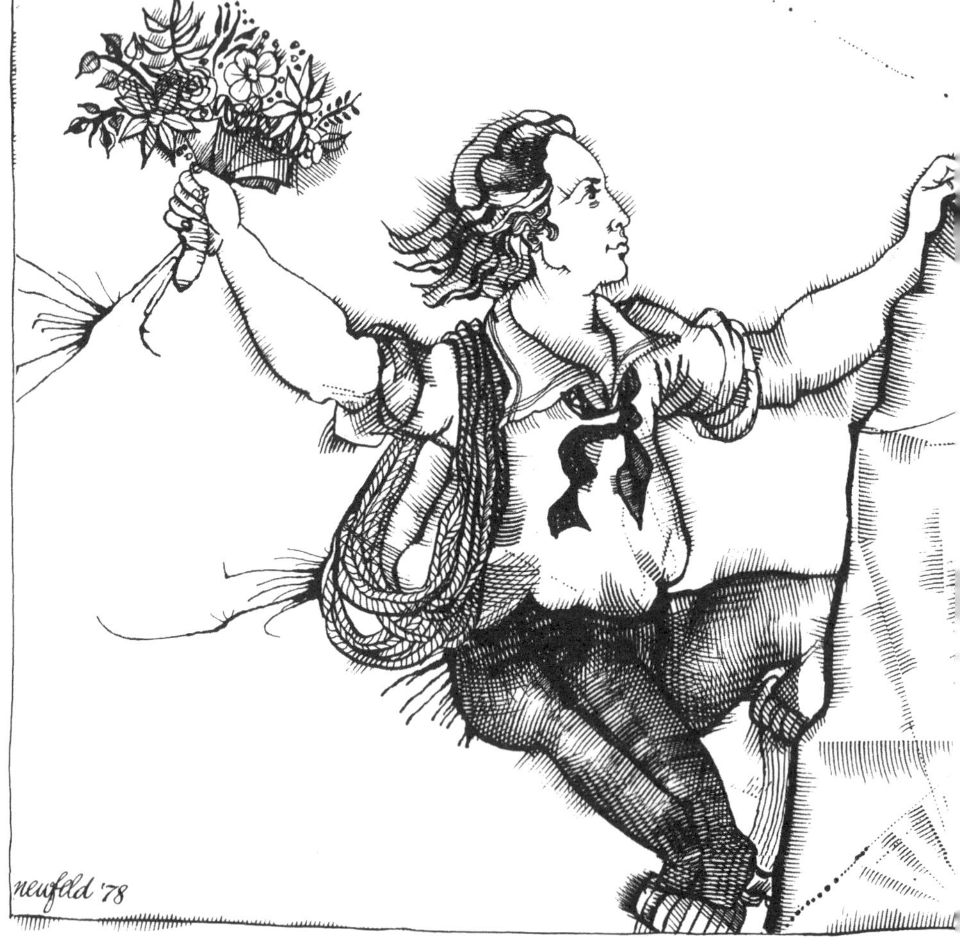

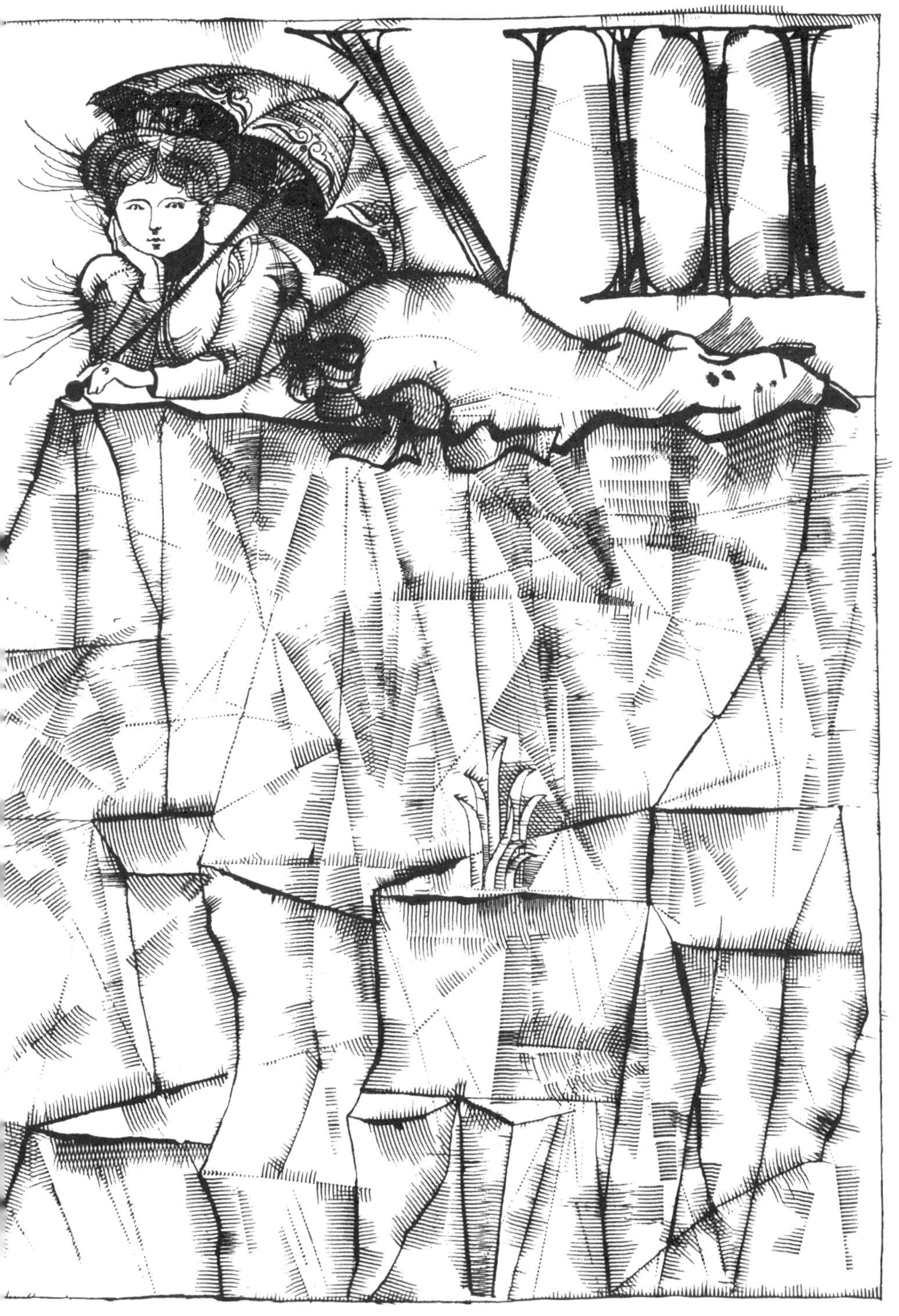
VIII

〔我說〕並不是所有遊戲都是競爭性的。所以不是所有遊戲都有某種限制方法的規則指定遊戲中的對手，而對手的作用就是增加達成前遊戲目標的難度。也就是說，有些遊戲裡只有一個玩家。因而還是有可能發現或發明某些遊戲並不具備你所描述的那種建構性規則。我認為，登山就是這樣的遊戲。

艾德蒙・希拉里爵士（Sir Edmund Hillary）動身去爬聖母峰。他可能會使用最好的登山工具；縱使他使用的工具數量和種類有限，但這並非受到類似遊戲中的「武斷」規則所限制，而是取決於他自己能夠攜帶多少。雖然一千英呎長的繩索會比較好用，但他不能帶那麼長的繩子；雖然把所有岩釘都帶著可以給予他較多的安全保障，但他只能攜帶一定數量的岩釘等等。他運用所有可用的最有效率方法。所以，大蚱蜢，如果你承認登山是一種遊戲，那麼你正面對一種不存在禁止較高效率而偏好較低效率方法的規則的遊戲範例。

〔大蚱蜢回答〕我想要認定登山是一種遊戲。史蓋普克斯，現在假設艾德蒙先生具有近乎超人的勇氣和技巧，在逃過多次死亡威脅後，終於到達山頂，感覺精疲力盡，像是要死了一樣，但仍有著真正無比的興奮——只有最高勝利才會有的興奮。當他往下觀覽了山巒峰脊的全景後，他很驚訝聽見了這句話：

「我猜，是艾德蒙先生吧。」

＊　前頁圖說：「『你在這做什麼？』艾德蒙叫道，『你這傢伙是怎麼上來的？』」

艾德蒙環顧四周，看見了一位穿著整潔的倫敦人，帶著禮帽，拿著一把傘，腋下還夾著當天的《泰晤士報》。

「你在這做什麼？」艾德蒙叫道，「你這傢伙是怎麼上來的？」

「怎麼了嗎？親愛的，我是搭山頭那邊的電扶梯上來的。」

如果艾德蒙事前知道有這台電扶梯，他會有怎樣的反應呢？我猜他可能會有以下兩種反應的其中之一：（一）他可能依然決定要上山，並且制定一條建構規則，禁止使用電扶梯；這樣一來，按我的定義來看，登山這個例子就成了一種遊戲。然而 91
（二）他也有可能對聖母峰失去興趣，決定去找一座沒有電扶梯的山。我們假設他選擇了第二項，結果找到了一座「無敵山」符合他的要求，決定要去攀登。

史蓋普克斯，現在你所堅持的是：艾德蒙先生是在嘗試玩一種無規則的遊戲；換言之，他正在追求一個目標，所使用的方法並不刻意捨易求難。他正在尋求達成某種事件狀態，這個事件在其自然狀態下就具備足夠大的挑戰性。很好，我們發現艾德蒙先生開始為攀登無敵山做準備，充分確認無敵山的山坡和懸崖處沒有裝置人造的升降工具。就在準備工作進行沒多久時，他在倫敦俱樂部裡又遇見了那位帶禮帽的電扶梯搭乘者，在兩人的交談中，他說：

「我看了報紙，知道你準備要爬無敵山。」

「是有這回事。」艾德蒙先生有些冷淡地回答。

「嗯，從山頂看下來，風景相當漂亮。我上星期才搭直升機到那裡去。」

艾德蒙馬上取消登無敵山的準備，並開始尋找新的目標。搜尋一段時間之後，他發現了「不可能山」（Mount Impossible）。經過最小心的測試，他確信山頂的風向無法讓任何飛行器或其他的機械降落。要到達不可能山的山頂，最好的方法就是攀登。於是艾德蒙攀登了這座山。

艾德蒙先生是不是已經成功進行一場沒有規則的遊戲呢？我想不是。的確，他沒有選擇一個特定目標 X，然後限制自己達成這個目標的方法，但他所做的事其實帶來了相同的結果。他選擇了目標 X，而非目標 Y，因為達成目標 X 比達成目標 Y 的方法更有限，而他選擇 X 而非 Y 的唯一理由，就是因為這些限制。因此，雖然沒有明顯的規則禁止他使用較高效率的方法或逼使他選擇較低效率的方法，但是他挑了較困難的目標，所以效果就跟規則所限制的一樣了。因此，我認為可以這麼說：這裡存在某種原則性的限制，因為在某個情境中一旦新的、更有效率的方法出現了（例如可以降落的飛行船），那麼可用的方法就不再被充分限制了。

92 也就是說，設定人為限制禁止使用更有效率的方法來達成目標，以及直接選擇一個必須用更具挑戰性的方法來完成的目標，這兩者在原則上是沒有差異的。登聖母峰時排除使用電扶梯，以及選擇攀登不可能山而非聖母峰，原則上並沒有差別。

但現在我們姑且不論其他那兩座山，回到真實的艾德蒙先生和真實的聖母峰，那裡沒有電扶梯，也沒有飛行船可用。事實上，艾德蒙先生並不需要在排除這些設備和選擇另一座山之間做選擇。聖母峰本身就符合他的目的，而且，史蓋普克斯，你一定會毫無疑慮地認為，他使用了最有效率的方法登山。但是，假設我們向真實的艾德蒙先生提出這個問題：「艾德蒙先生，現在沒有電扶梯可以直達聖母峰山頂，也沒有人準備要設置這樣的裝備。假設有可能的話（當然不需要花費到你的錢），你會希望有這樣的設備，讓你登山變得更輕鬆、更安全，也更容易成功嗎？」顯然地艾德蒙先生會拒絕這項提議。

在我看來，艾德蒙先生的反應只能以我所謂的原則性限制（或者你可以稱之為假設性限制或反事實性限制）來解釋。這樣的限制讓我們看到，艾德蒙先生為自己設定了一個遊戲目標，這個目標讓他自己必須以登山來達成；而非是前遊戲目標，也就是讓自己身在山頂，而登山並非必要。

當他總結後，我說：「很好，大蚱蜢，你已經把我對建構性規則最後的疑問掃除了。現在我想要提出另一方面的抗辯，這恐怕會要你對你的定義做出相當根本的修正。」

「你務必要提出這樣的抗辯，史蓋普克斯，請直說。」

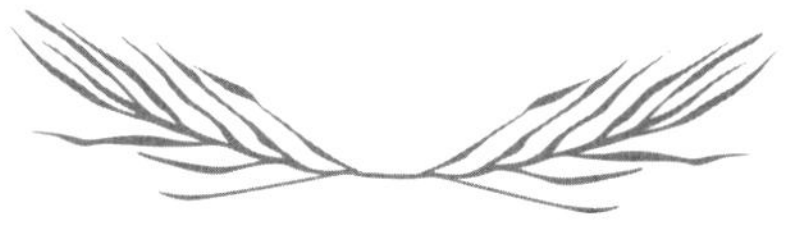

|第九章|

反塞球

史蓋普克斯提出反駁，認為大蚱蜢的定義無法涵蓋某些像「官兵捉強盜」、「牛仔和印弟安人」這類常見的假扮型態遊戲。

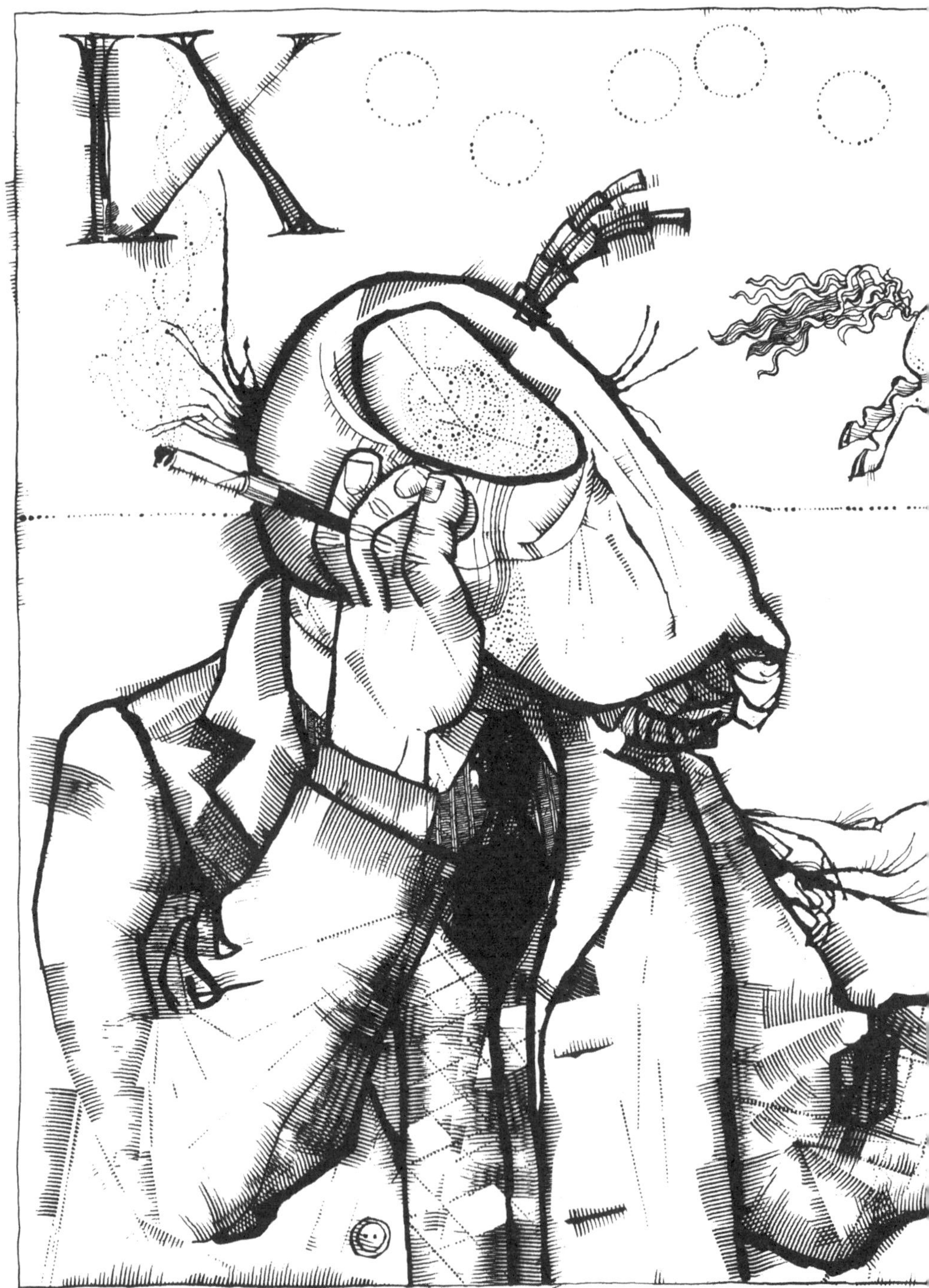
IX

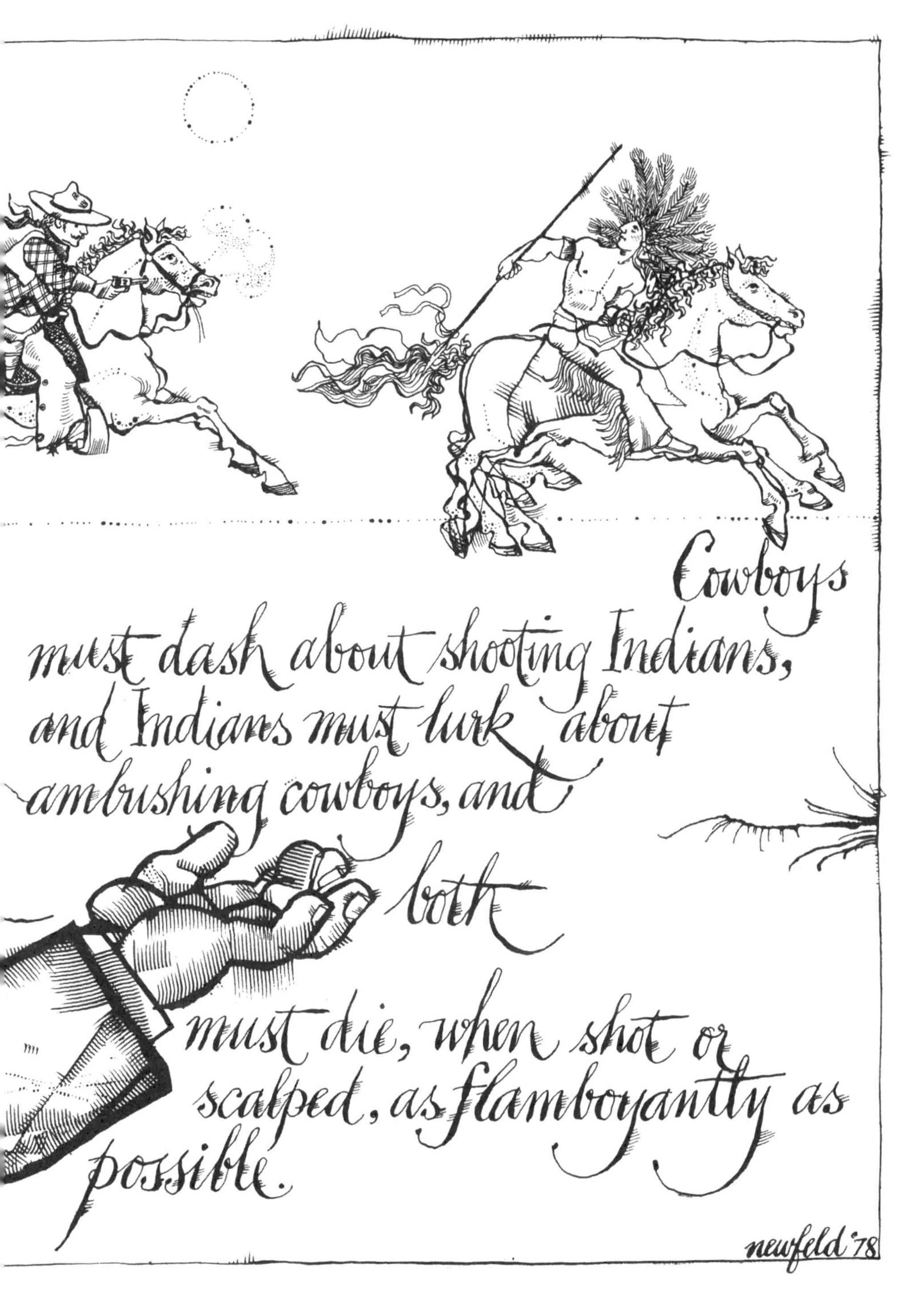
Cowboys
must dash about shooting Indians,
and Indians must lurk about
ambushing cowboys, and
both
must die, when shot or
scalped, as flamboyantly as
possible.
newfeld '78

史蓋普克斯：大蚱蜢，這個定義足以說明很多不同類別的遊戲，包括棒球、西洋棋、高爾夫球、橋牌、曲棍球、大富翁遊戲、網球等等，我相當信服。不過，還是有另一些不同類型的遊戲，是你的定義所無法涵蓋的。

大蚱蜢：是哪一類遊戲呢，史蓋普克斯？

史：我是指像「牛仔和印弟安人」、「官兵捉強盜」，還有「家家酒」這類的遊戲。

蚱：家家酒？什麼是家家酒？

史：小女孩花很多時間在玩的，他們把它叫做「扮家家酒」。你真的沒聽過嗎？

蚱：嗯！我知道。你正在說的是一種以假扮為基本型態的休閒活動。

史：沒錯。

蚱：為什麼你覺得這類活動不能被定義所涵蓋呢？

史：因為在你的定義當中，遊戲玩家必須致力達成某個目標——像是衝過終點線、將軍國王、得到分數——目標達成時，遊戲就結束了。但這類假扮遊戲中沒有這種目標作為遊戲的結束。小孩會一直玩，直到他們厭倦了，或者找到更有趣的事。

蚱：但你仍同意這些遊戲都是活動，不是嗎？

史：是的，當然。

＊ 前頁圖說：「牛仔必須急於射殺印地安人，而印地安人必須埋伏以突擊牛仔；雙方被射殺或被擊敗時，都得死，而且越浮誇越好。」

蚱：但所有活動必然都是目標導向的，或至少所有智識活動（如果這不是多說的話）都是如此。我想，參與這樣一種休閒活動應該足以是一種智識活動吧？

史：是的。

蚱：那麼，這活動必然有一些目標或目的，否則就只是一系列的隨機動作。

史：我同意，大蚱蜢。這樣的休閒活動對他們而言有某些重點，也就是目標。有兩種情況下這些活動可以是目標導向
的。假設瓊斯有一小時的等車時間，他決定玩「單人紙 97
牌」（solitaire）來打發時間。打發時間是他的目標，玩單人紙牌是他試圖達成目標的方法，因為玩牌就是他在打發時間的過程。為了玩牌，他必須試著按單人紙牌的規則，儘可能接上最多的牌。換言之，他選擇用來打發時間的休閒活動本身就是一種目標導向的活動。現在想想瓊斯的女兒，他們一起在候車室裡，女兒也想打發時間。她決定玩扮家家酒來達成這個目的。所以她假扮成媽媽，做了很多媽媽會做的事。但是她做這些媽媽所做的事，並不是追求一種相當於她爸爸想要接上最多牌這樣的目標，因為她沒有試著達到任何特定的事件狀態。如果她的父親被問到為什麼要下特定的步數，他會說，那是為了接上最多牌的直接或間接手段。但如果小女孩被問為什麼要做這些事時，她會說，這就是媽媽的樣子，或者那是媽媽會做的事。換言之，她所指的是一種角色而非目標。所以，有些活動看來是目標導向的，有些則是角色導向的。

蚱：史蓋普克斯，我必須說，看來你對我的定義確實做出了某件初步認定的抗辯；當然，除非這些休閒活動完全不算是遊戲。

史：熱衷於這些活動的人，都普遍認定這是遊戲。「我們要玩什麼遊戲呢？」小史密斯問。「牛仔和印弟安人。」小瓊斯會這麼回答。

蚱：我同意，史蓋普克斯，在追求定義時，我們不應該忽略這些用語的例子，即使使用的是小孩。但這樣的用法並不是決定性的，不是嗎？像是兒歌「玫瑰花環」（Ring Around the Rosie）也被小孩、小孩的老師以及喜歡小孩的社會科學家認為是遊戲。但是你應該不反對我這麼說：「玫瑰花
98 環」只是一種配上口語伴奏或舞蹈的兒歌。這不是遊戲，就像你不會認為《天鵝湖》是遊戲一樣。

史：我同意，大蚱蜢，「玫瑰花環」之類的活動不是遊戲，因為它們都是某種照本宣科的活動，也就是說，這些活動進行前早已有劇本，就像戲劇展演或慶典儀式那樣。

蚱：但是，如你所說「牛仔和印弟安人」以及「官兵捉強盜」這樣的活動，不也是有劇本設定嗎？牛仔必須急於射殺印地安人，而印地安人必須埋伏以突擊牛仔；雙方被射殺或被擊敗時，都得死，而且越浮誇越好。這些不就只是儀式展演嗎？

史：完全不是這樣，大蚱蜢。這些遊戲裡確實都有某種展演的部分，但這些遊戲者並不是按劇本演出。我會這麼說：他們展演的這部劇，有角色陣容但沒有固定劇本。因為結果

無法預知，例如，有時候印弟安人贏，有時是牛仔贏。

蚱：史蓋普克斯，當你說著的時候，我回憶起我的童年時光，我必須承認，你說這類事情是角色演出而非劇本寫定，相當正確。可是，如果要把這些事當作遊戲，那我覺得這是非常不完美的遊戲；我自己玩這些遊戲時就有這種感覺。因為從來沒有清楚界定怎樣的步法才是成功，或怎樣的步法才是合法的。小史密斯會叫道：「砰！瓊斯，你死了！」而小瓊斯或許會這樣回答：「我沒死，我及時閃過了。」或者：「你的槍沒有裝子彈，史密斯。」諸如此類的。這比使用虛擬邊線玩網球遊戲更糟糕。

史：是的，這些遊戲裡確實有很多這類情況。但是，即使是原始或有些不成熟，或甚至已夭折的遊戲，我相信從某種觀點來看，它們仍然是遊戲，這就是令我感興趣的地方。

蚱：史蓋普克斯，我懷疑，難道這些不都只是一種為了用不同方式喊出「砰」或「出局」的藉口或花招。

史：但是，大蚱蜢，為什麼你會說「只是」呢？喊「砰」，或逼真地死去，都是角色扮演，而我們已經認同，這些遊戲基本上是角色支配的活動。

蚱：史蓋普克斯，我們只是暫時認同這種說法。但要針對這論點給予未經檢驗的認定，我認為應該要非常謹慎，因為如果確實有兩種根本不同種類的遊戲——即角色支配和目標支配的遊戲，那麼我們就必須放棄想要為遊戲形塑單一定義的企圖。

史：當然，除非我們能想出一個更普遍的定義，足以同時說明這兩種遊戲。

蚱：沒錯，確實如此。

史：我有一個。

蚱：什麼？

史：我有一個定義，能夠充分涵蓋角色支配和目標支配這兩種遊戲。

蚱：是哦！

史：是的。它能取代你的定義，因為你的定義只能用來說明目標支配的遊戲。

蚱：（嘀咕著）

史：你說什麼？

蚱：我沒說什麼，史蓋普克斯。請仔細說說你的定義。

史：好。簡單地說，那是一種把其他活動中的方法和目標反轉過來的遊戲。

蚱：請你說得再清楚一點。

史：好的。我是從齊克果那裡想到這個主意的。因為在他的《誘惑者日記》（*Diary of a Seducer*）裡，日記作者正是利用這樣的反轉，從戀愛中創造出一場遊戲。一位認真的誘惑者總盡力實行布局和計畫，以求能取得我們所稱的「人身占有」（*habeas corpus*），齊克果筆下的日記作者則以「人身占有」為目標，只為了能進行達標所需的布局和實行計畫。

蚱：是的，史蓋普克斯，你提醒了我，這的確是齊克果書中的日記作者所運用的手法。只是齊克果把這類表現在日常活動中的反轉，稱之為生活中的「美學」態度，而且成了他所謂「社會智德理論」中的重要原則。雖然有點差異且其應用也有所不同，但我相信這個概念首次出現在康德的《美學判斷批判》（*Critique of Aesthetic Judgment*）；康德把美學的經驗比喻作「無目的的合目的性」（purposiveness without purpose）的玩。這個概念我們也可以在席勒（Friedrich Schiller）《美育書簡》（*On the Aesthetic Education of Man*）一書中如泥沼般的辯證裡發現到，它與許多其他概念幾乎是融合糾結在一起。而且，我相信社會學家齊美爾（Georg Simmel）也表達了非常相似的概念，他觀察到：「由生活資材以決定形式，轉變成由已成為最高價值的形式來決定生活資材，這樣的完全翻轉，或許正廣泛地在許多我們歸納為玩的範疇的現象裡運作著。」[1] 這些作家所說的，主要都是針對「玩」而非遊戲；但因為他們都沒有在玩（playing）和玩遊戲（playing games）之間做出重要區分，所以，我想，史蓋普克斯，你用這個概念來指涉遊戲是有道理的。

史：（有點不耐煩而搶話）大蚱蜢，我想，我們可以跳過這些起源和聯繫的問題。說這個概念是康德首先提出的，這種事不是我們現在要討論的。

1　更明確說明，蚱蜢所引用的四個文獻來源是：Kierkegaard, *Either/Or*, part 1 'The Rotation Method' and 'Diary of a Seducer'; Kant, *The Critique of Aesthetic Judgment*, first book, chapters 9-11; Schiller, *Letters on the Aesthetic Education of Man*, especially letters 14, 15, and 26; Simmel, *The Sociology of Georg Simmel*, edited by Kurt Wolff (New York: The Free Press, 1950), 42.

蚱：就像邱吉爾先生（Sir Winston Churchill）談論騎兵在現代戰爭裡的功能時一樣，參照過去的傑出人物，可以為原本實事求是的話語增加聲勢。

史：大蚱蜢，我可以繼續說嗎？

蚱：當然。

史：我認為假扮是某種偽裝。但認真的偽裝者扮演成某個角色是為了能被看成他要偽裝的人；而在假扮遊戲裡，表演者選擇了某個偽裝對象，是為了能扮演偽裝所要求的角色。
101 偽裝者行為舉止都像俄羅斯公主，是為了被當成安娜塔西亞公主（Anastasia）；而假扮遊戲中的玩家選擇扮演成安娜塔西亞公主，是為了能在行為舉止上扮成俄羅斯公主的樣子。

蚱：你似乎在說，那些玩假扮遊戲的人其實是把那種「反塞球」[2]放到生活的真實事件裡。

史：反塞球？

蚱：是的，我想這麼說應該不會太奇怪——舉例來說，一般撞球的控球目的是要讓球從撞擊點開始滾動，而塞球（我假定自己可以如此稱呼它）的傾向是要重新回到撞擊點。讓球開始滾動不是最後目的，而只是作為其後續返回的必要條件。同樣的，真正的偽裝者之所以進行角色扮演，是為了創造出一個假身分；而假扮遊戲裡的玩家則預設了一個

2　譯註：這是撞球運動裡的術語。球杆瞄準母球中心偏側位置，使母球在碰撞台邊後回彈，球的行進方向與原行進方向相反。

假身分，如此才能進行角色扮演。

史：是的，大蚱蜢，非常精準。

蚱：好吧，史蓋普克斯，我必須說，如此看待假扮遊戲，確實很有趣；但在我看來這並沒有清楚說明「反塞球」也可用來解釋我們之前所討論的那些目標支配型態的遊戲。

史：哦，但是它確實可以。你還記不記得之前曾經用跳高的例子來說明最原初的定義？

蚱：是的，我記得。我使用這個例子來指出遊戲含有方法限制，因為跳高選手刻意把障礙擺在自己面前。

史：沒錯。但要注意到，投入這樣一種活動，其實就跟假扮遊戲一樣處處展現「反塞球」式的行為。障礙征服者為了要到另一側而越過障礙；但跳高選手企圖到達另一邊的目的是為了能克服障礙。跳高選手和假扮型遊戲玩家都應用 102
「反塞球」模式在進行嚴肅的事。兩者的差別僅在於一者要求的是戲劇技巧，另一者則要求運動技巧。

蚱：史蓋普克斯，再一次我發現你的論述很有說服力，雖然我仍對其中一兩點有所保留，這部分我會在適當時候再向你進一步說明；不過，你把戲劇能力認定為一種特定類型的遊戲所需要的技巧，這一點我極為讚賞。如果認可了這一點，那麼我們目前所認定的遊戲體制（lusory institution），必然需要大幅修正。

史：你的意思是？

蚱：當我們開始談論假扮型的遊戲時，我們同時意識到這類遊戲幾乎都是小孩在玩，這些遊戲展現出許多重大的缺點。

目標、規則、策略，這些全都不清不楚，也不固定。而且，這些行為往往不怎麼像遊戲，而是比較像白日夢或幻想的戲劇化投射。所以我們很快放棄了這些遊戲，轉而探討那些已經建立良好制度，且毫不含糊的遊戲，如運動賽事、棋盤遊戲、紙牌遊戲等等。戲劇技巧只以最薄弱的型態持續存在於猜字謎之類的遊戲，其中與謎題解答和密碼溝通的技藝息息相關。不過我猜想這跟戲劇技巧使得這類活動本質上不適合作為精巧建構的遊戲中的主要元素，只能作為次要的特徵並沒有關係。如果真是如此，那麼你所提出的論點就無關緊要了。當青少年男童能量過剩而轉為嬉鬧，開始損及家具和危害弟妹時，就讓他們到外面去參與一些體育運動，這種狀況我們都相當熟悉。但其他人如成人和青年的戲劇化嬉鬧也很惱人且具有破壞性。所以，對於那些因為戲劇潛能爆發，成天想像著自己被冒犯或自我捏造危機，然後裝腔作勢回應或引發不必要爭論的人來
103 說，如果有個遊戲場所讓他們宣洩，或許會很有用。假扮式的休閒活動似乎為小孩提供了這樣的出口，但如果這樣的活動的確是遊戲，我們應該去找出其中的運作模式，然後就可以加以改進並制度化成一種被社會接受的成人活動。因此，當你主張小孩的假扮式休閒活動是一種原始的遊戲時，我相當感興趣，但我無法認同可以用「反塞球」式的行為讓這類活動成為遊戲。

史：也許我可以用以下這個故事來說服你。

蚱：或許你會成功，史蓋普克斯，我很願意聽。

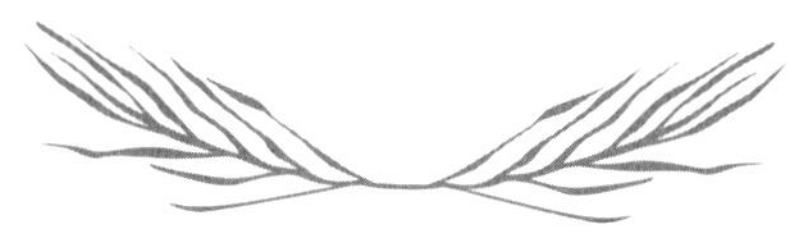

｜第十章｜

波菲爾尤．史尼克的不凡生涯

史蓋普克斯說了一個間諜與偽裝者的故事，延續他從第九章開始的攻擊；大蚱蜢把這個故事接了下去，轉變成對史蓋普克斯的反擊。

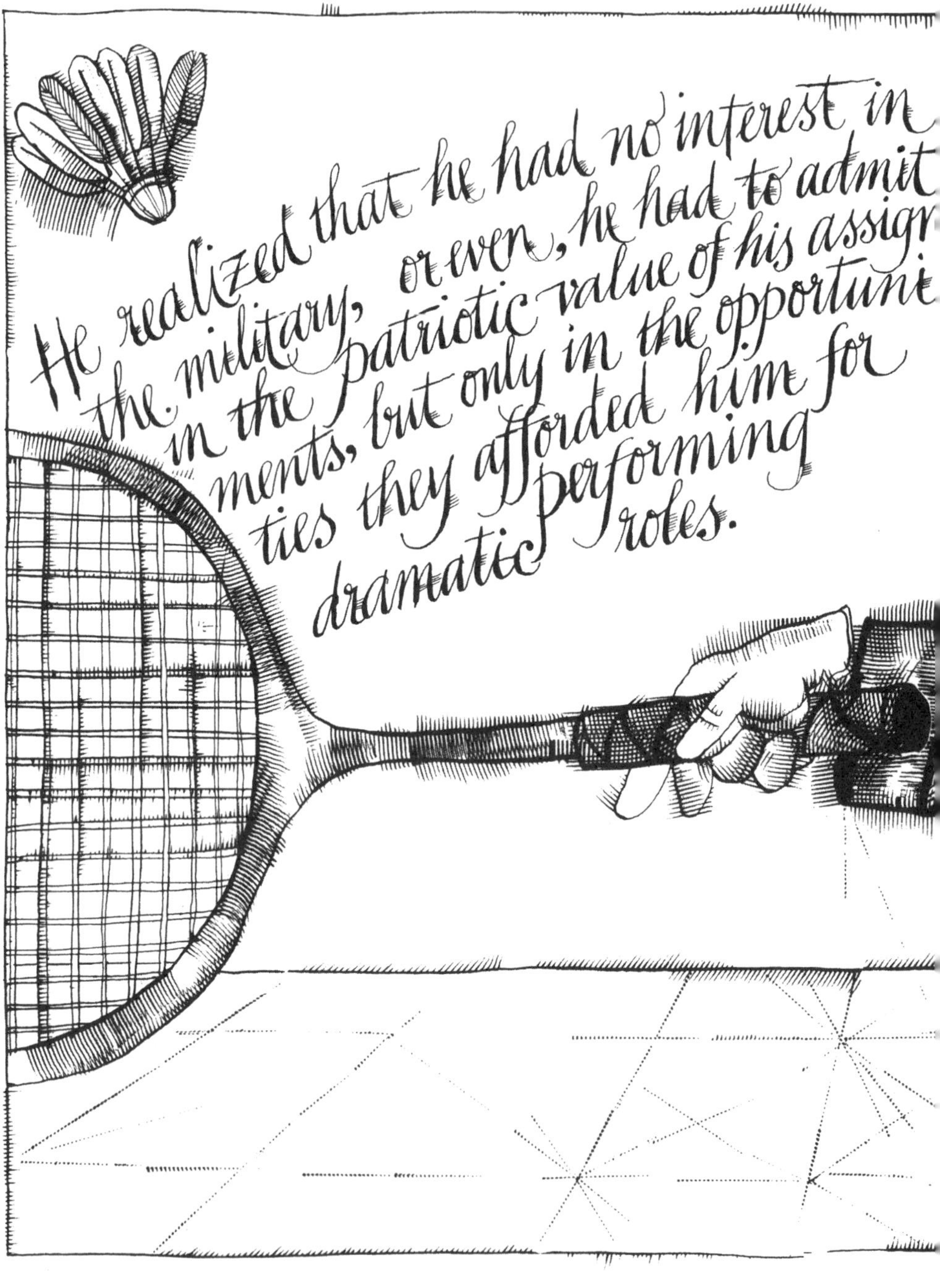

He realized that he had no interest in
the military, or even, he had to admit
in the patriotic value of his assign
ments, but only in the opportuni
ties they afforded him for
dramatic performing roles.

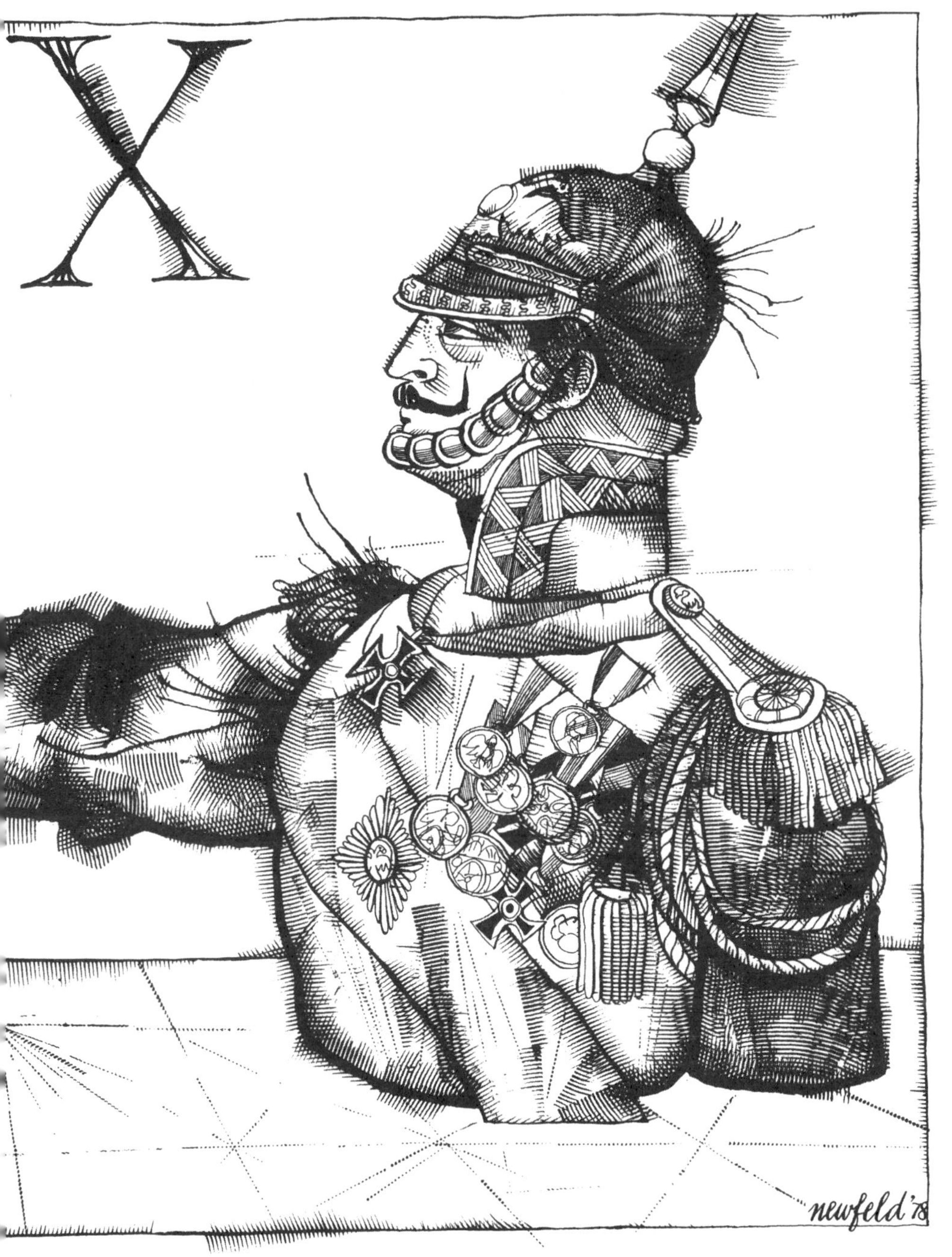
X
newfeld '78

108 〔我開始說〕波菲爾尤・史尼克（Porphyryo Sneak）是史尼克家族最後一位、也是最偉大的成員，他的家族六代皆為英國王室效力，早已將偽裝和間諜技藝帶向一個幾近完美的層次。在王國的古早時代，人們會帶著尊畏與讚嘆的口吻提到他們的君王：「他是金雀花王室家族的人。他是王。」而1914年當年輕的史尼克來到特務總部時，他帶著一封信赴任，信中有一句話，就只需要一句話：「持信者是史尼克家族的人。他是偽裝者。」

這位年輕史尼克的第一個任務是偽裝成克瑞茲寇斯將軍（General Kriegschmerz），一位已經疲於戰鬥的德國最高指揮部成員，已背叛德國而祕密投誠到英國去。化身為克瑞茲寇斯的史尼克，能夠輕易地獲得有價值的策略資訊並安全地把資訊傳回英國。但是他回來後，就暫時不再需要服務，他隨即感到無聊和沮喪，直到他接獲下一個任務，才重拾慣有的喜悅開朗。如此的心境轉變逐漸成為他的生活常態。只有在扮演角色時，他才感覺到自己真正活著，而中間的空檔不過是等著被叫上台的空白時間。這是史尼克不凡人生的第一階段。

有一天，史尼克突然有了驚人的領悟。他意識到自己其實對軍事活動沒有興趣，甚至他也承認自己對任務中的愛國情操毫不在乎，真正令他感興趣的是：這項任務讓他有機會扮演戲劇角色。有了這個關於自我的新發現，他採取了相當不同的態度來調

＊ 前頁圖說：「他意識到自己其實對軍事活動沒有興趣，甚至他也承認自己對任務中的愛國情操毫不在乎，真正令他感興趣的是：這項任務讓他有機會扮演戲劇角色。」

整他的人生。他發現其實自己沒有必要一味等待新任務到來，他可以主動尋找任務；史尼克因而轉做雙面特務，不是為了雙份收入，而是為了有多一倍的角色可扮演。時機好的期間，比如二戰、韓戰、越戰期間，史尼克變成了三面、四面、五面的特工，同時必定也成為世上角色最多面的演員，以及世上最快變身的專業表演者。

由於國際間有了突如其來且始料未及的緩和情勢，全世界所有國家的軍事（和間諜活動）預算突然大幅縮減，史尼克的職業生涯就此邁向了下一個階段。間諜服務的需求減少，很快地他發現自己變得比當初偽裝成克瑞茲寇斯的時期還更糟糕。但是，如我們所預料的，史尼克並不沉浸在無用的絕望裡，而是馬上採取 109
行動來改善狀況。幸虧他在職業生涯裡已經累積了大量情資，曾經偽裝過世上所有重要國家的元首以及大多數內閣首長，史尼克擁有絕佳的條件重新掀起各國之間的猜疑、忌妒和恐懼，於是龐大的預算又再挹注到國際情資機構裡。史尼克的間諜事業因此比過去更昌盛，他又變成快樂的人了，而且是雙倍的喜悅——因為他不僅重新創造局勢，讓自己實現戲劇技巧的機會再度達到巔峰，同時也因為知道一旦國際間的和平友好威脅他的事業時，自己擁有足夠的條件得以扭轉乾坤而感到安心。這就是史尼克在人生這個階段所發生的事。只要國際緊張情勢開始緩和，間諜預算被刪減時，史尼克就會扮演適當角色，這裡說句話、那裡皺個眉，情勢便再度被他攪動。

事情就這樣過了好幾年，一直到史尼克有了下一個重大體悟。他覺察到自己的生活是由兩種截然不同的事務所組成。第一種是戲劇演出，這是他的生命熱情所在；另一種事務，是那些為了滿足生命的熱情而不得不做，或不得不容忍的事。一開始，這種「必要之惡」不過就是在間諜小組裡等待任務傳喚時的無聊。後來化身成多面特工期間，他開始必須在維也納摩天輪上、在比薩拉比亞的妓院，以及在黎凡特的坑廁間進行一連串冗長的工作安排和面談。而現階段，當史尼克發現有必要直接介入操縱國際政治的時候，他就必須假扮成另一個角色，才能夠播下和培育國際紛爭的種子。想到這裡，史尼克的自省暫停了下來，並重新檢驗這最後的想法，他感覺到怪異。於是，他想通了。這些他為了得到未來的戲劇演出機會而必須承受的困擾本身，其實也是一種戲劇演出。當然，原本被視為困擾的部分就完全不再是困擾了，而是變成遊戲的一部分。史尼克為自己能有這麼好的運氣感到開心。

體悟了這一切之後，史尼克也開始意識到，每當國際情勢和
平友好而導致他缺乏表演機會時，他便不時運用政治手段來修
110 ••• 正，這其實並不是經營他的事業最有效率的方法。既然在間諜活
動中所做的政治運作與機會都是戲劇偽裝型態，那麼在政治歷史上他大可順應局勢，而不是非得要去進行補救修正。接著，他的偽裝行動開始在受制於情報收集的考量之外，也同時有了自己的決策空間，這對他的未來有深遠影響。因為他發現扮演同一個角色時可同時兼顧這兩者，他的偽裝者靈魂為此感到喜悅。在二十世紀某一年的嚴寒一月間，他被派任到渥太華為美國中央情報局工作。他所接到的命令，是要確認加拿大和蘇聯之間是否存在祕密軍事聯盟。他為此悄悄易容成高盧人，以加拿大總理身分出現

在渥太華。他輕易取得想要的資訊，事實上這樣的聯盟並不存在，所以美國並不需憂慮。這對間諜事業來說當然不是好消息。因此，史尼克仍然以總理身分發表了公開聲明，否認加拿大與蘇聯之間的軍事協定是加拿大與其南方好友之間的關係緊張的指標。隔週，他化身蘇聯總理在莫斯科出任務時，把握機會對中華人民共和國發出強烈警告。於是間諜工作暴增，史尼克感到篤定，因為他知道自己正處於一個跟整個存在世界對打羽毛球的位置（就像齊克果所說的誘惑者那種人）。

大蚱蜢：好！史蓋普克斯，這確實是個令人驚異的故事。但我懷疑這是否已經是全部故事？

史蓋普克斯：什麼意思？

蚱：你提到羽毛球，這引發我想像史尼克的未來。也許你會想知道我的看法。

史：當然，大蚱蜢。

蚱：很好，接下來的故事，就是這樣。

史尼克就這樣把自身與世界事務妥善安排過著開心的日子，而即將有一個啟示要降臨在他身上。事情是這樣發生的。在某個四月，史尼克為瑞士的防諜任務化身為英女王。他通常不會從間 111
諜圈裡如此平凡的客戶那裡接下任務，但那時他有一個特別的理由，想要偽裝成女王。因為在這之前他曾偽裝成挪克的伊各必特（Eggbeat of Nog）（也就是挪克王國的領導人），傳了一份官方文件給英國王室，要求王室接受挪克為大英國協成員。而現在，因為一些在其他地區比較複雜的計畫，史尼克最希望見到的回應是英國對於伊各必特的要求既不肯定也不否定。因此，他以英女王的身分公開表示，王室的國務大臣和國策顧問會在二週內仔細考慮這個要求。然後，史尼克回去等候結果。就在等待期間，最後一個啟示降臨了。他剛剛下了一個反擊自己的招數。

就在這一刻，史尼克從冰冷的氛圍中回神。他輝煌的間諜生涯就此結束了，他帶著全然自由的心境邁入職涯的下一個階段。因為他領悟到，他可以在自己所設計的每個戲劇情境裡扮演任何角色，不再受間諜事務的要求所限制。他成了自己的劇作家，成了像神一樣的人，而整個世界都是他的舞台。

史尼克這個偉大覺悟造就了現代歷史中一段被稱為「瘋狂時期」的短暫時期。在某一年的五、六、七月間，國際關係整體結構彷彿被撕裂成碎片，國家之間的聯盟以迅雷不及掩耳的速度形成又瓦解，內閣天天在改組，整個世界陷入持續性眩暈，一次又一次地滑過災難的邊緣。

史尼克畢竟是人而不是神，這是人類文明的幸運。他自以為是個集演員、劇作家與導演於一身的全能者，正當要開始新一輪的操作時，他開始看到自己被困在緊湊連環且疲於奔命的一人羽球賽中——為了讓羽毛球在空中來回，他得從球場的這一邊跑到那一邊，還要跑到下一個球場，再到下一個球場，無窮無盡；整個世界正在跟他對打羽毛球。這實在太過火了，最後他精神崩潰，於是世界的災難和修復重新回到一個比較可以忍受的狀況。

同時，史尼克明智地把自己送進某家知名療養院，在那裡接受了專業的醫療和精神病學治療。以下是他最後一個療程的對話記錄。

赫瑞斯癸特醫師：請坐，史尼克先生。不，請別坐在沙發上，我不是一位精神科醫生。 112

史尼克：不管如何，這是個好的轉變。你是做什麼的？

赫：一位哲學醫生（doctor of philosophy）。

史：喔！是個博士。

赫：不是的，史尼克先生。說得更清楚些，我是哲學的醫師（*physician* of philosophy）。我治療病人哲學方面的病症。你被送到這裡來是因為我的精神科同事發現你的心理沒有任何問題。

史：那我的崩潰是要怎麼解釋？

赫：那純粹是身體的精疲力盡。

史：是啊，但這樣的精疲力盡，是由深層的心理紊亂造成的，不是嗎？

赫：很抱歉，我的朋友，要讓你失望了，並不是像你所想的那樣。你的精疲力盡是因過度工作造成的。

史：如果真是這樣的話，為什麼我會如此沮喪呢？我想我的情況已經被你的同事診斷為憂鬱症。

赫：沒錯，不過那只是初步診斷，後來證實是錯的。你不是一位憂鬱症病患，你僅只是憂傷。

史：你的意思是，我沒什麼大問題嗎？

赫：我的意思是，你完全沒有任何臨床病症。

史：所以，我還有其他方面的問題？

赫：是的。

史：赫瑞斯癸特醫師，是什麼問題？請一定要告訴我。

赫：你患的是一種邏輯謬誤。

史：邏輯謬誤！你到底在說什麼？

赫：我會試著向你解釋，一切必須從你的童年時期說起。

史：我的童年？你不是說自己不是精神科醫生嗎？

赫：我的朋友，你不必把童年想成是精神科醫生的專利。

史：喔！抱歉。

赫：你童年時被異常過多的假扮遊戲給填滿了。事實上你有點是這類休閒活動的天才，你所做的遠超出一般孩童在玩的「官
113 兵與強盜」之類的遊戲。「女星與主教」就是你早期的創作之一，接著又有好多遊戲，比如「律師與客戶」、「神父與告解者」、「國王與議會」、「總統和彈劾者」等等。

史：（終於放鬆而露出微笑）是的，那是段愉快的時光。

赫：是的。所以，很自然地第一次世界大戰期間你會被可做自己最想做的工作且能為國效勞的軍事單位所吸引，所做的自然就是那些你最感興趣的工作，你以此為國家效勞。然後（對了，我並不是在告訴你一些你原本不知道的事），在任務交付的空檔期間你突然體悟，對你來說，偽裝主要並不是作為你為國效力的方法；而是說，這種你所能做的為國效力的方式是你能進行偽裝演出的一種方法。

史：沒錯。

赫：我想說的是，即使在你的職涯初期，情報活動對你而言也很像是一種遊戲。

史：這種說法，確實精準地描繪了我看待此專業的態度。

赫：是的。你認識到自己的這種態度後，立即讓自己轉變成雙面間諜，因而進一步確定了這一點。如果「愛國」這個目標充其量只是你表現戲劇角色的一種手段，那麼你當然可以為更多祖國服務，以得到更多戲劇角色。

史：沒錯。

赫：或許我可以這麼說：你的下一步就跟「反塞球」一樣。你讓國際關係保持在騷動狀態，是為了確保有機會從事間諜情報活動。而你透過角色扮演來達到攪亂世局的目標。所以，現在你有了兩個舞台可以做戲劇演出。事情如此轉折，你感到慶幸。

史：相當正確。 114

赫：你的職業生涯最終發展成這樣的局面——你應用「反塞球」技巧作為手段所帶來的結果，現在成了一場欺詐事件，不是嗎？你要創造出受騙者的這個目標，其實只是作為一種讓你有機會演出角色的直接與間接手段。通常人們經由偽裝才創造出受騙者，但你弄出受騙者的目的就是為了有機會偽裝。於是來到了你生命中的關鍵轉折點，即伊各必特事件。當你變成雙面間諜時，你排除了愛國主義作為欺騙的理由；而在伊各必特事件裡，你排除了欺騙作為偽裝的理由。因為你在那些事務當中並沒有創造出受騙者，你所創造的是更進一步的角色扮演機會，以假扮的女王來回應假扮的伊各必特。看清了這一點，你迎來了狂喜，好像終於從沉重的鎖鏈中釋放出來；一如你的習性，你立刻有所行動。你明智地讓自己從麻木的生活裡回過神來，但接著卻非常不明智地掀起隨後的連串事件，把世界推進「瘋狂時期」。

史：你所說的每件事都非常正確，赫瑞斯癸特，但是你說我的問題來自於邏輯謬誤，那是什麼？還有，要如何修正才能讓我恢復？

赫：你的錯誤就像是那位傳說中的烤豬發明者一樣。他的錯誤可以矯正，所以你的也可以。你應該記得這個故事。有一天這傢伙的穀倉失火，他關在裡面的一隻豬活活給燒死了。他發現被燒過的豬肉可以拿來吃，而且還非常可口，他因此發明了烤豬肉；而且他還想要繼續烤更多的豬肉。所以，他重建了穀倉，把豬放在裡面，然後放火燒了穀倉。他犯下縱火罪，也犯下了邏輯謬誤。

史：他的謬誤是把充分條件（sufficient condition）誤認為必要條件（necessary condition）。

赫：正確。你想要的是玩假扮遊戲的機會，而就像那個愛吃豬
115 肉的人一樣，你有了意外的發現——偽裝成君主、首相、總統等等，提供了這樣的機會。然後，你又像這位陷入謬誤的前人一樣，你誤以為偽裝工作不僅是你戲劇目的的充分條件，而且是必要條件。於是我們可以想像，這個烤豬的傢伙不斷重建穀倉，最後破產；你也為了要讓那場跑遍全世界的羽球巡迴賽持續下去耗盡了精力，幾乎毀了自己的健康。如果我們補充一下這個烤豬的寓言故事，這位遠古的美食家每燒掉一次自己的穀倉，整個社區都跟著承受

火災危害，那麼這整個故事就跟你的案例完全對上了。而且我們也得到解決問題的指引，不是嗎？

史：我想，這傢伙應該發明烤爐，這樣就免於邏輯謬誤了。

赫：正是烤爐。而且伊各必特事件已經清楚顯示，你該到哪裡尋找你自己的烤爐，不是嗎？

史：是嗎？

赫：當然是。你的災難來自於你以為自己的戲劇演出需要有足夠大小的場地。伊各必特事件促使你把整個世界當作是自己的舞台，把世界上所有的人物當作你要扮演的角色。但伊各必特事件其實還暗藏著一個更深奧的啟示，只是你沒有時間去徹底了解。

史：是什麼，赫瑞斯癸特？

赫：那就是——史尼克，你花了一輩子的時間，終於了解你在世間最想要做的事，就是玩假扮遊戲。

史：天啊！

赫：是的。因為在伊各必特事件裡，你不是在搜集情報，沒為
了你的間諜事業而製造危機，沒為了扮演某個角色而欺騙
他人，你甚至沒有誘使他人做出回應以讓你能就此再給予
回應。換言之，你所做的一切，並不是為了要演出角色或 116
操弄手段的藉口。你的所有舉動本身就是演出角色。沒有
其他的，就只是扮演。你並沒有參與任何騙局，雖然你以
為自己有。

史：那麼我在做什麼？

赫：你正在玩「國家元首」的遊戲。自從玩「女星與主教」遊

戲的年代以來，你已經好久沒有享受到這般愉悅。請原諒我提出這令人厭惡的說法，但其實十分適切——你走遍全世界找尋快樂的藍鴝，最終卻在自家後院找到了。

史：喔！拜託，赫瑞斯癸特，果真如此的話，那麼我足不出戶也可以演伊各必特／女王了。

赫：沒錯。

史：（一陣停頓後）你的意思是，這就是我的烤爐？

赫：是的。

史：我不懂，赫瑞斯癸特。

赫：你不懂什麼？

史：你似乎是在告訴我，我的復元方法就是坐在自家客廳和自己說話。

赫：但那不就是你在伊各必特事件裡所做的事——自言自語。

史：是沒錯，但是天啊，赫瑞斯癸特！

赫：怎麼了，史尼克？

史：先前你說伊各必特事件其實就是「國家元首」遊戲，而我投入其中重回童年時光。就字面意義來看，我同意你所說的。

赫：是的。

史：但你是真的建議我，把餘生都拿來玩幼稚的遊戲嗎？

赫：我很肯定地建議你，把餘生拿來玩遊戲。至於是否幼稚，就看你選擇什麼遊戲了，不是嗎？我不認為你還會玩「牛仔與印弟安人」、「官兵捉強盜」或甚至「女星與

117 主教」。我也不認為前世界西洋棋冠軍鮑比費雪（Bobby

Fischer）餘生都會在玩棋子，但我還滿確定他餘生都會在玩遊戲。但你到底發現了什麼，讓你對要用餘生玩遊戲的想法如此反感？那正是你人生到目前為止的寫照。

史：是的，是的，我知道是這樣沒錯，赫瑞斯癸特。但你得先認定在白金漢宮假扮女王跟我在家裡玩「國家元首」遊戲，這兩件事絲毫沒有差別。

赫：當然有差別，而且差很多。但問題是，這些差別對你而言有差嗎？

史：一定有差吧，不是嗎？

赫：不，不一定有差，我不相信有差。

史：那為什麼我還要這麼做呢？

赫：因為你正在順應情勢扮演某個角色，你無法拒絕這個大好機會。

史：（仰頭大笑）當然，你說得沒錯，但你是如何看穿我的？我有哪裡露出破綻嗎？

赫：其實，你的演出完美無缺。

史：那麼你是如何看穿我的？

赫：因為我相信精神科醫生們針對你所寫的報告。

史：跟那份報告有什麼關係？

赫：報告中寫著，你投身於我們現在所謂的「間諜」、「世界危機」和「國家元首」之類遊戲的唯一動機完全是基於遊戲動機。如果報告確實指出你進行這些遊戲只是作為一種策略去達成其他目的（也許是神經質的目的），我將不會有信心給你建議這樣的康復方法。如果你有一股強迫性的衝動要去欺騙別人，那麼進行純粹的假扮遊戲，比如以桌上的紙牌玩假扮遊戲，將無法滿足你的要求。但你對伊各必特事件的反應足以排除這類動機。因為你後來意識到，沒有詐騙的話反而可以更有效率投入角色扮演。但如果欺騙就是你的動機，你就不會因為這樣的體悟而從麻木中回
118 神過來；你會回去做全職間諜。這一點就是讓精神科醫生正確判斷的依據。針對你進行那些遊戲的外在目的和隱藏理由，他們排除了欺騙衝動，接著考慮了種種他們所想得到的動機和理由：表現癖、多面易裝癖、孤僻成性、對社會厭惡、嚴重遺傳缺陷等等。但是他們從你身上找不到任何一種理由，因此明智地、令人驚訝地做出結論，認為你面對的不是心理問題，而是邏輯的問題。後來你就被送到我這裡來了。

史：精神科醫生一定發現了我有什麼不正常的地方。

赫：喔！這是毫無疑問的。畢竟不太可能存在著像你這樣的一個人，只是因為邏輯上的錯誤就做了這所有的事。甚至，我總覺得你不像是真正的人，倒比較像是某篇遊戲哲學的論著為了說明某個哲學原則而虛構出來的人物。

史：嘿！嘿！

赫：但你是真正的人，而且是我的病人，關於你的治療，還有許多需要說的，所以我們還是繼續吧。你可以回想一下，我們已經談到了重點，你正在為未來感到沮喪，含糊不清地自言自語。但你不需要把自己未來的活動限定在「伊各必特／女王」模式的假扮遊戲。也就是說，你不需要只玩

單人假扮遊戲。首先，注意到，假扮通常是兩個角色的遊戲，即使像是「國家元首」遊戲中的伊各必特，由一人分飾二角。因此，假扮和模仿是不同的——也就是說，偽裝本身就是目的。如果兩者一樣的話，你的復元之道可能就是繼續以偽裝大師身分留在舞台上；但你也要注意到，假扮跟舞台上的角色演出是不一樣的。假如二者一樣的話，
你的復元之道，就可以由你變成世上最偉大的劇場演員來 119
實現。這對你來說是個打擊吧？

史：一點都不好受。在戲劇裡演出角色是完全受制於某位劇本作家，這就好像是在遊戲裡模仿某個別人已經做過的動作。

赫：我就知道你會這樣說，這也道出了假扮遊戲的一個基本特徵。每「一步」（我們可能可以這樣稱呼它），或者是為了召喚引發某種戲劇性回應，或者是這一步本身就是回應，或者是同時具備兩者。但這些喚起和回應，就真的單純是喚起和回應；而不像是舞台表演那樣，是作為角色互動的表現。這些假扮遊戲中的玩家，在寫劇本的同時也在演出劇本。

史：挺正確的。

赫：現在我們從雙角色遊戲裡其中一方的觀點來看，他對遊戲中對手角色的扮演者的期待，就是能夠讓他持續有機會做出戲劇回應（例如，給他一些「好」的台詞）。有兩種情況能滿足遊戲者的期待——他的遊戲「對手」會給予他這樣的機會，可能因為他也是遊戲裡的玩家之一，或者是基於一些其他的理由。在非玩家當中，會在遊戲中提供這樣

的機會，可能是不經意的；你在「伊各必特」事件之前所經歷的就是如此。你在其中以假身分欺騙「遊戲對手」，你讓他們給出符合你戲劇目的的台詞（等等），即使他們並非有意要滿足你的目的。你玩的是兩個角色、兩個人、一個玩家的遊戲。但是，在這樣的遊戲中，非玩家（實際上是你的工具）的另一方也可能是有意識地為了某些目的而給予你戲劇機會。比如，與其欺騙，你直接要求他做出這些表現。你甚至可以提出誘因，例如金錢，以得到這種服務。這就是在劇作家吉爾伯特（Gilbert）和作曲家蘇利文（Sullivan）的喜歌劇作品《艾達公主》（*Princess Ida*）中的伽瑪王（Gamma Rex）所做的事，儘管他花錢雇的軍團把事情搞砸了。

120 我掏出黃金
數不盡的黃金
給所有反駁我的人
我說了我會付
每天一英磅
給每一位踹我的人
我用玩具
賄賂那些粗野的男孩
叫他說出惡言惡語
但是，天啊！不！
那些該死的禮貌客套！

這群惱人的小伙子
他們逗樂我、他們迎合我，
他們給我這個、他們給我那個，
我無可抱怨！

然而要能有好台詞可接最好是讓你的對手也變成玩家，如此他就擁有了比其他情況中更強大的動機。當然，欺騙的方式是最糟的，你的對手將變得最不可靠，大部分時候都沒有辦法給你台詞，他只會照著自己的方式走。而那些為了獎賞（或以友情或恐嚇來施壓）而拋給你台詞的人，雖然可以期望他們比受騙者更可靠一些，但畢竟只有間接的動機激勵他們為你提供服務。只有同為玩家（或者你自己當另一位玩家），才會有直接的動機。因為他必須給你好台詞，這樣他才會得到同樣的回報，而且你也有動機為他做相同的事，因此這個遊戲形成一個互惠系統，雙方在其中得到最大的表演機會。

史：你要告訴我的是，原則上，我終其一生在進行的就是那樣一種遊戲？

赫：是的。

這個時候，我無法再控制自己。「但是，大蚱蜢！」我驚叫著，「赫瑞斯癸特對史尼克遊戲的描述，並沒有提及他所扮演的角色必須是假定的角色，所以他忽略了史尼克所做的事情當中真正的本質，也就是把『反塞球』應用到真正的偽裝工作之上。」

121 「是的，史蓋普克斯，」他回答，「我覺察到這個疏失，但我發現赫瑞斯癸特的定義中缺失這一點，反而看來有所暗示。」

「是的！真夠有暗示性的，」我有點激動了，「因為它暗示了，反塞球和假定角色基本上對我們想要定義的遊戲沒有任何關係。」

「正確，」大蚱蜢說，「而且我從一開始就這麼存疑。」

「好吧！但我之前沒有這麼存疑過，現在也不這麼懷疑。而且我不認為史尼克會對赫瑞斯癸特的定義分析照單全收。他才是更了解整件事情的人。」

「事實上，他的確沒有照單全收。讓我們看看他們接下來的對話。」

「我想也是。」我回答。

史：你差點說服了我，赫瑞斯癸特。只是，在把我的遊戲描述為一種把角色表演最大化的互惠系統時，有件事困擾著我。

赫：什麼事？

史：你的描述完全沒有提及這樣的事實，在假扮遊戲裡，遊戲者假定一個角色，這個角色並不是遊戲者在真正生活中的角色。這樣一個疏失讓我有些驚訝。

赫：正好相反，我一點也不認為那是疏失。

史：但是，扮演某個角色確實是假扮遊戲的本質。

赫：角色扮演的確是，但是未必得是非自身或假定的角色。也就是說，所扮演的也可以是與生俱來或自身擁有的角色。

史：什麼是自身擁有的角色？

赫：可以這麼定義：就是當你演出這個角色時，你並沒有傳達有關你身分的錯誤訊息。舉例來說，如果我接到任務要監看銀行劫匪，我必須找一個適當的理由讓自己在銀行周圍閒蕩，我可能會利用我小個子和年輕外表的條件，穿上童子軍制服幫助老太太過馬路。我想你會認同，這是演出非自身角色的例子。

史：是的。

赫：很好，現在假設有個童子軍做一樣的事。他穿上制服，幫 122
老太太過馬路。他也在扮演角色，但是演出的是他自己的角色；也就是說，他的演出傳達了關於表演者的正確訊息，而非錯誤訊息。但是，重點就在這裡，這兩個案例中，角色本身是沒有分別的。

史：你說的是日常生活裡的角色扮演。

赫：正確。

史：你這樣聽起來像是一位社會學家。

赫：那沒有影響。我要說的是，有些角色擁有某種客觀性或社會認可，所以不同的人可以基於不同的目的扮演這些角色。就這一點而言，角色像是衣服。所有種類的衣服都公開販售，我可以買下一些衣物穿上以正確傳達自己的身分地位，或者我也可以買另一些衣物來裝扮，以扭曲自己的身分。例如，我可以穿上西裝，我也可以穿上海軍上將制服。差別只在於：西裝和制服是衣著的樣式，角色則是行為的樣式。

史：好，我承認你所說的很有說服力，但是我不知道這和我們要討論的問題有何關聯。即便我同意自身擁有的角色和假定的角色之間有所區分，我仍然確信假扮遊戲必須涉及假定角色的扮演。

赫：你所說的事，乍看之下確實如此，但卻不是事實。不過今天時間已經到了。在你出院前，我們明天還有一次會面，但晚上我希望你讀這個（赫瑞斯癸特從抽屜裡拿出一個文件夾），然後明天再把它一起帶過來。

史：（從赫瑞斯癸特手裡接下）這是什麼？

赫：另一位病人的病歷檔案。

史：你要我讀別人的祕密檔案？

赫：沒事的，我已經問過他了。

史：那就好，我很樂意閱讀。明天見。

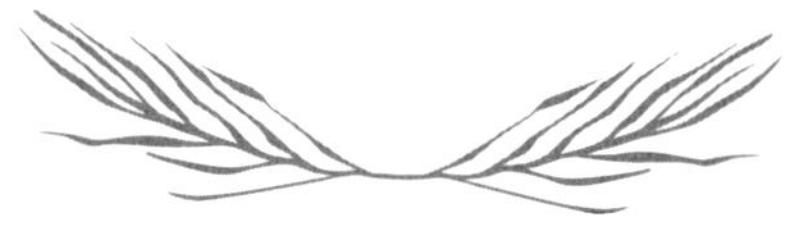

|第十一章|

巴舍勒密·追哥的病歷

大蚱蜢用了第二個有關假扮遊戲的故事，總結了他的反擊。

Then what on earth is wrong with m

newfeld '78

XI

You are suffering from a logical fallacy.

126 ⋯ 〔史尼克讀著〕巴舍勒密・追哥（Bartholomew Drag）童年生活中的某一段時期，為他這一輩子的所有事情設定了依循的模式。身為童子軍，年輕的巴舍勒密幾乎獨鍾於這個團體的行善實踐，尤其是對幫老太太過馬路特別熱衷。不久他就極重視「街頭老太太幫手」這個角色，重視的程度至少與他認定這樣的行動對年長婦女應有的助益一樣。為此他經常埋伏在所住城市的繁忙路口，所幸他住在佛羅里達州的聖彼得堡，因此總是不缺這種機會，他樂於提供這樣的服務，更重要的是，樂於扮演這個角色。不過，有一天他的家人決定要從聖彼得堡搬到達茲村去，那是一個內陸小村莊，全村的女性人口都在四十五歲以下。對年輕的巴舍勒密來說，這無疑是晴天霹靂，讓他難以接受，幸虧事情有了轉機——巴舍勒密年邁的奶奶決定搬到新房子與他們同住。

舉家遷移到達茲後，巴舍勒密的所有努力都集中在一件事上——處心積慮讓奶奶興起穿過小鎮街道的念頭。他為了這個目的所實施的各種詭計，不是這份報告的關注重點；需要說明的是：巴舍勒密現在投入的是一場「兩個角色、兩個人、一個玩家」的遊戲，其中的非玩家正在被操弄以演出被期許的對應角色。不過，奶奶並不像這位小男孩所想的那麼好騙，她很快就看出小孫子的意圖。雖然如此，寬容的奶奶仍樂於遷就巴舍勒密的消遣活動。這麼看來，在巴舍勒密的這場「兩個角色、兩個人、一個玩家」的遊戲中，我們可以說，這位非玩家參與者是出於善心而刻

＊　前頁圖說：「『那麼，我是那裡出錯了？』『你患的是邏輯謬誤。』」

意演出對應角色。只是，與小男孩相處常會這樣——一片善意得不到回報，而且巴舍勒密開始對遊戲需索無度，很快地，對奶奶來說，巴舍勒密變成令人討厭的麻煩人物和累贅。

所以奶奶越來越不願意出門穿過街道到公立圖書館、郵局，或者糖果屋去。於是，巴舍勒密以各種誘因賄賂奶奶，才很快地恢復原有的滿足狀態。奶奶能明顯感受到，現在只要她陪孫子出門的次數少於某個頻率，巴舍勒密原有的陽光性格就開始變成鬱 127
悶、惱怒。

追哥後來的人生中，尤其是那些跟治療和康復有關的部分，都充斥著他和奶奶之間的這類情節內容。

到了三十五歲左右，如我們所有人一樣，他已經累積了多種角色，需要時時輪流上演；所有角色都與他現在的社會地位有關：父親、丈夫、老闆（他擁有一家電腦製造公司）、戲劇委員會和心臟病基金會的主席，以及市議員，這只是他的各種社會地位中較為顯著的一部分。而因為這些社會地位有許多相對應的特殊角色，因此，追哥就像其他人一樣，在日常生活中必須演出不同角色。而且也跟我們大部分人一樣，這些角色往往是在自發且沒有思考的情況下演出的。不過，看待這些角色，追哥有相當不尋常的態度。他看待這些角色就如同他之前看待「老太太幫手」這個角色一樣。也就是說，他很重視這些角色的演出，看重的程度至少與他認定這些角色的社會利益一樣。他最喜歡的角色有：善解人意的父親、善解人意的丈夫、頑固的父親、頑固的丈夫和愛開玩笑的上司（在祕書室或在生產線上）、幽默的董事長、嚴肅的董事長、有同情心的密友、顯露驚喜的密友等等。因為他不是以社會功能來衡量這些角色的價值，而是將之視為戲劇表現的媒介；因此，他的角色表現以及所處情境的適切性，兩者之間總會出現落差。也就是說，他總是在一些不適當的情境下做出不必要的角色表現，就像過去他當童子軍的時期一樣。而且，他對待偶然涉入表演中的人，就如同當初對待奶奶一樣，把他們當作啟動戲劇演出的工具。剛開始的時候，他的小劇場裡的其他成員就像他奶奶當初一樣，都是在無意和不知情的情況下參與了演出。但他們很快就知道追哥正在做什麼。

那時的追哥是個討人喜歡的人，當他的朋友和熟識者發現他這種古怪舉止時，都覺得這只是個無傷大雅的癖好，完全願意順應著他。但就像追哥奶奶當初所面對的情形一樣，他們越順應、迎合他的古怪行徑，追哥就越加索求無度。總之，他變成一個既
128 討人厭又無趣的人。祕書室裡的速記員對年輕打字員竊竊私語地說：「到飲水機那裡，去和追哥開玩笑。」或者丈夫會對老婆說：「我要先想好一些私人問題，明天跟追哥打高爾夫時可以向他吐露，不然他又會整天脾氣暴躁。」或者，「史密斯，我必須要弄髒這張傑斯奧公司的訂單。很抱歉，但我們最好製造一些機會讓這位老男人明天可以勃然大怒。」

最終，羅伯森事件讓事情到達了危機狀態。

「你知道嗎？羅伯森不可能升職了。」

「為什麼？」

「昨晚那個老男人把他留在辦公室裡，一直待到午夜，上演著『優柔寡斷的克爾瑪（Kramer）銀行經理』，最終羅伯森受夠了，然後說，他有比整晚進行室內猜謎遊戲更好的事情可以做。」

「天啊！那個老男人怎麼回應？」

「喔！他只是在那張『極度憤怒』的臉上擠出『善解人意的老闆』的樣子，向羅伯森道歉說不該把他留到這麼晚。」

「看吧！我們不能再讓這樣的事情發生。我的天啊！羅伯森到底為什麼會崩潰呢？」

「不良的時程安排。前一天他必須陪著追哥，處在『腦袋戴了冠冕卻憂戚難眠』中，再前一天他則必須假裝和裘安的婚姻瀕臨崩潰。」

「嗯！我們必須要準備萬全了。請瓊斯做好安排，做出一個涵蓋所有人的完整日程表。日程表中要包括戲劇學會的那群人、心臟基金會的執行人員、市議員和他們的員工，當然還有巴舍勒密太太和小孩，以及這座行政大樓和工廠裡的每一個人。請他每個月做出一份當月每一天的職勤表，並且提前一個月附上他的預測日程表，同時考量可能出現的變動。依照過去一年的記錄，預測追哥每一天的角色偏好（我知道那不容易），並且按照機率排序，列出六個最可能的替換角色。他必須盡力做好；從現在開始的一年內，我們將會有更充足的資料讓他做出更好的預測。現在他已經完成了所有其扮演的角色任務表，並且給予每個人他們認為自己可以掌控的內容。我們必須設置一個中央派遣辦公室，指示大家在對的時間出現在對的地方，而且追哥的祕書和他太太要 129
讓中央派遣處即時掌握追哥的位置和他所接觸的人。行嗎？」

「我馬上來看看。」

「如果昨晚那樣的事情再發生，我們要能夠找些理由讓羅伯森在崩潰前離開那裡。畢竟他並不擅長『優柔寡斷的經理』這個角色。」

「但我們這樣把人移來移去的，那老男人難道不會起疑心嗎？」

「當然，我們會試著讓這種情況的發生機率降到最低，而且如果真的發生了，我們會準備好合理又具說服力的故事（最好請追哥那個辦雜誌的好朋友整理好一冊偶發狀況時待用的掩護故事），但最重要的是，只要我們持續餵養追哥角色扮演的機會，他就不會花太多心思去注意那些事，即使這一切難免會發展成相當超現實的情節。」

這個萬能計畫在一週內完成創作並正式運作。一整年它就像運轉順暢的機械一般運轉著。

然後：

「中央派遣處。」

「這裡是萬能計畫控制中心。暫停所有運作，直到另行通知。」

「什麼！」

「就在一千四百小時這天，巴舍勒密・追哥被送到佛羅利奇特療養院（Froehlichkeit Sanatorium），期限不定。退出。」

三個月後

赫瑞斯癸特醫生：請坐，追哥先生。不，請別坐在躺椅上，這裡有張椅子。

追哥：赫瑞斯癸特，咦？你已經是三個月來的第四個，但我想你也應該知道，我猜你們彼此有談過。我幾乎說成了

「在我背後議論」。哈！

赫：追哥先生——

追：我知道，我知道。我了解這是你這傢伙一秒內就能看穿的防衛，我假裝拿『我是個幻想症病患』這個事實來開玩笑。也對啦！所以，我會從頭說起，告訴你整個故事，就好像你對我的事一點都不知道一樣，就像我對其他人做的那樣。對嗎？對吧。（追哥突然從椅子上站起來，快速打開一個貯藏室的門，往裡面看，關上門，又回到椅子 130
上。）你看到的，我有個完全不理智的信念，覺得自己是某個精密陰謀設計的對象。我無法讓自己擺脫這個荒謬的想法——我所認識的每個人都正在以某種方式迎合我，我的生意夥伴、員工、朋友，甚至是家人，他們之間都在互通、合作，為的是隱瞞我一些事。我想像著他們的眼神在交換，而且發現自己把無意間聽到他們的對話細節，解釋為他們正在謀劃某件非比尋常與我有關的事。（追哥把垃圾倒出來，檢查垃圾桶內部。）有時候我自認為，已經趁同事朋友不設防下，偵察到了極度震怒（如果不說是暴怒的話）的臉色。整個世界都這樣，就好像每個人都把我當成是壞脾氣的小孩，而他們被迫要安撫、遷就我。（追哥把角落的毯子拉開，檢查下面的地板。）但當然這些只是我最近的症狀。你要聽聽我的童年時光。好，第一件我記得的事是——

赫：追哥先生，閉嘴。

追：什麼？你說什麼？

赫：閉嘴。

追：你在說什麼鬼話？你瘋了嗎？天啊！我一點都不相信你們這些精神科醫生。你甚至不知道你自己的，你自己的——

赫：角色嗎？追哥先生。

追：嗯，是的，如果你要這麼說的話。但請相信我，我知道你的角色對我而言是什麼。我知道程序。我說，你們聽。我想你真是個血淋淋的騙子，我要求馬上見長官。

赫：「程序」？「血淋淋」？你想必是回到在皇家空軍當聯絡官時那種咄咄逼人的說話方式。

追：你在鬼扯什麼？

赫：你此時正在演出的角色：面對別人不玩遊戲時的「暴怒軍官」。你甚至裝著英國腔。你知道嗎？

131 追：喔，現在我知道了，這是某種新的震撼治療法。好吧！如果能夠治好我的妄想症的話，你說了算。

赫：你沒有妄想症，追哥先生。

追：別耍白痴了。

赫：你必須相信我的話，我不是白痴。

（赫瑞斯癸特醫師先前已經和萬能計畫中的決策人員做過訪談，現在他把事實告訴了追哥。追哥一開始的反應是演出一個因過度驚嚇而無法說話的角色，後來才平復下來，開始說話。）

追：我相信你，赫瑞斯癸特。這真是嚇人。我不該被迫單獨出局的。

赫：你必須承認，你曾經是你的朋友和夥伴們的某種試驗品。

追：的確是某種試驗品！我是個討厭鬼，是個累贅；那就是我名字的字義，也是我正在玩的遊戲。但最重要的是，你能不能治好我？還是說，保護社會免於我的禍害的唯一方法，就是把我抓進療養院？我是哪裡出錯了？這是不是一種新的心理疾病？

赫：追哥先生，你並沒有任何的心理疾病。

追：那麼，我是那裡出錯了？

赫：你患的是邏輯謬誤。

文件內容到這裡結束，史尼克笑開了，放下資料夾。次日，他再度被帶到赫瑞斯癸特醫生的辦公室。

赫：請進，史尼克，請進。

史：（把文件夾交回給赫瑞斯癸特醫師）真有趣的案例。

赫：我就知道你會這麼說。

史：你是否有能力治癒？

赫：如果治癒和康復可以分開的話，那麼我會說，他已經被治癒了，只是還沒完全康復，不過可以預估他的後續情況是良好的。

史：當然，你要我讀這個檔案，就是要說服我，人們可以在假扮遊戲裡扮演自身的角色及假定的角色。

赫：沒錯，這是原因之一。那麼你被說服了嗎？ 132

史：我想，是有的。事實上追哥的症狀就像我在鏡中的倒影。

赫：怎麼說？

史：嗯，也許最令人震驚的是，打從一開始我就在欺瞞他人，而追哥則是被欺瞞。

赫：確實如此。這一點，是你和追哥的案例之間最基本的雷同處，也是基本的差異處。雷同的地方在於你們都需要一個情境來扮演你們的角色，也就是說，需要其他角色演出來回應你們。但你們各自以相反的方式來製造演出的條件。以你的情況來說，至少在一開始，透過偽裝，你讓自己化身為能營造出如此情境的一個角色，滲入到該角色已存在的情境中。如果其他人相信你是英女王，就會用回應女王的方式來回應你，那麼就能讓你這個伊莉沙白女王（Elizabethan）的角色表演繼續下去。追哥的情況則是：他想要做角色表演，卻缺乏情境讓他表現，因此，即使在不適合的情境中也依然故我地演出。你扮演的則是一些不符合你真實身分的角色。你是一位偽裝者，而追哥是討厭鬼，儘管你們的目標相同，都是為了要能演出角色。

史：是的，這麼說沒錯。但你會如何解釋這其中的差別？

赫：當然是因為你們的背景差異，以及伴隨的特質差異。追哥畢竟是個熱忱的童子軍。誠實就是他的守則，欺騙是他所深惡痛絕的。但是你傳承了瞞騙的專業技藝。於是，當你們開始有能力控制我們稱之為遊戲的角色表演時，便採取相當不一樣的策略來達成這個自主條件。你試著挑起觀眾的反應，即使台下是一群不知情的觀眾，從這點看來你的
133 表演就像是舞台演出。你不太可能會讓觀眾感到厭煩。但

追哥並不為了觀眾去調適角色；相反的，他要求觀眾為迎合他的角色調整他們的回應。當然，這就解釋了為什麼人們比較喜歡去看電影勝過去教堂，以及為什麼騙子比老實人有趣。

不過這些看法雖然有趣，卻讓我們遠離了所關懷的課題。我們感興趣的，不是你和追哥達成目的方法之間的差異，而是兩人目的的相似處，甚至是一致性。你扮演假定的角色，而追哥扮演自身的角色，都只是因為你們認為角色表演應該利用真實的生活情境，因此你們的真實個性也決定了你們將會扮演的角色。但是，假扮遊戲中，演出某個角色來啟動遊戲，這本身也是遊戲的一部分，因此，假定角色或自身角色之間的區別無關緊要。追哥不再受限於「真誠」，一如你也不再受限於「不真誠」，因為在純粹的假扮遊戲裡，這兩個詞沒有意義。

真正的區別在於招數的好壞；也就是說，在於你的表現能不能挑起回應。在不同的遊戲，或者在遊戲當中某個時間的不同狀況，角色與扮演者的個性可能相符，也可能不相符。但那又怎麼樣呢？遊戲的成功來自於你的動作能持續製造回應，而不在於是否誠實。因此，你們兩人早已可以放下自己的名字。你可以不用史尼克的身分來玩這樣的遊戲，而追哥也可以不再以追哥的身分進入遊戲。

史：我認同你所說的，赫瑞斯癸特醫生，但我懷疑追哥是否也能信服？他的性格整體看來比我更固執。

赫：史尼克，你說得沒錯，但我認為這並不影響此案例的根本

134 事實。因為遊戲的特徵在於，性格各異的人都能夠參與同一場遊戲。一個好鬥的惡棍，無疑會讓曲棍球賽增添色彩，但這不重要；重要的是，他是個好戰的曲棍球選手。至於追哥，你可以自己判斷。我相信他正在前廳等著。（赫瑞斯癸特走過去把門打開）進來，追哥，請進。追哥先生，這位是史尼克先生。

追哥：很高興認識你，史尼克。赫瑞斯癸特已經告訴我一些關於你的事。

赫：我相信你不會介意的，史尼克。

史：不會，醫生。你讓我們見面，我猜想應該對我們的康復有幫助。

赫：沒錯。而且，先生們，你們的病情預後都很理想。

史：這樣啊，是嗎？（他拿出手槍）不要動，赫瑞斯癸特，坐下來，把手放在桌上。追哥，我真的會開槍！我要你起來——不是你，赫瑞斯癸特，你別動——追哥，你走在我前面，到停車場去。圍籬邊停著一部灰色賓士車，坐上駕駛座。然後，我會告訴你接下來怎麼做。

追：很好。但先告訴我，你的真實身分是什麼？

史：我是波菲爾尤・史尼克，退休間諜。

追：我只是想確認。所以我們都知道自己何在，而我是聯邦調查局的桑德斯（Sanders）探員。

史：當然，我相信你。快走，桑德斯！（史尼克和追哥出去。）

赫：這個病情預後不只是好的，而且是妙極了！（他按下對講機）請史蓋普克斯先生進來。（史蓋普克斯走進來）

史蓋普克斯：天啊，大蚱蜢先生，你扮成精神科醫生在做什麼？

大蚱蜢：我不是精神科醫生，我是一個——

史：是，我知道——一個哲學醫師。但是你為什麼要偽裝成這樣？

蚱：史蓋普克斯，不是偽裝，而是一種化名（a nom de guerre）。 135
赫瑞斯癸特（*Heuschrecke*）就是德語的蚱蜢。

史：喔！即使如此，正在和你說話的我是在做什麼？不管是大蚱蜢或是扮成赫瑞斯癸特的大蚱蜢，你不過是真實的大蚱蜢想像中的虛構人物。你正在告訴我一個故事，而我怎麼能在你正在告訴我的時刻變成故事的一部分呢？

蚱：啊！史蓋普克斯，誰又能夠說出一個我們或許身在其中，或許不身在其中的故事呢？形上學真的不是我的專長路線，但這又有什麼差別呢？在我們的探究之中，誰說了什麼，或說話的情境有多怪異，這都不重要，重要的是，所說的是否有說服力、是否切題。所以讓我們現在回到主題上吧。

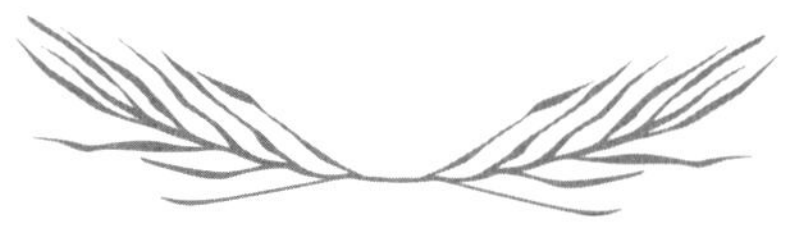

| 第十二章 |

開放式遊戲

大蚱蜢從前面這兩個故事中推導出一個新概念：「開放式遊戲」。這個概念顯示原本的遊戲定義足以涵蓋假扮遊戲。

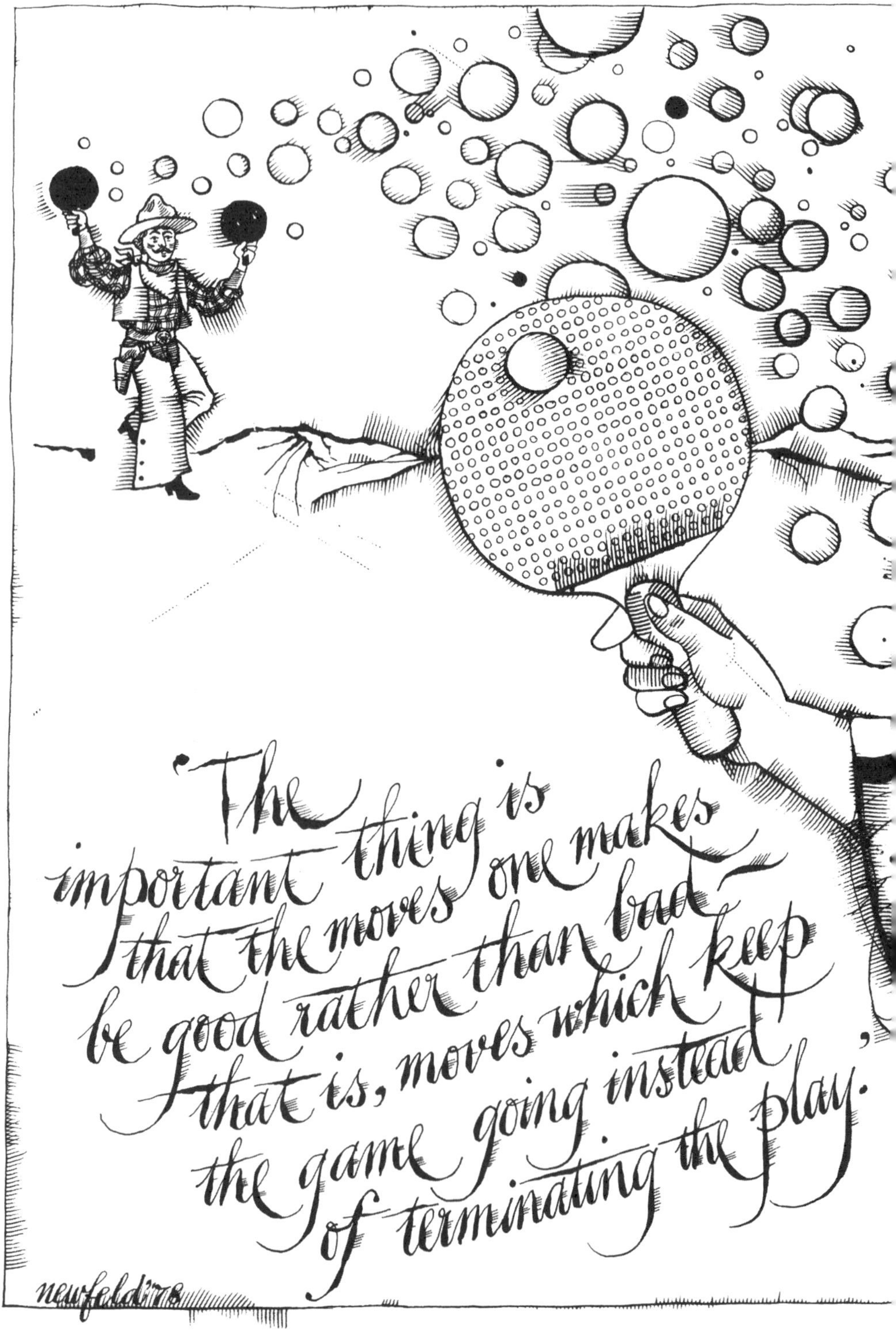

'The important thing is that the moves one makes be good rather than bad — that is, moves which keep the game going instead of terminating the play.'

newfeld'78

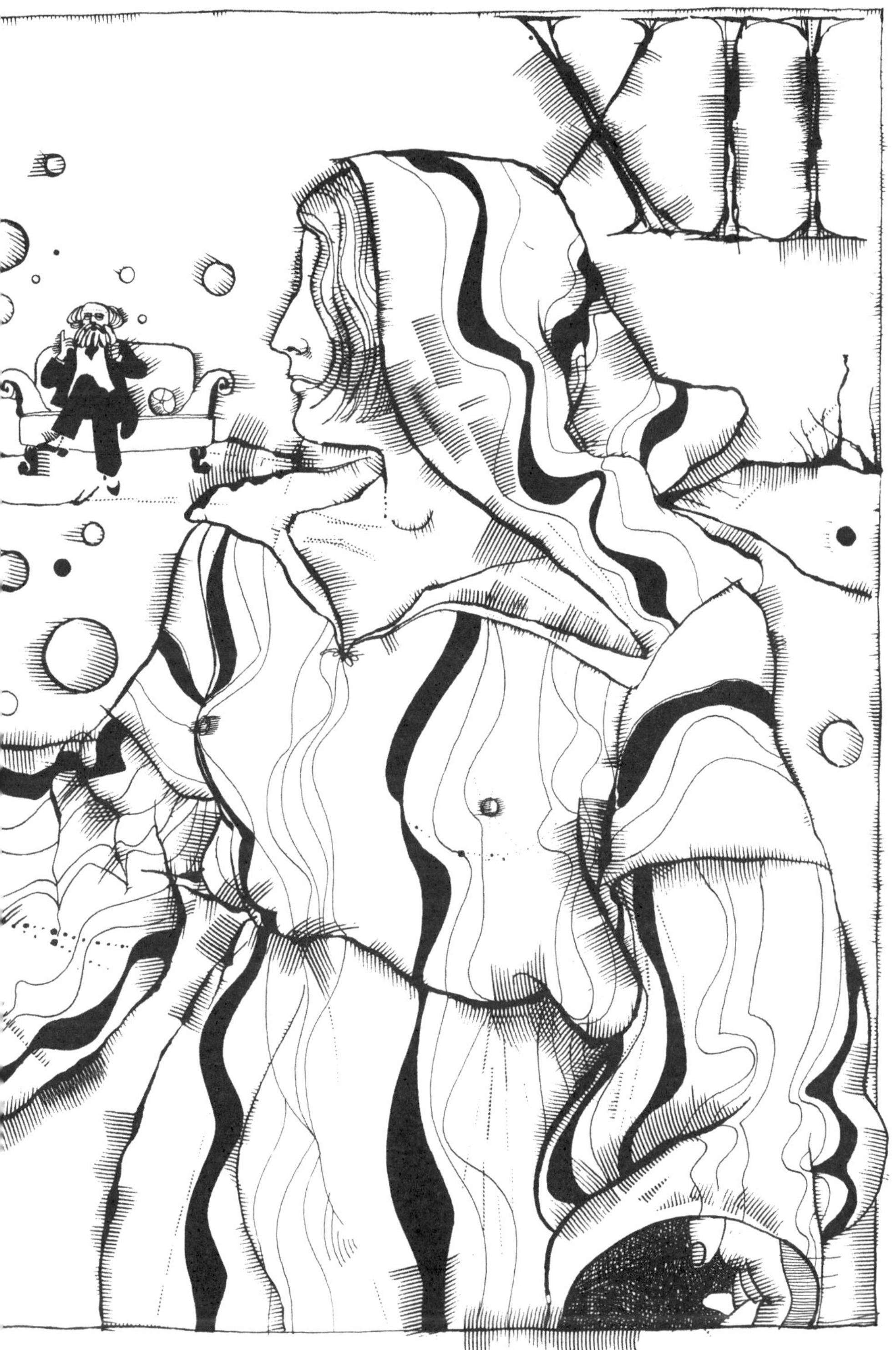
XII

140 史蓋普克斯：大蚱蜢，首先我注意到，你這樣安排是為了史尼克和追哥從今以後可以快樂地生活下去。

大蚱蜢：何樂而不為呢？做這樣的安排並不需要付出什麼，而且我喜歡圓滿快樂結局的故事。

史：的確如此。大蚱蜢，也許你會想要說說這兩人的謬誤喜劇中的寓意啟發。

蚱：當然。「反塞球」可以被用來創造或設計遊戲（那正是史尼克和追哥所做的），但其並不是遊戲的基本要素。赫瑞斯癸特對他的病人所指出的是，他們的戲劇遊戲其實不需要利用真實生活情境就能夠進行，不是嗎？

史：是的。他們的痊癒正包含了他們接受這樣的事實。

蚱：但是，利用真實生活的情境——至少像史尼克和追哥所做的那種方式——就如同把「反塞球」原則應用於這些情境中。當史尼克欺騙他人以便讓自己演出角色時，欺騙並不是史尼克的主要目標，而是為了戲劇偽裝的機會和藉口。當赫瑞斯癸特向史尼克指出，他不需要行騙也能把遊戲玩得一樣好，甚至更好；他也同時指出了，史尼克不需要利用「反塞球」，也同樣可以好好地遊戲。追哥的情況當然也一樣。當追哥了解到自己不需要將「反塞球」置入真實生活就能夠玩遊戲時，他停止再當一位麻煩又無趣的人，卻沒有停止玩遊戲。

＊ 前頁圖說：「重要的是，動作步法好不好——也就是，這些步法要讓遊戲持續進行而非終結遊戲。」

史：所以，我們對「反塞球」探索所做的一切的討論，只是為了開啟一個話題。

蚱：我想，不完全如此。首先，我猜測即便「反塞球」跟遊戲不太有關，卻可能跟玩有密切關係，也許我們可以在另一個案例中進一步確認這個可能性。第二，儘管我們以遊戲來拋出話題，但此一引題顯然已讓我們達到真正的目標。因為一開始，假定角色似乎是我們試圖要去理解的遊戲類型的基本要素。接著，有了追哥的病歷實例，我們因而了解到，人們藉由演出本身自有的角色也可以把這類遊戲玩得一樣好。就像赫瑞斯癸特說的，此類遊戲的重點不在於假定的角色與自身角色[1]的差異，而是在於動作步法好不好——也就是，這些步法要讓遊戲持續進行而非終結遊戲。因此我認為，我們一直以來真正探求的是延長原則而非「反塞球」原則。

1　我發現以這樣的觀點來理解假扮遊戲是相當非正統的。舉例來說，Roger Caillois在他的《人類、玩和遊戲》（*Man, Play and Games*, Free Press, 1961）一書中，把這類的遊戲歸類為仿擬（mimicry），這是他所區分的四大基本遊戲範疇其中之一。我的觀點是，許多遊戲無疑都包含仿擬，甚至就是因為其中的仿擬才吸引人，但並不是這些仿擬的成分讓這些遊戲成為遊戲。類似地，雖然運動競技遊戲無疑地也包含身體動作，但那也不是使它們成為遊戲的主因。因為非遊戲活動中同樣有身體動作，也有仿擬。丟手榴彈的舉動通常不是（也非必要是）遊戲中的動作步法，我也認為在戲劇中表達台詞的仿擬動作也不是；然而Caillois似乎把戲劇表現當作仿擬式遊戲的例子。依玩的活動類型（例如，戲劇動作步法相對於運動動作步法）來為遊戲分類，我沒異議；我只是要說，必須要先弄清楚更基本的區分後，這類細分才有意義——而最基本的區分，就是遊戲與非遊戲的區分。

史：是的，大蚱蜢。在赫瑞斯癸特提出有關延長原則時，我接受了他的觀點，但我必須說我稍後發現，就像我現在發現到的，這樣來談論遊戲，是一件很奇怪的事。

蚱：為什麼？

史：因為這似乎與遊戲真正進行時的情況有很大的出入。試圖延長一場棒球比賽，會破壞這項遊戲的精神；例如，故意漏接高飛球，讓打擊方不會輸掉，而比賽可以繼續久一點。這是可以做得到的，而且必然也有人真的做過，但這必然有某些不合情理（perverse）的地方。

蚱：不合情理？

史：是的，甚至是矛盾的。因為這麼做的人，雖然延長了棒球賽時間，卻犧牲了真正地——或至少是全心全意地——玩
142 棒球賽。這讓我想到你對遊戲和悖論的論點。在我看來，你當時的發現跟當前這個議題有直接關連。因為你發現，唯有遊戲不健全，或遊戲的進行過程有缺陷，才會讓如此延長遊戲的舉動顯得有道理，而非矛盾的；因此，延長遊戲的舉動可以看作是以碎片支撐著一棟搖搖欲墜的建築。這也就是說，史尼克和追哥只能說是在玩著一場有缺陷的遊戲。

蚱：不一定，史蓋普克斯。在那種為了彌補缺陷遊戲的延長行動裡，為了延續玩所做的努力往往是在遊戲狀況以外進行的；但也可能有一些遊戲，是利用遊戲的步法本身來延長遊戲。例如，齊克果筆下的日記作者正在進行的正是這樣一種遊戲，而非在他的誘惑遊戲中應用「反塞球」原則；

我認為這才是我們當前問題的解答。

史：你的意思是什麼？

蚱：我們發現，當日記作者決定玩誘惑遊戲時，他其實小心翼翼地不讓自己太快成功。這場遊戲最大的危險是女孩對日記作者的激情過於強烈，以至不再需要施以任何招數就會屈從。因此，「誘惑者」必須時不時潑她冷水，但又不能潑得太多，以免完全熄滅她的熱情。也就是說，他不斷地拖延這場遊戲的完成。他總是在終點線前倒退，讓比賽永遠不會結束。而且，當遊戲真的結束時，日記作者了解到自己將經驗到的不是勝利的意氣風發，而是「某種憂傷的滿足感」。

史：日記作者讓我想起了濟慈的詩《希臘古甕頌》（*Ode on a Grecian Urn*），「大膽的愛人，從不、從不能親吻你，雖然勝利在即……／你永遠愛著，她永遠美麗！」

蚱：是的，史蓋普克斯，因為這首詩表達了日記作者的理想： 143
他永遠都在追求，而她永遠在被追求。

史：而且是貞潔的。

蚱：正確。因為追求只在貞潔存在時維繫，一旦貞潔不再，追求也不再。當然，濟慈詩句裡的境界不可能有圓滿結局，因為那已凍結在永恆中。但是日記作者在現實時空下行動，所以無法像濟慈一樣選擇柏拉圖式的愛。因此，他能做的就只是試著無限拖延結局的到來，這只是個徒有其表的目標。他終將失敗，但至少他正在做些努力。如果他要的是行動而非寫詩，也許這就是他所能做到的最好之事，因為，要在現實中實現濟慈的永恆浪漫理想，最好的方法就是玩這樣的遊戲。不過，我好像有點偏離了我們所關心的關鍵重點。

史：沒錯。

蚱：史蓋普克斯，我們要關心的，看起來可能就是我所謂的開放式遊戲（opcn games）。

史：開放式遊戲？

蚱：是的。這樣一種遊戲不存在那種達成即遊戲結束的固有目標：越過終點線、將軍國王等等。有這類終點目標的遊戲，我們可稱之為封閉式遊戲（closed games）。

史：所以，齊克果的那位日記作者在玩的，是一種開放式遊戲？

蚱：是的。只是說，他在開放式遊戲裡利用了一個早已存在的目標支配計劃——誘惑計劃——但又刻意無限延緩其正常目標的完成。像史尼克和追哥一樣，日記作者在玩的是一場兩人、兩角色的遊戲，其中一人不是玩家，而是在不知情與非意願的情況下扮演了另一個角色。他們都剝削利用了原有的情境（和人物），為了達成自身的戲劇目的。但關鍵重點不在於他們進行一場剝削利用型遊戲，而是在於他們所玩的遊戲——恰好是剝削利用的遊戲——是開放式遊戲；因為開放式遊戲不必然包含此種利用。在史密斯和
144 瓊斯兩人之間那場聲名狼藉的桌球比賽中，我們可以很清楚地看到這個事實。

史：什麼桌球比賽？

蚱：就是我現在要告訴你的那場比賽。史密斯和瓊斯是「明朝

盃」延長賽的兩位決賽者，熱情的粉絲團正聚在一起觀賞這場比賽。史密斯發球，第一局比賽開始。球在兩人之間往返，這應該是一場精彩的比賽。但五分鐘後還是無人得分，觀眾開始不耐煩，開始有些抱怨。再過五分鐘，情勢變得非常明顯，遊戲者完全沒有想要得分勝出的意思，他們只是單純地讓乒乓球在空中往返。

「拜託，開始比賽吧！」四周都在叫喊。

「已經開始啦！」史密斯對著群眾回喊。

「這不是桌球比賽！」氣憤的反駁聲浪。

「對，這不是桌球賽。」瓊斯也出聲了，

「這是另一種遊戲。」

「但你們怎麼分勝負？」另一位觀眾大喊。

「這場遊戲沒有勝負。」史密斯回答。

「那你們怎麼知道遊戲什麼時候結束？」

「這是個好問題。」氣喘吁吁地這麼回答。

就像日記作者從真實的誘惑之中創造出一場遊戲，史密斯和瓊斯也從標準的桌球比賽中創造出另一種遊戲。我們看到明朝盃延長賽的觀眾因為選手始終沒有想要得分而失望，因而也可以想像到日記作者的追求對象因為感受到這位「誘惑者」的刻意拖延而失落。但重點是，並沒有必要利用傳統的桌球比賽，來進行史密斯和瓊斯正在做的事。顯然，要進行這樣一場桌球對打，只要直接決定就可以了。人們不需假裝——向自己、向對手或向觀眾——自己正在進行標準的桌球賽，就好像可以直接找一個比你更不在意結果的對象玩「誘惑」遊戲。

145 史：你的意思是，史尼克和追哥所玩的遊戲，可以透過桌球對打遊戲的範例來解釋？

蚱：沒錯。在這樣的對打活動裡，A 把球打給 B， B 才能再把球打給 A，然後 A 再把球打給 B，如此持續下去。就像我找不到理由結束這個句子（除了感到乏味以外），也沒有任何內在的理由（inherent reason）來結束句子所描述的遊戲。

史：但是，在史尼克和追哥玩的遊戲裡，有什麼是和持續讓球保持往返相對應的目標？

蚱：就是讓戲劇表演行動繼續下去，史蓋普克斯。A 對 B 講了一句台詞，B 因此對 A 回應另一句台詞，如此下去。就像在桌球對打活動裡，每一個行動都是對前一個行動的回應，同時也是引發下一個行動的刺激或喚起。

史：當然，除了開始和最後這兩步。第一步單純是引發的行動，最後一步則單純是回應的行動。否則，遊戲不能開始，也無法結束。所以，也可以有只包含兩個動作的遊戲。

第一步：你不要再來了！

第二步：好吧。永遠不要再見了。

以上是我們可玩的這類遊戲的最短形式，因為其他的遊戲除了開始和結束外，都有中間步數，而中間步數是由許多個「回應—引發」步數所結合。

蚱：相當正確。但是我們也應該注意到，這種最短的遊戲也是開放式遊戲中最糟糕的一個形態。給出的回應讓對手無法再回應，就像是桌球遊戲中的發球者打出一個無法接的球。這在封閉式的桌球遊戲中是令人讚賞的，但在桌球對打活動裡卻破壞了遊戲目標。

史：好，我懂了。現在來看看我是不是真的完全了解你所提出
的主要論點。你似乎在說，存在著一種可以稱之為開放式 146
遊戲的類別，假扮遊戲就是屬於這一遊戲類別的亞種。

蚱：正確，史蓋普克斯。我要把開放式遊戲普遍定義為一種讓啟動步數持續的互惠系統，而啟動步數的目的就是要讓系統持續運作。然後，就如你所說的，在這一個大類別下，還可以發現許多遊戲種別。開放式的運動競賽遊戲或許可當作是其中一個種別，因為這種遊戲裡的所有動作步數都涉及身體的技巧操作。而假扮遊戲則構成了另一個種別，因為這些遊戲裡的所有動作步數都是戲劇性表現。如此一來，赫瑞斯癸特就很正確地把假扮遊戲定調為「一種把角色表演最大化的互惠系統」。

史：很好，大蚱蜢，我認同。那麼，我們來重新找尋一個足以同時涵蓋開放式和封閉式遊戲的定義。

蚱：沒這個必要，史蓋普克斯。在我看來，原本的定義顯然就足以包含這兩種型態的遊戲。

史：但是，大蚱蜢，這怎麼可能？原本的定義要求，遊戲玩家是在尋求達到某一種特殊的事件狀態，但對開放式遊戲裡的玩家而言，就像我們看到的，並沒有這樣一種事件狀態是他們努力要達成的。他們只是無止盡地投入努力。

蚱：史蓋普克斯，我想你會這麼說，只是因為你對所謂事件狀態的構成採取了一種不必要的狹義觀點。在桌球對打活動裡，顯然存在一個遊戲者努力要達成的事件狀態，那就是讓球保持在空中來回。

史：喔！

蚱：是的，讓球保持來回，無可否認是一種事件狀態。所以，我們先前認為，棒球和官兵捉強盜的區別在於前者是目標導向的活動，後者則是角色導向的活動，這想法是不對的。因為我們現在很清楚，涉及角色的遊戲也可以是目標支配的。試圖讓戲劇情節繼續下去，就是一種目標導向的
147 角色表現。因此，我們應該明確指出某個我們在討論開放式遊戲時未說明的重點。那就是開放式和封閉式遊戲的區別與像棒球這類遊戲跟官兵捉強盜這類遊戲之間的區別形成十字交叉的劃分。所以，桌球對打和官兵捉強盜，兩種都是開放式遊戲，即使其中之一涉及戲劇角色的表現，另一者沒有；而棒球和打啞謎猜字兩種遊戲都是封閉式遊戲，同樣的，即使其中之一涉及戲劇角色的表現，而另一者沒有。

史：很好，大蚱蜢，我承認開放式遊戲也有目標。但這個事實本身並不足以證明開放式遊戲符合我們原本的定義，因為我們還必須證明，這樣的遊戲也使用了低效率方法來達成目標。但我不得不說，我們所談論的那些典型假扮遊戲——以及史尼克和追哥在玩的遊戲——我不認為有運用到低效率的原則。

蚱：讓我們暫時回去看那個開放式的桌球對打遊戲。我們都同意，遊戲者的目標是讓球持續在空中保持來回，對嗎？

史：是的。

蚱：他們揮動桌球拍來達成這個目標，而成功與否端看他們的擊球技巧。只要在判斷或執行上出一點小錯誤，就無法達成這個目標。

史：是這樣沒錯。

蚱：其實可以設計出一種更有效率的方法讓球保持在空中來回，這不是很明顯嗎？

史：你是指為了達成這個目的，設計一台專用機器，或者同時使用兩台，這跟兩個使用球拍的人比起來，能讓球保持來回更久，也更不容易出錯。

蚱：當然。這個情況就像是高爾夫選手使用加裝有自動導向設計的球，來讓自己達到十八洞的分數一樣。

史：很好。但假扮遊戲怎麼說？我猜想你又要再搬出一台機 148
器，解圍之神（*Deus qua machina*），來解決問題。

蚱：是的，史蓋普克斯，如果說劇本也算是某種機器的話。因為就像桌球機器一樣，假扮遊戲的玩家如果完全按照劇本會是更有效率——風險較低——能讓戲劇行動持續下去的方法，而不是按照遊戲所需臨場做出戲劇反應。這也就是史尼克拒絕赫瑞斯癸特建議他以戲劇演出來讓自己復元的原因。從史尼克根本的遊戲觀點來看，照本演出無疑就像是用作了記號的撲克牌玩單人紙牌遊戲一樣。

史：好，大蚱蜢，我確實相信了，原本的定義就足以涵蓋開放式和封閉式的遊戲。

蚱：太棒了，史蓋普克斯。但是，離開這個主題之前，讓我們再回到之前提到牛仔和印弟安人遊戲時所產生的疑問，看看我們對開放式遊戲的新理解能不能解決這些疑問。我們注意到，小孩子玩的假扮遊戲中有很多關於步法是否合法的爭論。我相信我們對於開放式遊戲的發現——我想我們可以當之無愧地稱之——可以為這樣的現象提出解釋。我認為，這類對於步法的爭論，源自於遊戲者混淆了開放式和封閉式遊戲之間的差異。因為官兵「對抗」強盜、牛仔「對抗」印弟安人，因此小孩們誤把這些「對手」看成類似於足球或曲棍球賽裡的對手以至於開放式遊戲裡的純粹戲劇性衝突，跟封閉式遊戲裡的真正競爭衝突，兩者相混淆了。結果，針對步法的爭論總是令人困惑，甚至自相矛盾，因為爭論的一方可能訴諸開放式遊戲的規則，而另一方則訴諸封閉式遊戲的規則。也許就是這個原因，讓小孩
149 不久後就放棄這種休閒活動，改玩標準的封閉式遊戲。

史：是的，就是這個原因，而且我還想到另一點，因為標準的封閉式遊戲通常是競爭性遊戲，而開放式遊戲基本上是合作性的活動，小孩子喜愛與他人競爭。

蚱：至少在我們社會中的小孩是這樣的。史蓋普克斯，這也促使我試探性地提出人類學的觀察，如果整個社會看重以控制支配獲取成功，就會比較傾向於強調封閉式遊戲；那麼我們也可以推測，看重以合作獲取成功的社會，則會比較傾向於強調開放式遊戲。

史：這是很有趣的想法，大蚱蜢。我不知道你是不是從蘇聯的哲學家或社會學家們那裡得到這樣的想法，因為俄羅斯人最近確實對運動和遊戲的研究深感興趣。而且我們可以假設，他們會把開放式遊戲視為是本質上社會主義傾向的，而相反地，競爭性遊戲則在資本主義社會較受歡迎。

蚱：史蓋普克斯，你的猜測看似有理，但卻是錯的。就我所知，在蘇聯或在其他地方，都沒有所謂明確的「社會主義傾向的」運動。俄羅斯目前正陷於全國的曲棍球瘋狂熱潮。也沒有任何的徵兆顯示馬克思主義者或其他社會主義作者對開放式遊戲有一絲的關注，或真的意識到開放式遊戲以及其與社會合作的意識型態的關聯。當然，馬克思主義者的格調本來就敵視任何的定義探究，因為他們把定義看作是空泛的抽象概念；也就是把定義看成是無法直接被教條式目的所利用的事情。他們因而傾向於鄙視所有與辯論或意識型態無關的理論，這也就是他們其中有些人一度偏向李森科（Lysenkoan）[2]，而不相信更合理的基因遺傳理論的原因。

史：所以，你現在是認為社會主義者應該在哲學或意識型態上偏向開放式遊戲嗎？

2　編註：李森科是史達林統治時期一位二流的農業生物學家，因緣際會成為蘇聯生物學及農學領袖，在史達林支持下，他一躍成為蘇聯農業科學院院長、蘇聯生物學及農學界的領袖，凡是反對李森科學說的，都被打成「反革命」甚至被折磨至死。李森科的影響持續到赫魯雪夫下台，蘇聯的生物學因而停滯了至少二十年。

150 蚱：也許這樣的聲稱過於強烈，史蓋普克斯。但有人可能會向那些對運動的社會決定因素以及運動作為社會價值指標有興趣的人提議，封閉式和開放式遊戲之間的區分可能與其感興趣之主題有關，值得細究。不過這些推測即使有趣——也值得在其他場合做更進一步的討論——但這有點偏離了我們主要的關注，也就是要測試我們的遊戲定義。那麼，我再問你，對於定義的適切性，你還有其他方面的質疑嗎？

史：是的，大蚱蜢，我還有一個質疑，是關於你對遊戲態度的看法。

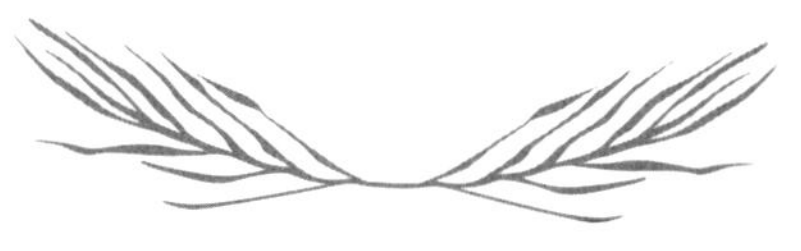

| 第十三章 |

業餘、職業與《人間遊戲》

大蚱蜢提到，遊戲獨立於參與者的動機，並且指出《人間遊戲》一書中所說的「遊戲」實為遊戲的反例。

The attitude demanded by radical instrumentalis

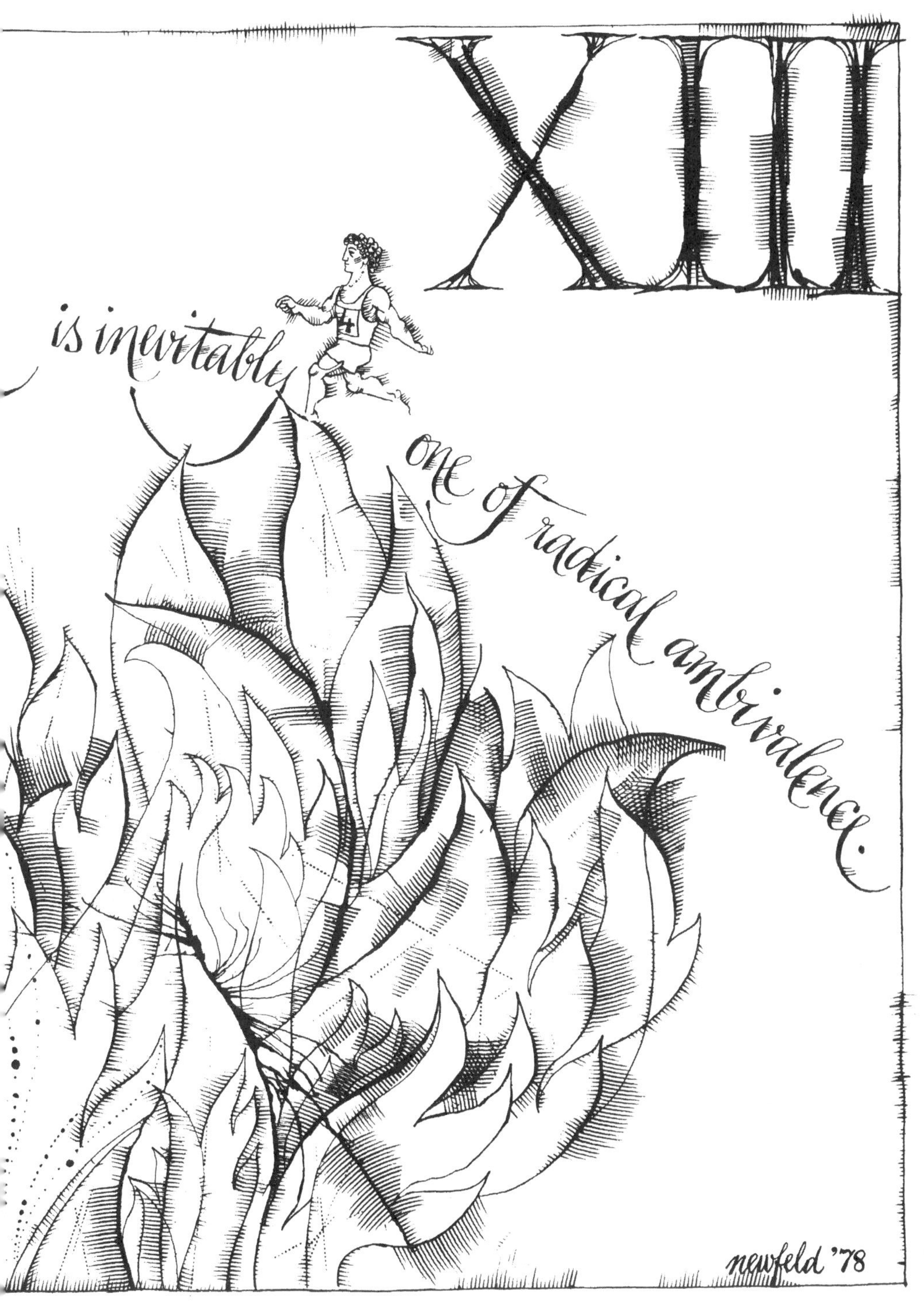
XIII
is inevitable
one of radical ambivalence.
newfeld '78

154 遊戲態度〔我繼續說〕是你定義當中的一部分，用來表示遊戲玩家之所以接受規則規定的方法限制，「只是因為如此接受才讓這樣的活動有所可能」。現在不妨想想職業運動員的情況。讓我們這麼說，他正在玩曲棍球，而這是他維持生計的方法。也就是說，他玩曲棍球的理由是為了賺錢。現在他為了玩曲棍球，必須接受球賽規則。因此，無論怎麼說，他接受這些規則的理由之一就是這樣的接受是他賺取薪資的必要條件。如此一來，說他接受曲棍球規則「只是因為如此接受才讓這樣的活動有所可能」，這說法是錯的。所以，職業運動員的存在否定了你對遊戲態度的說法。當然，除非你要認定職業運動員不是真正在玩遊戲，因為他們不具備遊戲態度。也許這是你所要堅持的。也許你會說，當你和我在玩曲棍球時，我們是在玩一場遊戲，但是當波比．奧爾（Bobby Orr）和肯．德萊登（Ken Dryden）[1]玩曲棍球時，他們是在工作。所以，現在我對你的定義的回應，比較像是一種提問而非批判。因為你的遊戲態度論點，似乎讓你必須在兩者之一做出選擇——承認定義不正確，或者聲稱職業運動員不是在玩遊戲——我的問題是，你想要選擇哪一個？

我兩者都拒絕，史蓋普克斯。〔蚱蜢回答〕

我要先說明，我支持職業運動員是真正的遊戲玩家；然後再回過頭來，為我對遊戲態度的表述提出辯護。

---

* 前頁圖說：「激進工具主義的態度必然包含著根本的矛盾心態。」

1 編註：加拿大冰上曲棍球著名球員和守門員。

職業玩家

首先，我想要就何為業餘玩家與何為職業遊戲玩家兩者之間做出分辨。這裡所謂的業餘玩家，我指的是那些以玩遊戲本身為其目的的人；而職業玩家則指那些想透過玩遊戲而達到進一步目的的人。職業的西洋棋手、橋牌選手和職業運動員都是這類玩家明顯的例子，但讓我們把職業玩家一詞延伸為包含所有不管是為了任何進一步理由而進行遊戲的玩家；例如，為了決定某件事
（「讓我們玩牌來決定誰要到城裡買啤酒」）、為了符合多數人 155
的最大利益（「你知道我有多討厭玩橋牌，但因為你們還缺第四人，所以我就湊上一腳了」），又或者為了獲得認可（「派西加入足球隊是因為葛瑞德琳迷戀足球隊員」）。

現在，我猜想，因為業餘和職業玩家對其所玩遊戲的態度確有不同，這樣的事實，讓「職業玩家不是真正地玩遊戲」的論點顯得十分可信。雖然喝啤酒的人、橋牌裡的第四人和派西都找到可以從事的遊戲活動以助於達成其他目的，但很清楚的，這些目的對他們來說是——或至少很可能是——比遊戲本身更加重要。如果喝啤酒的人發現了一箱原本沒被發現的酒，他們可能就不會想玩牌了；如果出現了一位熱愛橋牌的人，那位被迫加入的第四人就會很開心地退出賽局；如果葛瑞德琳嚮往的戀愛對象由運動員轉變為上班族，派西也可能因此退出足球隊。業餘玩家的態度與這些人的態度並不相同，他們的動機是出自於對遊戲的熱愛，而不是為了啤酒、眾人的利益或者是為了葛瑞德琳。

然而，業餘與職業玩家的態度縱使大不相同，這些不同的態

度依然是針對遊戲，而非其他事。類似的情況裡，史密斯和瓊斯針對地心引力有大不相同的態度。嘗試把火箭送到太空的史密斯厭惡地心引力，嘗試把火箭送回地球的瓊斯則讚嘆地心引力。但不管態度如何，都不能改變地心引力的力量。

當然，有些事情的確會隨著態度改變而有所改變，這是事實。如果玩——而非玩遊戲——是一種總是且只是以其自身為目的而從事的活動，那麼「職業玩家」就是一個矛盾的詞。在這樣的觀點下，我們必須說職業運動員不是在玩，但我們沒有必要否認他正在玩一場遊戲。同樣的，我們不會說小提琴家在他的演奏會上玩（play），但我們會說他在演奏（play）小提琴。

遊戲態度

不過，史蓋普克斯，你一定還在質疑究竟我要如何捍衛自己的想法，辯解職業玩家確實以我所說的那種遊戲態度在玩遊戲。
156 你相信，我對遊戲態度的論點意味著只有業餘玩家才能夠玩遊戲，因為這個論點說明了，遊戲玩家會接受遊戲規則，只是因為如此接受才讓這樣的活動有所可能。也就是說，你把「只是因為」一詞詮釋為必需將「如此接受才讓這樣的活動有所可能」這個理由之外的所有事排除在外。我承認，那是「只是因為」一詞的合理詮釋。但是有另一種詮釋同樣也很合理，所以我很高興有這個機會來澄清定義裡這個部分。

A 是某個行動，R 是做出 A 行動的理由。史蓋普克斯，你把「A 只是因為 R」的意義詮釋為：一、R 總是 A 行動進行的理由，而且可以沒有其他理由。但是我把這句話詮釋為：二、R 總是 A 行動進行的理由，而且不需要其他理由。如此一來，遊戲玩家接受規則，只是因為如此接受才讓這樣的活動有所可能，這是他在玩一場遊戲必需有的唯一理由，但不是他可能會有的唯一理由。即便他可能會有的附帶理由侷限在非常狹隘的類別。因為，他為了接受規則可以有任何理由，卻非是為了玩遊戲的這個理由，這一點我稍後會證明。我所說的遊戲態度允許玩家結合各種玩遊戲的理由——因而願意接受遊戲規則——而且遊戲態度並不會因為這樣的結合而遭到破壞或污染。也就是說，我不認為某個人因其他更進一步的理由而玩遊戲，就否定了他確實正在玩遊戲這一事實。雖然外在遊戲（extra-lusory）目的可以藉由玩遊戲達成，但它並不是必須一定要有，或者一定要達成，遊戲才能進行；換言之，這些目的並不是遊戲定義的一部分。

我所說的遊戲態度要排除的不是「職業」遊戲玩家，而是以下這種「類遊戲玩家」（quasi-game player）。在某次的二百米決賽，史密斯到達起跑線時，已接近比賽開始的時間。在那瞬間，他得知終點線那裡的大看台（位在橢圓形田徑場的另一側，剛好與起跑線正相對）有一顆定時炸彈，而且在數十秒內將會爆炸。這讓史密斯嚇得無法出聲，所以沒有辦法警告大家這場即將到來的大災難。他第一時間的反應是要直接穿過田徑場中間，拆除炸彈，但是他赫然發現操場內野已經被高聳的圍籬圍起來了，那是 157
為了保護觀眾和參賽者不被內野裡面的五十隻饑餓老虎吃掉。史密斯馬上意識到，他唯一的希望就是及時跑過半圈操場把炸彈移除。起跑槍聲已經響起，他和其他參賽者出發，盡力地向前跑。

現在讓我告訴你，史蓋普克斯，在這個例子中，其他跑者正在玩遊戲，但史密斯不是，因為其他跑者有遊戲態度，而史密斯沒有。讓我解釋一下。這個情境裡跟遊戲態度相關的，有兩項規則：一、參賽者必須在同一時間從同一定點開始跑；二、跑者不能直接穿過田徑場內野。現在，經過一連串不可思議的巧合後，史密斯竟然也同時遵守了這兩項規則。但是他這樣做的理由，與其他參賽者遵守規則的理由非常不一樣。如果史密斯早一點來到起跑線，他會提早開始跑出去；如果田徑場內野不是因為有老虎在裡面而圍起來，他會直接穿過田徑場內野。但其他跑者卻不是，他們雖然可以在起跑槍聲響起前先跑，卻沒這麼做；田徑場內野即使沒有圍籬或老虎，他們仍然會維持跑在跑道上。也就是說，他們接受規則只是因為他們要參與這一場競爭遊戲。但史密斯在這些限制之下行動，因為那是他可以最快到達炸彈位置的唯一方式。顯然，他面對規則的態度不是規則讓這場賽跑有所可能，如果他可以出聲，或者田徑場內野安全無阻，他肯定不會沿著跑道跑。

我認為，史密斯的態度讓我們能夠以正確的角度來看待業餘玩家和職業玩家之間的差異。儘管業餘和職業玩家以不同的態度面對其所玩的遊戲，但他們面對這些遊戲規則的態度卻是相同的，一種與史密斯相反的態度。我們假設其他跑者都是職業跑者而非業餘跑者，他們仍然不會像史密斯那樣，他們不能跳過起跑槍聲或穿過田徑內場來破壞他們的職業目的，因為投入玩一場遊戲是很棒的，只有投入玩一場遊戲才讓這些目的有所發展。他們的確是在利用遊戲，但他們利用的方法，就是投入去玩遊戲；史

密斯只是利用，卻沒有玩遊戲。其他跑者是競賽者，他則是機會主義者。因此，當史密斯比其他跑者更早到達終點，順利把炸彈
拆除時，他被取消資格了，因為他在第二個轉彎處擋到其他跑 158
者；但他並不在意，只是輕笑幾聲，然後繼續做自己的事。相同的這種態度在《花花公子》雜誌裡的一個漫畫裡表現得更尖銳。漫畫裡是一群少女在異教徒聖壇前被推入火坑，許多人在排隊等著，其中一個少女轉過頭對旁邊的人說：「跟他們開個玩笑，我不是處女。」

我相信我已經解除了你所拋出的兩難問題，充分捍衛了原本的定義，史蓋普克斯，在結束遊戲態度的討論之前，可以的話，我想要再說清楚一點，玩遊戲作為一種工具性，也就是所謂的「以遊戲參與為職業」（a game-playing professional），是什麼意思。我們在之前的結論中說，遊戲可以作為工具而不損及它作為遊戲的特徵；但是這很容易被誤解成遊戲在本質上就是某種工具。我們認為遊戲的特徵處於兩個極端的中間地帶：拒絕所謂的激進自為目的主義（radical autotelism），也拒絕激進工具主義（radical instrumentalism）。激進自為目的主義的觀點是，除非遊戲以本身為目的，否則就不是真正的遊戲；換言之，只有業餘者才是在玩遊戲。我們已經由論證職業玩家玩的也是真正的遊戲，否決了激進自為目的主義。激進工具主義觀點為，遊戲本質上是一種工具，而我們也拒絕這樣的觀點，因為激進工具主義不可避免地會堅持史密斯之前所做的也是在玩遊戲。但由於有位極有學問的遊戲權威似乎是激進工具主義者，也許我們應該進一步檢視這種主張。

激進工具主義

如果說遊戲的本質就是一種為了達成其他目的的工具，這是什麼意思？意思是，如果這樣的目的不存在，那麼進行中的遊戲就沒有任何價值，或無可理解。這樣意義下的遊戲，與我們之前所提及的職業比賽，是完全不一樣的。在職業比賽中，雖然遊戲是為了其他目的而運作，但這些遊戲本身跟透過遊戲所要達到的目的，兩者有所不同，且相互分離；而遊戲者的認知也是如此。因此，任何遊戲都可以被賦予各種不同的目的，也可以透過各種
159 不同的遊戲來達到同一個目的。我所謂的激進工具主義觀點，實際上否定了遊戲與其目的之間的這種可分隔性（detachability）和易變性（versatility）。從這樣的觀點來看，工具性目的即目的內建於遊戲當中；或者，用我們定義裡的語言來說，遊戲本質上被視為是為了達成前遊戲目標的工具。

但這樣觀點下的遊戲似乎是自相矛盾的，因為過度投入於前遊戲目標的達成，反而會破壞遊戲，而遊戲是前遊戲目標的成形之處。所以，史密斯不是真正在玩遊戲，他與欺騙者都基於相同理由不是真正在玩遊戲。他們兩者都把追求目標看得比遵守規則重要。他們之間唯一的差異在於欺騙者破壞遊戲的規則，史密斯則沒有；但如果可以的話他也會。伊凡和阿布無法創造出無規則（rule-less）的遊戲，正因為在「無規則」的活動中，前遊戲目標成了參與者最優先考慮的事，因此無法構成遊戲。

如果我們的眼光從欺騙者、史密斯、伊凡和阿布等等的另類行徑轉移開來，以激進工具主義信條的觀點來思考傳統的遊戲，

那麼激進工具主義的怪異之處就更明顯了。西洋棋變成了拿下棋子的程序，曲棍球變成是把橡膠球掃進網內的過程，而賽跑則成了讓胸部觸線的程序。這種信條的怪異之處在於，如果遊戲本質上只是作為這類程序而存在，他們對其目的來說就是不適宜的，但原本可能會是合適的。因而有種顯見的推論是，達成某些實際的目標——比如蓋房子、達成交易、獲得同情的關注——最糟的方法之一就是將這些目的設定成遊戲的前遊戲目標。

這樣一種激進工具主義所要求的態度必然是一種根本的矛盾心態，這也許就是科奈誤植於真正的遊戲者身上的那個「怪異的自願態度」。上述解除炸彈的故事稍做修改，就能更清楚反映這一點。讓我們重新進行那場比賽，但這一次田徑場內野不再有老虎，而且假設史密斯亟欲贏得比賽，同時又想要及時拆除炸彈。當起跑槍聲響起，他相信只要使用同一個方法，即繞著跑道以最快的速度奔跑，就可以同時達到兩個目標。但是，他才剛離開起跑架，就意識到這兩個目標是相互衝突的，因為他馬上就發現，從田徑場內野中間穿過去，能更快速拆除炸彈。面對這個抉擇，
他可以有三種行動：一、如果他認為贏得比賽比拆除炸彈重要， 160
他會留在跑道上；二、如果他認為拆除炸彈比贏得比賽重要，那麼他會穿過田徑場內野；三、如果他認為兩者都很重要，便會陷入焦躁猶豫的狀態。

因此，激進工具主義是一種為了要避開才需要理解的遊戲理論，因為它無法落實於實踐。遊戲和所謂生活的要求，兩者相等重要但卻無法兼顧，儘管我們或許能滿足遊戲的要求，或許能滿足生活的要求，又或者兩者皆無法滿足——但不可能同時滿足兩者。

「人間遊戲」

如果伯恩的著作《人間遊戲》[2]裡的遊戲是真實的遊戲，那麼他就是激進工具主義這種矛盾理論的倡議者。因為在「伯恩式」遊戲裡，玩家的目的是為了獲得伯恩所謂的「得分」（stroke），每次得分即是賺取一個單位的社會認可。確實，玩家面對遊戲時，那種我稱之為職業主義的態度，其實也允許為獲得認可而玩遊戲；實際上，這是優秀運動員大多數時候的動力來源。但是，運動員所獲得的社會認可是他們某種技藝表現的*結果*，而伯恩式遊戲者的技藝表現*就是*社會認可的獲取。或者用我的理論語言來說，社會認可的獲取就是伯恩著作中那些人所玩的遊戲中的前遊戲目標。

雖然，這就是伯恩式遊戲與我們傳統稱之為遊戲的那些活動之間的關鍵差異；不過，在伯恩的遊戲論述中，這兩者之間還有另外兩個重要差異。為了稍後的論述，這裡要先提及這兩點：第一，伯恩式遊戲中的玩家會玩遊戲，只是因為他們或多或少都是神經質的；第二，他們所進行的遊戲幾乎是無意識的。由於在我看來，激進工具主義是個自我矛盾的原則，所以看看伯恩如何運用這個原則來詮釋他著作中那些人的行為，應該會是很有趣的。就像史密斯那場比賽重演時一樣，我們相當有把握地預測，會出

2　Eric Berne, *Games People Play* (Grove Press, 1967)；來自這本著作的引用將在內文中註明。（譯註：本書中文譯本《人間遊戲：人際關係心理學》（2014）由中國輕工業出版社出版。）

現的情況將是以下三者之一：一、很清楚地，因為他們正在玩遊戲，所以他們的行為顯然無法滿足想要獲取認可的神經質需求；二、很清楚地，因為他們的行為確實滿足了這些需求，所以他們 161
不算是真正在玩遊戲；三、很清楚地，伯恩顯然是在瞎說。

我們可以用伯恩所說的「雪密兒」（Schlemiel）來作為展現伯恩式遊戲的例子。以下是伯恩的描述：

> 典型雪密兒遊戲的動作招式如下：
>
> 1W：白方把一杯開波酒潑在女主人的禮服上。
>
> 1B：黑方（主人）一開始感到很憤怒，但他發現（通常只是隱約地感覺到）如果他表現出憤怒，白方就贏了。黑方因而壓抑怒氣、振作起來，這樣的舉動讓他有贏的幻覺。
>
> 2W：白方說：我很抱歉。
>
> 2B：黑方或低聲或大聲表達自己原諒了對方，強化了自己已經贏了的錯覺。
>
> 3W：白方接著開始破壞黑方的其他財產。他打破東西、倒翻東西，弄得到處一團亂。看著香菸燒了桌布、椅子腳穿過蕾絲窗簾、肉汁倒在毯子上，白方的小孩〔伯恩指的是藏在我們每個人之中的小孩〕興奮不已，因為他正享受著這個過程，因為他所做的一切都被原諒，而黑方則滿足於自我抑制的表現。如此一來，他們雙方都從這個倒霉的情境裡獲益，而黑方也不必急於跟這個朋友絕交。

> 就像在大部分遊戲裡，走出第一步的白方無論如何都是贏了。如果黑方表現出憤怒，白方就有正當理由以怨恨回報他。如果黑方控制得了自己，白方就可以繼續享受他的破壞良機。然而，這場遊戲裡的真正報償不是破壞的樂趣，那只是白方額外的獎賞收獲，真正的報償是他在其中獲得原諒（頁114）。

「雪密兒」與真正的遊戲的確有一些相似之處，例如有出招、回招動作，也有伯恩所謂的「報償」。但是我想，史蓋普克斯，兩者的相似處大概也就只是這樣了。你看，伯恩說了一句奇怪的話：「就像在大部分遊戲裡，走出第一步的白方無論如何都是贏了。」這麼評論遊戲是相當怪異的，因為在正常情況下，甚
162 至可以說在所有情況下，像這樣一種事件狀態顯示出這是場有嚴重缺陷的遊戲，我們有理由看看不同場合的例子。這樣的遊戲是會被派克兄弟[3]拒絕的。或者如果足球賽是一場這樣的遊戲，擲硬幣決定開場球時，也就決定了贏家，那麼足球賽就可以直接被擲硬幣遊戲取代了。

我們也注意到伯恩用了「報償」一詞。一旦涉及遊戲，「報償」一詞的意思必定是曖昧的。勝利的喜悅——或者甚至輸了一場卓越的比賽——兩者都可能被視為報償。或者，因勝出而得到的額外獎賞，也是報償。政治諷刺雜誌 *Punch* 曾有幅漫畫讓這樣

3　譯註：Parker Brother，美國一家大型玩具公司，生產眾多種類的棋盤遊戲，包括大富翁（Monopoly）。

的曖昧性顯露無遺；漫畫中待嫁女兒的父親和一個年輕男子在對話。

父親：娶到我女兒的人真是中了大獎。

年輕人：太好了。是現金獎，還是只有獎盃？

很顯然的，在伯恩式遊戲裡的報償是像獎金或是獎盃這類的東西，而不是玩了一場精采遊戲的滿足感，這一點，我相信可以想像以下熱衷於雪密兒遊戲的山姆．雪密兒（Sam Schlemiel）和朋友之間的對話，得到證實。

朋友：為什麼你不要和艾伯．爾道（Abe Adult）玩雪密兒遊戲，而要和蘇茜．斯利瑪（Suzy Schlemazl）一起玩呢？（按伯恩所言，「斯利瑪」總是雪密兒遊戲裡的受害者）。

山姆：為什麼我要這麼做呢？蘇茜是符合我目的的完美人選。她每次都會馬上原諒我，不管我惹了多大或多少嚇人的麻煩事。

友：沒錯，那根本就像是甕中捉鱉一樣。但是如果跟艾伯玩的話會很好玩。他才沒那麼好騙。

山：天啊！我沒有理由要跟他一起玩啊。難道你以為我玩「雪密兒」遊戲是為了好玩？

友：我的確是這麼想的。你不是在玩遊戲嗎？

山：不是那種遊戲。我才不是為了消遣（sport），老傢伙。我可以不用消遣，但如果我沒有得分（stroke），我就完蛋了。

很清楚的，雪密兒遊戲裡的玩家在意的是得分，而不是在意讓他得分的那些活動。因為只要出現以下二種情況之一，遊戲者就不會去玩「雪密兒」遊戲了：一、他在日常生活中已經得到充
163 分的原諒「劑量」；二、他克服了對得分這類的神經質索求。

但這樣的態度跟高爾夫選手或西洋棋手的態度全然不同。假定我們聽信了伯恩的主張，毫無疑慮地認為遊戲是滿足神經質需求的無意識手段。我們有個熱衷於高爾夫球運動的朋友，我們試著要治療他的狂熱症。我們讓他在自家後院不斷把高爾夫球放入地洞。一週後我們再去找他，很有自信地想知道他的高爾夫球症是否治好了。只見他一臉尷尬，把自己的高爾夫球桿丟上車子後座，飛車往鄉村俱樂部去。或者，我們想治療另一個對西洋棋過度熱衷的朋友，嘗試用棋子去淹沒他。我們用郵寄、快遞、貨車，把棋子運送到他家裡去。然後我們去拜訪他，想了解他的康復進展，結果發現他已經把棋桌搬到屋前的門廊，因為房子已經塞滿棋子，沒有地方讓他下棋。

如果伯恩書中的那些人所玩的遊戲是真正的遊戲，那麼他展現的就是像上述例子般的荒謬行徑，而且他在胡扯。不過，伯恩並沒有真的那麼瘋狂，而他所寫的那些人，心智雖非完美無缺，但也不至於瘋狂。因為伯恩所謂的遊戲當然完全不是真正的遊戲。實際上，伯恩對高爾夫球或是西洋棋這類遊戲完全沒有興趣。雖然他借用了西洋棋裡的「白方」和「黑方」，但是他完全不是以西洋棋或是類似西洋棋的遊戲作為模型來引導他分析社會行為。他的分析模型不是任何一種遊戲，而是他所確信的那一種「遊戲」，換言之，就是某種計謀和欺騙，就像伯恩自己所

說的：

> 遊戲是一系列持續性的互相隱蔽交換，以達成一個明確、可預測的結果。可以如此敘述：遊戲是一系列循環交換，通常是重複的，表面上貌似合理，而且有一個隱祕的動機；或者，更口語地說，那是一系列帶有圈套或「花招」的動作。

因此伯恩提出的結論一點也不令人驚訝——「每一場遊戲基本上都是不誠實的。」（頁48）

當然，許多遊戲裡確實都有某些計謀和欺騙的部分。擊劍和拳擊賽中的佯攻、西洋棋賽和許多紙牌遊戲中的誤導招數、曲棍球賽中的過人進攻（deke）、棒球賽中的曲球——這些都是以誤導對手來取得優勢的招式。但並不是這些操作決定了這項活動是 164
一場遊戲；而是這些遊戲的建構性規則，使這類誤導動作變成是有用的操作方式。把遊戲中的任何動作都看作是欺騙動作，會招致不必要的混淆。

史蓋普克斯，你也許在想，我說了一大堆，其實只不過是針對某個用詞吹毛求疵。一個用詞到底意味著什麼呢？伯恩對「遊戲」一詞的使用，我有三點要說；其中兩點表達了我對他的用法的強烈反對，第三點則是基於不同的考量。

一、事情既是如此清晰明白，實在沒有必要攪弄成一團混亂。我建議，把伯恩論述中所有出現「玩一場遊戲」的部分，都替換成「操弄一場騙局」，意義不僅沒有錯失，而且還更清楚。

二、語言上的混淆可能產生現實上的後果。像伯恩那樣把戰爭稱為一場遊戲（頁50），這不僅不諳世故，還可能有誤導的危險。因為這種說法正暗示戰爭原則上就像某一些流行但具破壞性的運動項目一樣，可輕易避免。1973年印第安納波利斯五百英里比賽的重大慘劇在1974年得以避免，就是因為規則的制定，造就一場選手和觀眾都零傷害的比賽。把戰爭當成是遊戲的人可能會被誤導，以為戰爭也需要類似的規則修訂；有鑑於現有的戰爭規則下人們真的會被殺害，他們因而希望讓政治家和將軍們知道，戰爭規則的某種修訂是大家所渴望的。或者，如果戰爭是遊戲的話，那麼一位將軍遵守運動家風範，沒有藉由下令突擊以取得贏過對手利益的這種行為，應該值得讚賞。就像阿布和伊凡會說：「去跟摩西·達揚（Moshe Dayan）[4]說吧！」。

三、但我的主要目的其實並不是要苛責伯恩對「遊戲」一詞的使用（他對社會行為某些普遍形式的分析可能是一流的），因為他並不是唯一犯這種錯誤的人；說到遊戲，如今有太多不精確的論述。不，那不是我在意的。伯恩真正讓我感興趣的是，他那看似社會心理學的論點，如果看成是一套有關遊戲的論點，則完美體現了激進工具主義的矛盾。

史蓋普克斯，伯恩的論述中還有最後一點值得我們注意。在書裡的結尾處，他對比了他所謂的「自主」條件與那些玩「遊

4　編註：以色列著名軍事家，曾任以色列國防部長，外交部長，第二次和第三次中東戰爭總指揮，一生戰功彪炳。

戲」者的神經質依賴特徵。這種自主條件的主要特徵之一是「它意謂著解放，從玩遊戲的強迫中解放開來」（頁180）。我認 165
為，這種想要玩伯恩式「遊戲」的強迫，就像是螞蟻對工作的強迫一樣；只是，螞蟻工作是為了生理上的生存，伯恩書裡的人們玩「遊戲」則是為了心理上的生存。螞蟻達到經濟上的自主（即獨立），就沒有了工作的理由，而伯恩的玩家們（據伯恩所說）一旦達到了心理上的自主，也就沒有玩「遊戲」的理由了。史蓋普克斯，我覺得最有趣的是，這一切讓我們清清楚楚地看見，伯恩所謂的遊戲和我所謂的遊戲，兩者存在著無可妥協的差異。因為我相信，玩（真正的）遊戲正是那些在經濟和心理上都達到自主狀態的人們會發現自己正在做的事，而且那可能是他們發現自己在做的唯一事情。

以上這些就是大蚱蜢在向我辯護他的遊戲定義時所說的最後一席話。

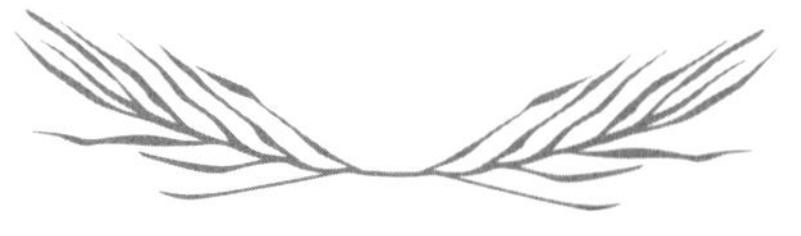

｜第十四章｜

復活記

倒敘結束，大蚱蜢奇蹟似地復活，與他那兩位未能解開死前謎題的信徒們繼續討論。

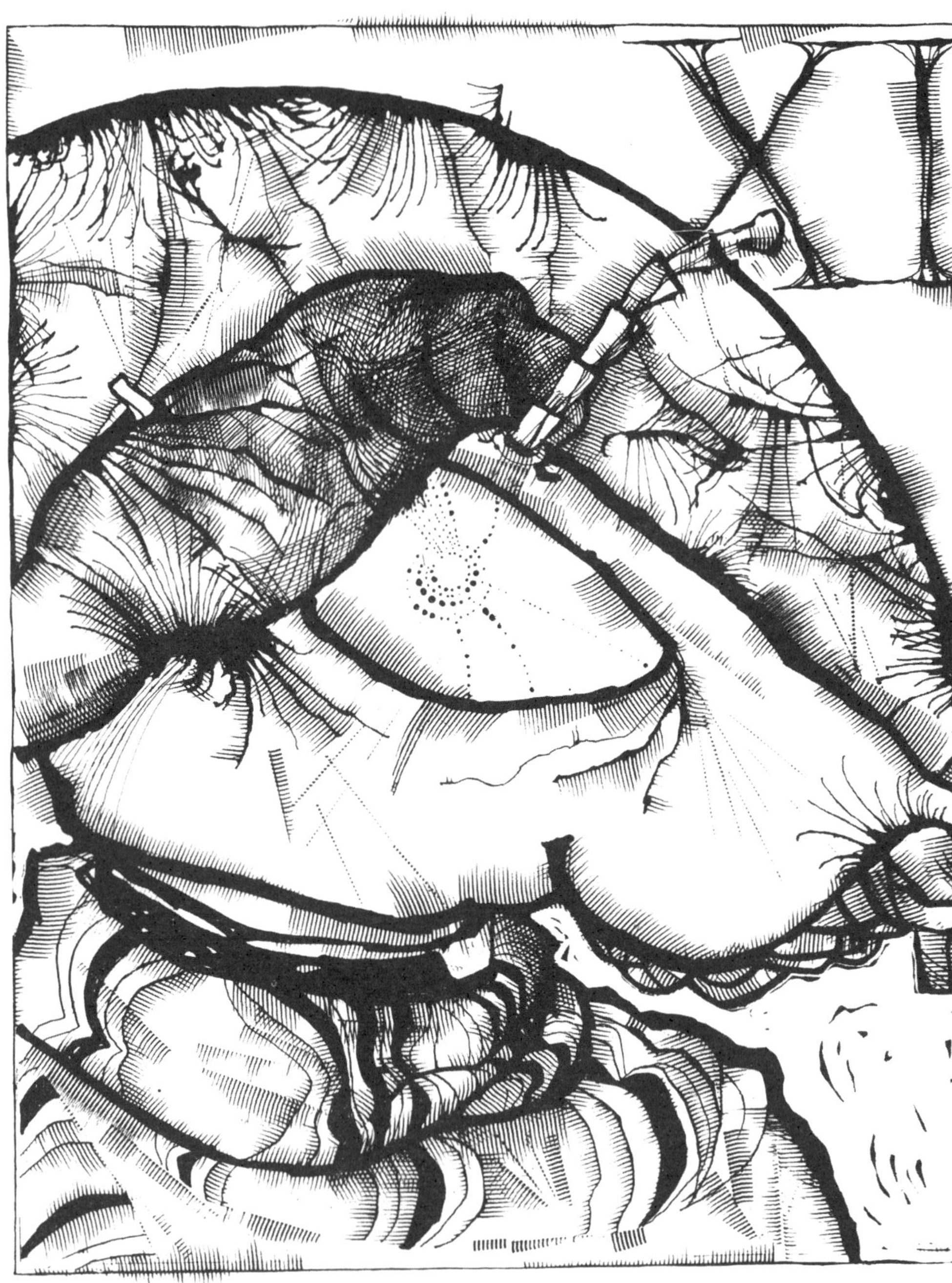

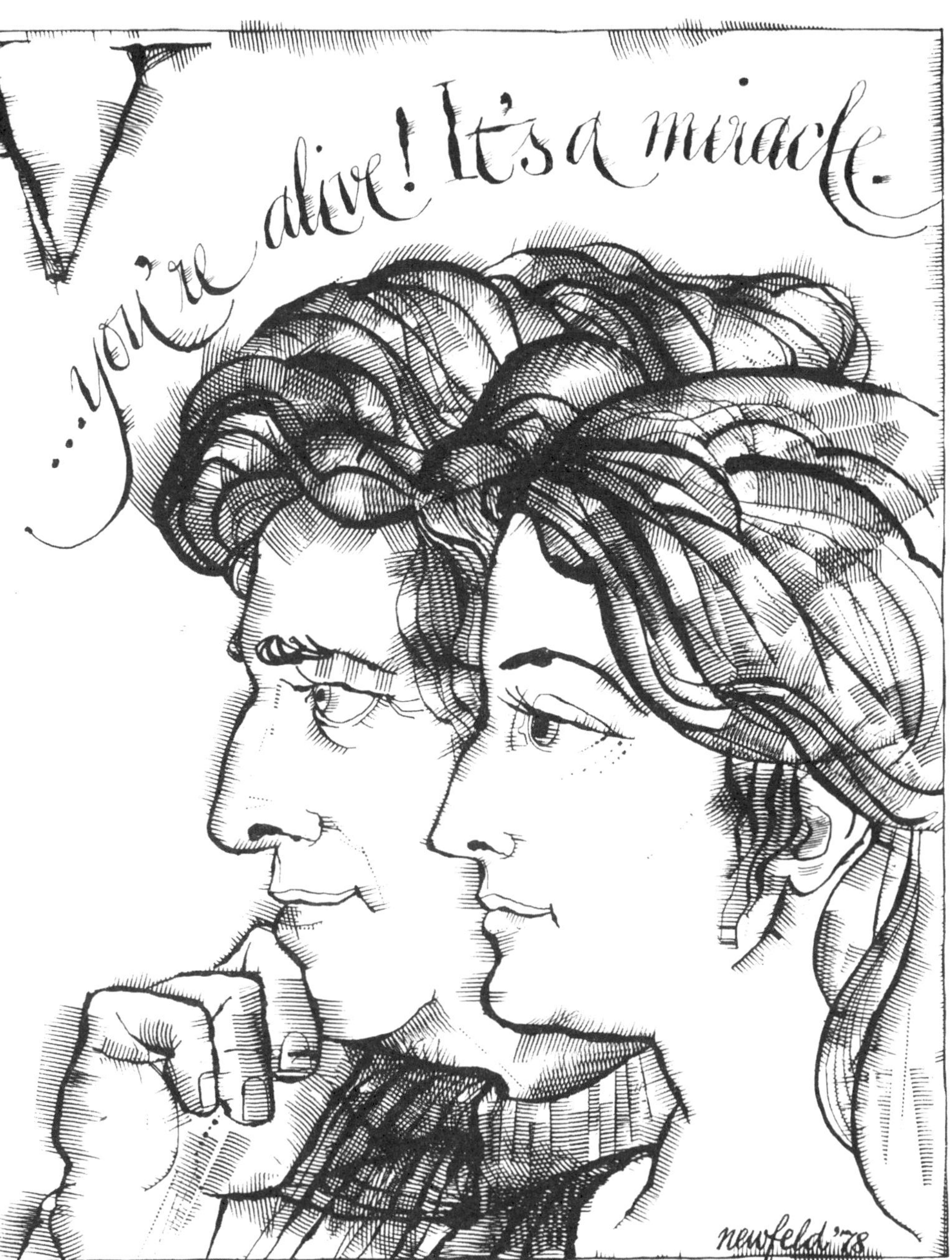
V
...you're alive! It's a miracle.
newfeld '78

170 史蓋普克斯：普登斯，現在已經是十一月中旬了。我們一直試著從遊戲理論來探索大蚱蜢臨終前所留下的謎語，但兩個星期過去了，似乎還是沒有任何頭緒。我想，我們應該放棄這場我們如此渴望參與的遊戲，很顯然的，我們甚至無法開始。我們就好像正嘗試著用一顆二百磅重的球來打一場網球賽。

普登斯：恐怕我也只能同意你的看法了，史蓋普克斯。此刻我感覺自己就像華生醫生一樣無助，又覺得自己很笨——福爾摩斯總是給出許多線索後，抿著優越的笑容坐回椅子，看著一臉困惑的好友。

史：沒錯。因為即使知道遊戲是什麼——或者至少知道大蚱蜢相信的遊戲是什麼——似乎也無法支持大蚱蜢所堅信的看法，即大蚱蜢的生活必定是一種投入玩遊戲的生活，而不是吹長號。

普：或者也不是投入於智識探究，或去愛。很確定的這些事物確實就跟玩遊戲一樣，享有一定的「自主性」。但為什麼從工作的必要性解脫的生活，就必然是投身於遊戲的生活呢？

史：正是這個問題。如果大蚱蜢還在，我就可以向他提出一些異議，也許我們就可以掌握他的思考方向。（門那裡傳來輕微的刮擦聲）

＊　前頁圖說：「你還活著！這是奇蹟。」

史：我去看看怎麼回事，普登斯。（他開了門，發現是大蚱蜢，帶著有點迷惘的神態，站在門廊上）天啊！普登斯，是大蚱蜢！（普登斯衝向門邊）大蚱蜢，你還活著！

普：這是奇蹟！

大蚱蜢：顯然是！

普：快進來坐下。你看起來有點恍惚。

史：謝謝你，普登斯。我的確有點眩暈。

普：但這是怎麼一回事？你要怎麼解釋自己的復活呢？

蚱：我並不認為人真的可以解釋奇蹟，不是嗎？因為它們就這
麼發生了。不過，我們可以注意到的是現在正值天候異常 171
暖和的小陽春，所以此刻我還能出現在世間，也許應該把這看作是一種死亡處決的延期，而非撤銷。

史：但這是怎麼發生的？

蚱：我也不清楚。我記得向你和史蓋普克斯道過再見後，就昏過去了——直到大概半小時前才又醒過來。

普：那麼半小時前發生什麼事，大蚱蜢？

蚱：首先，不知為什麼我發現自己坐在大看台上觀賞著一場蟋蟀（cricket）大賽。

史：板球（cricket）賽！[1]

蚱：是的，一場在五十碼場地內進行的足球賽。

史：（笑）大蚱蜢，我看你是糊塗了。到底你看過的是場足球

1　譯者：英文 cricket 的意思，是蟋蟀，也是板球運動。

賽還是板球賽？甩甩頭吧，可能會讓你清醒一點。

蚱：我並不想甩頭。我的心智很清楚，謝謝。我現在想起來了，你們真的很不擅於解謎，所以讓我來解釋一下。一、我那時看的是場足球賽；二、比賽的兩隊球員是蟋蟀；三、我再重覆一遍，我那時正在看著一場蟋蟀比賽，而那場足球賽是在五十碼場地內進行的。

史：所以一句雙關語讓你重新復活了。這相當有趣。

蚱：還好。我必須說，這種程度的幽默就僅只是符合我們對那個打從一開始就以上演復活記為樂的主宰力（Agency）的期待而已。用一句明顯的雙關語來開啟一道謎題，就只是像讓死者復活這般玩笑似地詼諧。

普：大蚱蜢，所以你真的相信有某個主宰力控制了我們的命運？

蚱：說得更清楚一些，我相信有某個作者（Author）寫好了我們的對話。

普：為什麼你這樣說？

蚱：他已經洩露兩次了，不是嗎？史蓋普克斯當時是怎麼會出現在赫瑞斯癸特的諮詢室呢？

史：是，那真的很怪異，我相信當時自己所說的。

172 蚱：怪異？那不可能不是幻想小說的情節。至於我的復活呢？有多少人能夠死而復活？

史：但你為什麼覺得他攤出手上的牌了？

蚱：因為權力的傲慢。他經得起攤牌，因為牌都在他手上。而且我們也注意到，他具有相當原始的幽默感，所以他認為把第一、第二甚至第三層次的敘事混雜在一起，是件很聰明的事，就像他現在正在做的事，就是讓我出面來說說他的事。

史：等一下，大蚱蜢，你正在給我眩暈的攻擊。

蚱：不是眩暈，史蓋普克斯，而是另一種拉丁形式的頭昏眼花。

史：那是什麼？

蚱：皮藍德婁（Pirandello）[2]。

史：感覺過去了。什麼？哦！是的，普登斯，謝謝你。請給我倒杯酒，加一些冰塊。你剛才說什麼，大蚱蜢？

蚱：你剛才遭受到輕微的皮藍德婁攻擊，不過看來已經恢復了。

史：是的，我已經恢復了。大蚱蜢，現在讓我來看看我是不是了解了你的意思。你的意思是，你所說的這位作者正在和我們玩某種遊戲？

蚱：如果你是指他正在玩弄我們，那麼我同意在某種程度上他的確在這樣做沒錯。但是，他到底是不是在玩一場遊戲以及他正在跟誰玩，那就是另一個問題了。

普：大蚱蜢，你認為他正在玩遊戲嗎？

蚱：我覺得有可能是，當然也很可能不是。

史：解釋得還真清楚呢！

普：史蓋普克斯！大蚱蜢，為什麼你會這樣說？

蚱：我們已經注意到我們的作者有時會攤開自己手上的牌，所

3　譯註：義大利小說家、二十世紀重要的荒誕劇場先驅，一生創作了四十多部劇本。主要劇作有《六個尋找作者的劇中人》、《亨利四世》、《尋找自我》等，1934年獲諾貝爾文學獎。

以必須自問：他所攤開的是什麼？也就是說，他在密謀的是什麼？

普：所以你認為他在密謀的是什麼？

蚱：我認為他正在書寫遊戲哲學的論述。

普：真是睿智，大蚱蜢。

173 蚱：這只是最基本的，我親愛的普登斯。

史：假設真的有這樣一位作者存在，我必須承認你的假說的確符合所有事實。但這場他可能投入其中，也可能沒有參與的遊戲，是如何成形的？

蚱：如果正如我所假設的，他正在寫一篇這樣的論述，那為什麼他不要像其他哲學作品的作者一樣，採取更直接的方法來表達觀點呢？為什麼要如此奇幻又複雜地經由三隻昆蟲的嘴巴（好吧，是昆蟲的大顎）之間說出呢？而且為什麼還要這麼徒增麻煩，保持著與伊索寓言、蘇格拉底和《新約聖經》的隱含聯結？這都是為了什麼呢？

史：所以你認為，其中的理由可能是他開創了一場遊戲，為他的哲學計畫置入一套建構性規則，這一套規則要求他必須在這些文學手法的限制之下表達論述。

蚱：沒錯。他肯定有能力用比較簡單以及更有效率的方法，來展現具有說服力的論述；最明顯的就是使用平實的三段論（syllogisms）。所以，他拒絕使用樸素平淡的敘述風格來表達自己，在原則上，或許與某位作家設定要寫一本不含字母 E 的書是沒有什麼差別的。[4] 而且，如果這是我們的作者正在做的事，他甚至可能和另一位同樣參與遊戲中的作者在競賽。或者他可能是試著想要贏得賭注。又或者，他可能只是為了好玩。當然，另一方面，他也有可能不是在做這類的事。他所展現的戲劇化、難以捉摸的風格可能有其他不同的目的。他或許相信這樣的風格，比起缺少文學潤飾，更能夠吸引較多讀者（因此提高收益）。或者他可能相信，即使論述無法說服讀者，至少帶來娛樂效果。再者，他也可能（錯誤地）相信，論述的說服力跟其戲劇和諷喻式風格是不可分割的。

普：那麼，大蚱蜢，你相信他正在做的是後面這些事，還是相 174
信他正在玩一場遊戲？

蚱：我想，有一些證據顯示他並不是在玩遊戲。之前我猜測他時不時地把敘事層次混雜在一起，只是因為他發現這樣做很有趣，可能是出於十足的權力操縱樂趣。我指的是，像他再現了史蓋普克斯，並且讓他和赫瑞斯癸特對話。但現在我了解到，除了自身對文學自由的娛樂消遣外，可能還有一個其他理由是作者有時候會考慮到的。他所表現的行為可能是為了傳達給讀者這樣的訊息：「親愛的讀者，請不要以為我正在玩某種遊戲，而此遊戲要求我時時只能以一致的敘事形式傳達我的哲學理念。沒錯，我比較喜歡這

4　編註：此處所說應是法國作家培瑞克（Georges Perec）的一本著名小說《消逝》（*La Disparition*），全書完全不使用字母「E」。在書中消失的母音字母「E」，就像「他們」（我的父母）一樣消失（法文字母 e 和人稱代名詞 eux〔他們〕發音相同）。

樣做，只是因為我正在試著寫一本不會無趣到讀不下去的書。但是，論述中的內容表達對我而言才是最重要的；如果在我的寫作中，論述的表現和敘事的形式之間有所衝突的話，形式就必須讓位。因為我已經準備好隨時會任意打亂敘事的形式。看著。」而他讓史蓋普克斯走進赫瑞斯癸特的診療室，證實了這一點。

普：所以，你對他並不是正在進行一場比賽遊戲這樣的看法，感到滿意嗎？

蚱：不，普登斯，我不滿意。因為我應該想到，他把敘事層次弄混，也有可能只是他自己單純的文學失誤而已。古羅馬文學家賀拉斯（Horace）提醒我們：「即使是偉大的荷馬（Homer），有時也會打盹。」更何況我們的作者不是荷馬。因此，我們既然無法確定是哪一種，我建議放棄這些神學上的猜測，回到我們的議題。

普：我同意。我們剛剛談到哪裡？

蚱：讓我想想。啊，想到了。讓我復活，然後把我推入蟋蟀／板球的雙關語中，我們的作者讓我們談論了這道謎題，而且無疑是為了他自己的哲學或戲劇目的。

175 史：對。說到謎題，大蚱蜢，普登斯和我正想要解答一道比蟋蟀球隊踢足球更困難、更重要的謎題，需要你的協助。

蚱：看吧，我就說嘛！但那道謎題是什麼呢，史蓋普克斯？

史：這還要問，不就是你死前留給我們的謎題。你應該還記得吧？

蚱：是的，我當然記得。我告訴你們關於我的夢，夢裡每個活著的人都是無意識的遊戲玩家。

普：沒錯，大蚱蜢。請馬上告訴我們夢境的意義。

蚱：慢慢來，普登斯，慢慢來。我自己也不確定我知不知道夢的意義，因為——

普：大蚱蜢，不要這樣說！好奇心快要了我的命！

蚱：我是說，因為我已經死了好幾個星期了，所以思緒終究可能沒辦法像原本那麼清楚。不過，如果史蓋普克斯能協助我，指出真正的問題，那麼我就能專注思考，讓心智再次恢復成運轉良好的分析工具。

史：非常好，大蚱蜢，非常好！那麼我們就從這個問題開始，請你思考一下你先前提出的一個主張，作為生存的基本原則；亦即大蚱蜢的生活——也就是獻身於玩的生活——就是工作的唯一正當理由，所以，如果不需要工作，我們就可以把所有時間都用來玩。

蚱：是的，史蓋普克斯，我想起了曾經說過這樣的話。

史：很好。現在想想，既然你使用了「工作」和「玩」這兩個語詞作為邏輯上對應的類別，為我們所謂的「意向行為」（intentional behaviour）分類，所以，你顯然已做出這樣的結論，一項活動如果不是工作就是玩，反之亦然。但這至少，初步上是說服力不足的二分法。例如，和同事一起殺時間，似乎既非工作也非玩；而試著解決一道雙重字謎則好像是工作又是玩。因此，「工作」和「玩」作為描述語詞，似乎無法界定為意向行為的子集，而意向行為子集所指的是可能兩個語詞互斥或者是涵蓋兩者的完備集。

176 蚱：我親愛的朋友，說得真好，我同意你所說的一切。

史：真的嗎？

蚱：當然。不過，我的結論是，並非我所給你們的「工作」和「玩」這兩個詞描述得太不理想，而是我完全沒給你們任何描述。我所使用的「工作」和「玩」這兩個詞是規定性質而非描述性質。我所謂的「工作」，是帶有「工具性」價值的活動；而「玩樂」則指本身有其內在價值的活動。玩一詞「實際上」是什麼，是否能提出玩的明確定義（非規定性質的），都不是我們現在所在意的問題。不過，史蓋普克斯，我的確對這主題有明確的觀點，就像我相信自己已經向你透露過，那些與反塞球原則有關的思考。如果時間允許，我們下次可以再詳談。

史：樂意之至，大蚱蜢。

蚱：很好。但就目前為止，我說得很清楚，我所謂的「玩」一詞，是指所有那些對參與者而言具有內在價值的活動。

史：是，很高興聽到你這麼說，因為這些話解決了一項困難。現在還有另一道難題。大蚱蜢，你所體現的閒散生活以及你向所有追隨者所提倡的，就是一種只獻身於具有內在價值活動的生活。

蚱：是這樣沒錯。

史：但是，大蚱蜢，獻身於玩遊戲的生活跟以上那種生活不可能一樣。雖然就你的定義而言，玩遊戲是一種具有內在價值的活動，但並不是所有具有內在價值的活動都是遊戲。有的人或許會把抓癢、聽貝多芬四重奏認定為是出於自己意願所做的事，但這些活動的內在價值並不會讓它們成為一種遊戲。

蚱：再一次，史蓋普克斯，你說的一點都沒錯。而且你的問題讓我的思緒更清晰了；所以，我相信在對談中有了你的協助，我能解開我臨死前那些話裡所留下的疑團。當然，除非你和普登斯想要自己找到答案。這樣一來，就可以把這 177
個任務變成一場遊戲。（普登斯和史蓋普克斯交換了一下絕望的眼神）因為，如果選擇這麼做，你們就自願地避開了一個較好的方法，為的是靠自己的智慧找到答案。

史：我看，死亡並沒有讓你的嘲諷天性變得婉轉一點。

蚱：婉轉！我並不這麼想。死亡是一生中發生在我身上最令人惱怒的事。無論如何，我的計畫如何？現在我想到了，我們可能多增加一項限制來讓這場遊戲更有趣。

普：什麼限制？

蚱：當然是時間限制。應該要多久呢？一天、一週？史蓋普克斯？普登斯？你們覺得如何呢？

史：感謝你的提議，大蚱蜢，但我不這麼想。因為時間限制，提出來有些令人難堪，完全不是我們能力範圍內可以決定的。畢竟，你已經死過一次，而且冬日的小陽春常會驟然結束。你隨時可能會再死去，我請你馬上告訴我們答案。

蚱：我先前的觀察沒錯，你們兩個還不是真的蚱蜢。真正的蚱蜢一旦有機會遇上一場可以由玩家自行決定時間長度的遊戲，必定會迫不及待參與其中。

普：但是，大蚱蜢，必定不會是在冒著有可能就此失去能夠為其存在辯護的知識風險下。

蚱：啊，普登斯，但這是我應該向你們闡述的部分——如果時間允許的話，就像史蓋普克斯（戰勝我的善感）已經指出來的——真正的蚱蜢會犧牲任何事，乃至所有事而投入玩遊戲。然而，真正的蚱蜢其實也正如你們所說的一樣，不會冒著你們所說的失去知識的風險。真正的蚱蜢已經知道
178 其生存的理由，因為真正的蚱蜢——而這會讓你們更加迷惑，史蓋普克斯——已經知道所有需要知道的事。但這需要話說從頭。

史：大蚱蜢，輪到你發言了。看在老天爺分上，請開始吧。

普：是啊，大蚱蜢，請你開始吧！

蚱：很好，我的朋友，我這就開始。

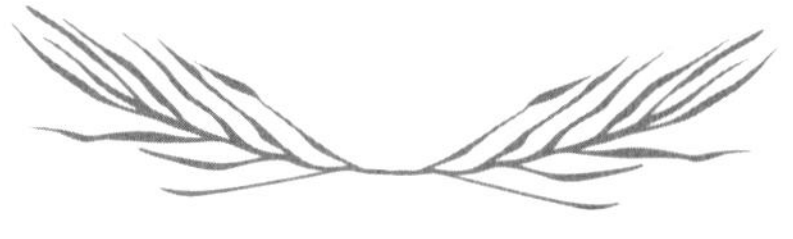

| 第十五章 |

謎底揭曉

大蚱蜢描繪出烏托邦的圖像，解決了所有謎團。

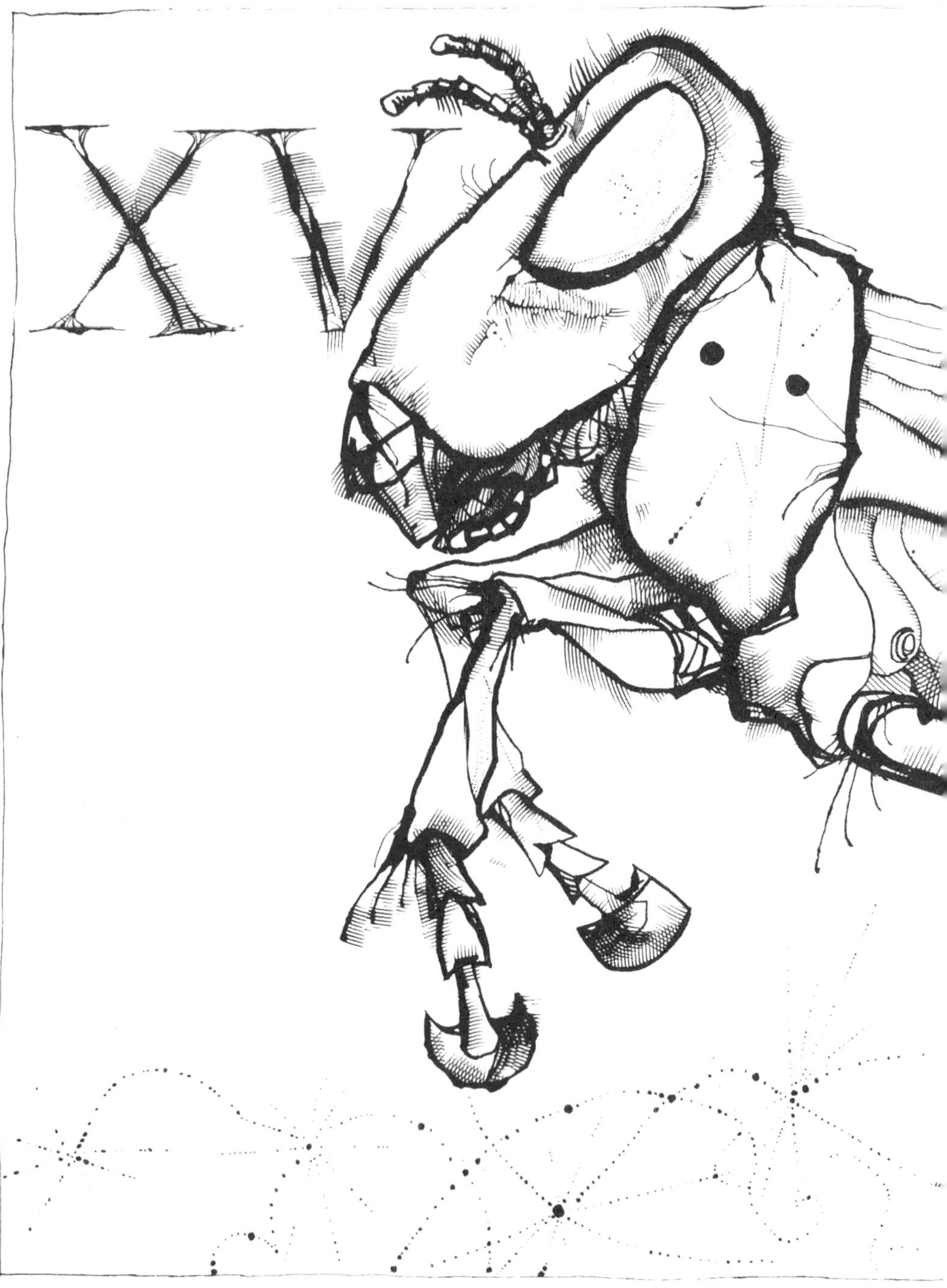
XV

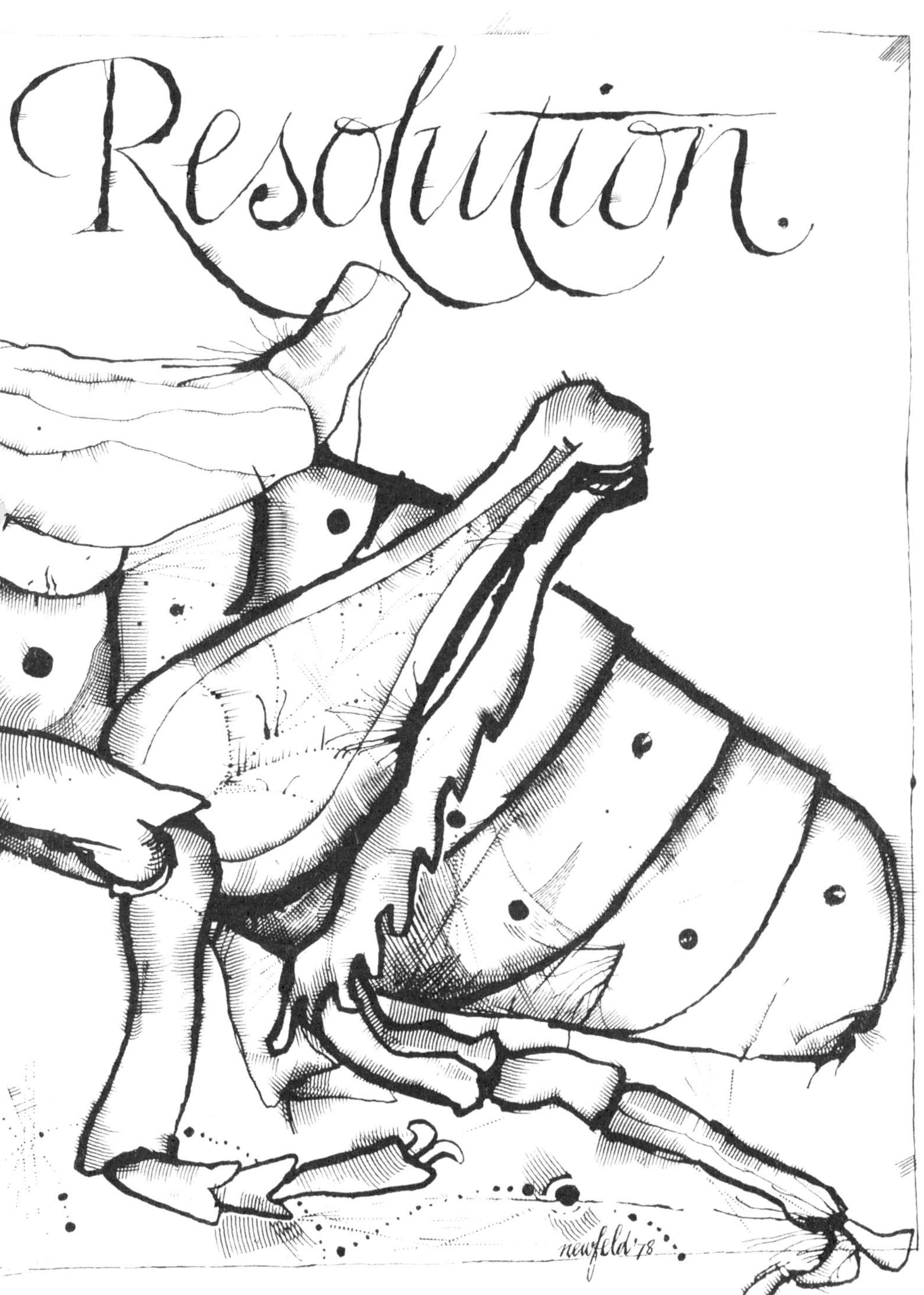
Resolution
newfeld '78

182 大蚱蜢：謎題解答有三個主要元素：一、*玩*（play），我們把這個詞指定為所有具有內在價值的活動。二、*玩遊戲*（game playing），正如我早已提出的定義。三、我所謂的*存在之理想*（ideal of existence）。關於存在之理想，我指的是一些這樣的事物，其唯一正當性，就在於正當化了所有其他事物；或者，就像亞里斯多德講的，我們為了這些事而做其他的事，但我們做這件事時卻不是為了任何其他事情。現在我想你們兩個一定會認為我正在聲稱（我同意，這只是個表面貌似有理的聲稱）玩就是那個存在之理想。但這個聲稱還需要一些調整或詮釋，才能符合我所要建立的立場。這個立場可以由兩個相關主張來說明。第一，玩是存在之理想的必要但非充分的元素。第二，描繪存在之理想時，玩遊戲扮演著關鍵角色——一個無法由其他活動取代的角色，少了它，所謂理想就既不完整亦不可能達成。

為了支持這樣的主張，我想要使用柏拉圖過去用來理解某種人類心靈特徵的策略。柏拉圖說，如果我們檢視某個狀態，將會在其中發現一些我們正在尋找的心靈特徵被發大、擴展；而且，因被放大了，所以易於辨識。以類似的方式，我想要先把存在之理想再現出

＊　前頁圖說：「謎底揭曉。」

來，就好像這樣的存在已經被實踐成為一個社會事實。於是，我們可以來談談一個把這種理想具體化的烏托邦——也就是說，在那個事件狀態之中，人們只從事自己視為具有內在價值的活動。

接著，讓我們想像一下，人類所有的工具性活動都已經被排除了。所有日常生活中稱為工作的事務都能以自動化機器代勞，只要運用心靈感應就能啟動機器，完全不需要任何員工來從事社會中的任何家務瑣事。而且，物資生產充裕，就連社會中的蓋提們和歐納西斯們最強烈的貪婪慾望都得以滿足，任何想成為蓋提或歐納西斯的人都可以成為蓋提或歐納西斯。[1]就經濟而言，人類就像在南太平洋諸島的天堂仙境，遊艇、鑽石、跑車、交響樂、豪宅、環遊世界之旅等等，都像是大溪地島的麵包果一樣隨手可得。因此，我們就也就排除了對從事生產的勞工、管理這些勞工的行政人員以及因應勞力生產的各種金融與財富分配系統的需求了。所有人類的經濟問題都永遠解決了。那麼，是否還有其他問題嗎？的確還有。還有種種與經濟匱乏無關的人際問題。 183

1　譯註：讓・保羅・蓋提（Jean Paul Getty, 1892-1976），美國實業家，創立蓋提石油公司，1957年被財富雜誌評為最富有的美國人，遺產超過二百億美元。亞里士多德・歐納西斯（Aristotle Onassis, 1906-1975），希臘船業大亨，曾是世界首富。

讓我們再進一步想像，所有可能的人際問題都以適當方法解決了。假設心理分析有極大進展，能夠真正治癒人們；或者各種群組療法都已證實有效；又或者，社會或心理的治療，或藥理學，都取得新發展，能夠百分之百治癒所有心理障礙。這些發展所帶來的結果是，任何人都不再需要為了愛、吸引注意、爭取認同或受人仰慕而競爭，就像不再需要為了物質需求而爭鬥一樣。有一個例子，或許可以說明我們以上所談論的事件狀態。讓我們舉性愛為例。在現有的狀態下，有意願的性對象太少，而性的需求太多。我所猜測的理由是，追求者、追求對象，或兩者，都普遍存在對性的壓抑；所以，為了克服這些抑制以真正贏得性對象，追求過程所下功夫的龐大耗費是必要的。但是，當每個人都能享有極佳的心理健康，這些費力的手段就不再需要了，獲得性伴侶就如同遊艇、鑽石一樣容易。

184 史蓋普克斯：但是攸關於愛、認同、關注和尊重呢？在烏托邦裡，人們即使沒有必要為了這些事情而競爭，但仍然必須為此而工作經營（work）。

蚱：正好相反，史蓋普克斯，許多人相信愛、認同、關注和尊重這類事情本身即有值得追求的價值，因此才不應該由工作經營來獲得。

史：是的，但有很多人，像婚姻諮詢師，並不這麼認為。他們總是說：「你知道的，你必須用心經營你的婚姻」。

蚱：是的。但在婚姻當中，或者在其他人與人之間本身自有價值的關係中，這所謂的「經營」是什麼意思？這種說法的意思難道不就是指需要容忍或協助彼此的社會和心理缺點嗎？在烏托邦，我們假設沒有這類需要容忍的缺點。況且，在烏托邦，人們不管是不是需要經營某些工作來得到愛與仰慕，所經營的對象都不可能是愛與仰慕本身。例如，我們仰慕一位在教學上工作認真的人，仰慕的原因是他認真工作的態度，而不是因為他正在努力經營以獲得他人仰慕。為了便於討論，我建議以「認可」來歸納我們所說的所有正向態度，接著要探問的是：烏托邦的人是否有任何事可做，以獲取認可。

史：很好。首先，他們顯然無法藉由經濟工業來獲得認可，因為根本沒有這種工業的需求。其次，我想，我們必然也要把對治理良好的認可排除在外，因為沒有必要設置為解決爭奪利益的立法與司法機制，也就沒有政府存在的需求了。可以用來獲取認可的，似乎就只剩道德、藝術和智識方面的卓越成就。你同意嗎？

蚱：以我們目前的討論來看，你所列出的這些至少還是可行的。我們先來思考道德上的良善。你是否同意，道德行為 185
之所以存在是因為想要避免或矯正一些可能發生、或某人已經犯下的錯誤或邪惡行為？

史：是的，我同意。

蚱：但我們不也同意，在烏托邦裡並沒有邪惡或錯誤會降臨在任何人身上？

史：是的，就烏托邦的定義來看確是如此。因為烏托邦是存在之理想狀態的戲劇化展現，而邪惡與過錯顯然與這樣的理想不搭。

蚱：好，那麼如果烏托邦裡的任何人都不會遇到邪惡之事，就不需要任何良善表現。事實上，追求良善行為在這裡是不可能的，因此這不是獲得認可的手段。道德只有在理想還未實現時才有意義，而就理想本身來說，並沒有道德的存在空間，就好像啟發革命行動的理想中，並無革命存在的空間。

史：藝術上的卓越成就呢？我們總是敬仰不凡的藝術家、優秀的評論者，以及造詣非凡的鑑賞家。

蚱：你一定會覺得我即將要說的難以接受，但我突然發現，你剛才所提到的所有技藝，在理想當中都沒有存在的餘地。

史：我必須承認，大蚱蜢，我覺得你的主張令人難以想像。你如何得到如此奇怪的結論？

蚱：我相信這些技藝在烏托邦都不會存在，因為藝術必然不存在於那裡。藝術有某個題材，其中包含人類行動和情感：人們的渴望和挫折、希望和恐懼、勝利和悲劇、人格的缺失、道德的兩難、快樂和悲傷。但是，這些藝術的必要成分完全都不會在烏托邦裡出現。

史：也許有很多種藝術在烏托邦是不可能存在的，但肯定不是全部。有一個美學學派，至少在過去是如此，把藝術視作純粹的形式，其內容可能是偶然的、非必要的、最好完全
186 不存在。作為形態、設計或形式的藝術，並不需要你所談到的那些主題。

蚱：我自己的想法是，形式和內容不能以你所說的那種方法來分隔；不過，如果真的可以分隔的話，那麼設計的工作，不管是以色調、形態、顏色或文字呈現，都可以交給電腦代勞，因為我們假定這類設計成品並非受到人類情感的啟發而生產。

史：即使烏托邦的人無法仰慕藝術領域的工作者，但還是可能會欽慕傑出的思想家：科學家、哲學家以及這類的人物。也就是，那些投身知識追求的人。我們應該考慮一下這個可能性。

蚱：很好，那我們就試試看吧。現在，根據我們的假說，烏托邦的人排除了所有工具性活動的需求。但是，知識的獲得就像是其他事物的獲得一樣，也是一種工具性的程序；也就是說，獲得就是一種尋求擁有的手段，無論尋求擁有的東西是什麼——食物、庇護或知識。而我們假設了烏托邦民已經獲得所有他們可使用的經濟物資，我們也就必須假設他們已獲得所有知識。因此，在烏托邦裡，沒有科學家、哲學家或任何其他智識研究者。

史：那麼，在烏托邦裡，似乎沒有什麼事是為了得到認可所能做的。不過我們之所以談到認可，是為了了解像愛、友誼這樣的事是否能存在於烏托邦裡。而人類的關係如愛和友誼，其中包含的不只有認可。與認可同等重要的當然還有分享，我們普遍認為這在愛和友誼裡是非常重要的。雙方對某件事抱有共同利益，對任何一方而言都不會造成匱乏。

蚱：沒錯，史蓋普克斯。但在烏托邦，還有什麼需要分享的？

分享確實在愛和友誼中發揮很大的作用，不過所分享的卻不能是愛和友誼本身，而必定是其他事，像成功和失敗、
187 困境和興盛、藝術的享受或創作、智識探究、道德崇尚等等。在烏托邦裡，沒有任何重要或不重要的事情是需要分享的，所以，如果愛和友誼可以存在於烏托邦裡的話，那樣的愛和友誼必將不含有認可或利益分享；因此，那只能是一種極度弱化的愛和友誼。

史：大蚱蜢，讓我整理一下思緒。在烏托邦裡，人們不能勞動、不能管理或統治，沒有藝術、道德、科學、愛、友誼。我們的分析當中唯一沒有被完全摧毀的是性愛。也許人類的道德理想就只是極致的性高潮。

普：天啊！

蚱：當然，我們不能忘了還有玩遊戲，還未被排除。

史：當然，這毫無疑問。那麼，我們是不是可以提出結論，存在之理想就是性與遊戲，或者可以說，是慾樂和遊戲？

蚱：事實上，現在我想到了，我不太確定性愛是不是。

史：喔！你別鬧了，大蚱蜢！

蚱：不，史蓋普克斯，我是認真的。人們普遍認為性愛總是帶來享受，我猜這是因為人類還處在非烏托邦狀態。我們所認識、所陶醉其中的性愛，裡頭包含了壓抑、罪惡、挑逗、支配與屈服、解放、反叛、虐待、浪漫，以及神學的組成部分。性愛的這些組成部分在烏托邦裡都被排除了，因此我們至少必須面對這樣的可能性，把這些成分都排除之後，性愛就只剩下生殖器官——或不管是什麼地方——

的愉悅感了。像諾爾曼・布朗（Norman Brown）這樣的作者，在他的書《生與死的對抗》（*Life Against Death*）[2] 中提出，性愛是某種在文明進程的壓抑和約束下，已經變得扭曲而墮落的事，而隨著文明化達到終點（布朗熱切地期望著），性愛將會重新浮現為一件純潔的事，如我 188
們幼兒時一樣。到那時候，我們所有人將重新變回快樂的小孩，能夠享受著我們不受壓抑的多形態性欲倒錯時期（Polymorphous perversity）。但是，如果像我所想的，性愛是文明的產物而非文明的受害者，那麼當文明不再，性愛——至少作為有相當高價值的事項——也就不再了。總而言之，史蓋普克斯，我認為目前的流行趨勢是人們享受在「盡情釋放出來」（let it all hang out）的指令中，而這從根本來看是不明智的。我無意爭論盡情釋放出來的行動，因為就像我們解開束得太緊的腰帶或束帶那一瞬間，確實可以產生極大的滿足感。不過，不管我們希望釋放出來的是什麼，一旦允許釋放出來的行動完成，享受著隨之而來的解放感，我們最後會剩下來的只有一大堆滋意釋放出來的事物。而如果沒有為之制定出新的限制，這一切就只會繼續懸掛在那裡，就像是意志熵[3]的懸垂紀念物。

2　Norman O. Brown, *Life Against Death: The Psychoanalytical Meaning of History* (Wesleyan University Press 1959).

3　譯注：化學及熱力學中所指的熵，是一種測量在動力學方面不能做功的能量總數，也就是當總體的熵增加，其做功能力也下降，熵的量度正是能量退化的指標。熵亦被用於計算一個系統中的失序現象，也就是計算該系統混亂的程度。

史：即使未被你說服，我也無話可說了。

蚱：很好。那麼，可能存在於烏托邦的活動，顯然就只剩下玩遊戲了，因而遊戲也成了存在之理想唯一可能的構成元素。

史：現在我猜想你可能也要把玩遊戲排除。大蚱蜢，我開始懷疑你真正要做的，就是指出烏托邦這個概念本身是矛盾的，就像哲學家時不時會試著要證明神所謂的完美性必然包含著悖論。

蚱：正好相反，史蓋普克斯，我相信烏托邦的概念是可以被理解的，而且我認為正是玩遊戲讓烏托邦得以被人所理解。我們討論了這麼久所得知到的是烏托邦裡無事可做，因為那裡的所有工具性活動都被消除了。沒有事情需要努力，因為一切早已達成。因此，我們需要的是一些工具性與內在價值不可分割的活動，而且這些活動本身並不是為了達
189 到進一步目的工具。遊戲完全符合了這個要求。因為在遊戲裡，必須設下一些障礙好讓我們努力去克服，唯有這樣我們才能夠完整進行該活動，也就是玩這場遊戲。玩遊戲讓烏托邦裡保有付出努力使生活值得過下去的可能。

史：你的意思是，烏托邦裡唯一剩下能做的事，可能就是玩遊戲，因此玩遊戲也就成為了存在之理想的全部。

蚱：似乎是這樣，至少在我們這個探究階段中是如此。

史：我不這麼認為。

蚱：請再說一遍？

史：我不認為結論是這樣。

蚱：你不這麼認為。

史：我覺得我們之前一定有哪裡出錯了。

蚱：出錯。

史：是的，之前。

蚱：也許你能好好地指出錯誤所在。

史：我很樂意。當你指出科學或任何智識探究都是工具性活動，因而在人類的道德理想之中沒有容身之地時，我有些疑慮，現在我想我知道為什麼了。大蚱蜢，你我都知道，投身於知識追求的人，都會認為追求的過程本身至少與其所追求的知識一樣重要。事實上，常見的情況是，科學家或哲學家竭盡心力解決了某個重要問題之後，他會感到失落，而不是因為已獲得解答或新發現而歡欣，他會迫不及待地再次投入探索。成功是射擊的標的，不是讓人緊抱著過日子。當然，現在我想到的這種情況不只針對智識探究的活動，其實任何工具性活動都可能如此，而且往往如此。也許我們可以把這樣的事件狀態稱之為繼亞歷山大大帝後，人類的亞歷山大處境。當世界已經不再有任何角落有待征服時，迎來的不是滿足感，而是絕望失落。

蚱：史蓋普克斯，你覺得我們怎麼有可能犯下如此基本的錯誤？

史：我想我們忽略了一個事實，一項從某個角度來看具有工具
性價值的活動，從另一個角度來看也可以是具有內在價值 190
的活動。因此，我們可以說木工是一項工具性活動，也就是說對房子的存在來講是工具性價值。但是，如果有個人享受單純蓋房子的過程，那麼原本被視為是工具手段的活動，現在也同時有了內在價值。對那些真正能在工作中享受樂

趣的人來說，也可能是這樣。這樣一來，之前那些我們認為必須從烏托邦驅逐出去的大部分活動，現在可能需要重新安置回來。因此，理想狀態裡，不完全只限於玩遊戲。

蚱：史蓋普克斯，你說原本被視為工具性的活動，也可以被賦予其本有的內在價值，這一點我相信你是對的。但你因此而說玩遊戲不是烏托邦裡唯一可能的活動，我就不認同了。讓我看看是否能夠說服你這一點。我們繼續把人類的道德理想設想成是一個真實的烏托邦社會，但我們不是假設所有的所謂客觀的工具性活動都被排除；而是說身體和智識的勞動以及之類的所有非以其內在為價值衡量的活動，都被排除。如此一來，烏托邦裡的所有人都可自由地從生產事業中得到享受。在這樣的情況下，就像有些人能夠從烏托邦之樹摘下遊艇和鑽石，其他人也可以摘下修理廚房水槽、解決經濟問題、推廣科學知識等等的機會，端看他們可以從什麼事情發現內在價值。

史：是的，大蚱蜢。這似乎是比較令人滿意的烏托邦和存在之理想的景象。

蚱：好極了，那我們繼續。很清楚，我應該想到，工作機會——或者不管是什麼想要的工具性價值活動——應該是並非碰巧或偶然出現。在任何時候，如果烏托邦的每個人都
191 想要從事某個工作，他們都一定能夠找得到這些工作。而如果沒有人想要工作，這個社會也不會就此瓦解（不像我們目前所處的非烏托邦社會）。當然智識探究的工作也一樣。也就是說，針對任何客觀的工具性活動而言，每一件

工作都可以做，但也沒有任何一件事需要做。以另外一種說法來說：烏托邦裡的人只做那些他們評定為具有內在價值的事情，就是他們做事情是因為想要做才做，而不是因為他們必須要做。

史：是的。似乎沒錯。

蚱：很好。接下來我們看一下烏托邦裡必然會出現的兩個案例。第一個案例：約翰．史崔姆（John Striver）來到烏托邦的第一個十年，做完了所有新來者都會做的事。他已經環遊世界好幾次、終日在陽光下無所事事以及等等的活動，而現在他開始感到無聊，想要參與一些活動。因此他（向掌管一切的電腦，或上帝，或什麼）提出說他想要從事某些工作，他後來選擇了木工。那裡現在並沒有房子的需求，用不上約翰的木工服務，因為任何類型的房子烏托邦居民都可以取得。那麼，他應該蓋哪一種房子呢？當然是那種建造過程中能夠給他帶來最大滿足感的房子，而我們可以猜想得到，這種房子的建造過程必定要有充分的挑戰性，工作才會變得有趣；但難度又不能高得讓約翰糟蹋了這個工作。史蓋普克斯，現在我要對你說的是：這樣一種活動基本上和高爾夫運動或任何遊戲沒有什麼不同。就好像除了高爾夫遊戲外，沒有任何需求把小球打進地上的洞裡，在烏托邦裡，除了作為木工活動，沒有任何蓋房子的需要，因為房子是木工的產物。而且，就像高爾夫選手可以使用更有效率的方法，直接用手把球丟到洞裡去，約翰也只要 192
按下心電感應鈕，就能夠獲得一棟房子。但是很清楚的，約翰對擁有一棟房子的興趣就與打高爾夫球的人對擁有填進球的球洞一樣。對高爾夫選手和約翰來說，促成這些結果，比結果本身更重要。也就是說，兩者都涉及自願去克服不必要障礙的努力；也就是說兩者都是在玩遊戲。有趣的是，這個解決辦法對亞歷山大大帝也適用。既然他已征戰世界各地直至無處可占，他可以把征伐來的土地都還回去，然後再重新開始，就像西洋棋賽結束後，棋手們再把棋子平等地分配，以重新開始另一場遊戲。如果亞歷山大大帝真的這麼做，跟他同個時代的人肯定會視之為輕率、無聊；但從烏托邦的觀點來看，他沒這麼做，表示亞歷山大大帝並沒有為征服世界的活動賦予太大的價值。

第二個案例：威廉．希克（William Seeker）在烏托邦的初期經驗與約翰史崔姆很相似，他也是在一段時間之後，開始希望自己有所成就。不過，相對於約翰依自己的能力和興趣選擇了一種手工技藝，威廉卻選擇了科學真理的追求。同樣的，在任何特定時間有多少科學探究工作可以從事，並非機遇所決定，因為人們從事科學研究的興趣可能遠高於某個時間點中真正可執行的科學研究工作量。甚至可以想像，所有的科學研究工作可能有終結的一天；也就是說，到了所有可知知識都已知的時刻。因此，不能保證隨時都有進行科學研究的機會，但人們也不會願意只因為問題早已被解決而阻止科學家停止工作。在烏托邦裡，重要
193 的不是科學知識的客觀狀態，而是烏托邦科學家的態度。我們可以用以下方式來描述這個態度。即使某個正在鑽研

的科學問題早已有了解答，烏托邦科學家也不會從電腦資料庫中取得答案。這就好像縱橫字謎的愛好者，明明知道答案就在隔天刊出，卻仍然會試著在今天解出謎題，僅管從來就沒有任何迫切的原因讓他必須趕在今天完成，不能拖到明天。而就像是熱衷於解答謎題的人會說，「別告訴我答案；讓我自己找出來。」威廉・希克也會以相同的態度來面對他的科學研究工作。儘管有其他方法可以得知答案，他仍自願捨棄這些方法，好讓自己有些事做。我必須再說一次，這就是在玩遊戲。

史：看來你所說的是，烏托邦的人可以從事任何一種非烏托邦世界裡的人平時在做的活動，只是，可以這麼說，兩者的努力過程會有相當不一樣的品質。

蚱：是的，就像你所說的，品質的差異可以從伐木工的兩種不同態度對照中看出來，伐木工為了與鋸木廠的交易，從事著伐樹的工作，或是他在同行的年度野餐聚會中與其他人比賽伐樹。如此一來，我們現在所看到的所有職業，甚至是所有組織性的事業，如果繼續存在於烏托邦世界，都會是一種運動。所以，除了原本的曲棍球、棒球、高爾夫、網球等等，現在還有了企業管理、法律事務、哲學、生產線管理、自動化機械等等，將以其實際的理由永遠存在。

史：所以，人類的道德理想，就在於玩遊戲。

蚱：我想不是的，史蓋普克斯。現在烏托邦裡的人有事可做了，尊敬、分享、愛和友誼都再度有所可能。因為重新有了與奮鬥相關的人類情感表達——你知道的，勝利的喜悅 194

與失敗的苦痛——藝術又有了情感內涵。而且，也許道德也可能存在，或許會以我們稱之為運動家精神的形式出現。所以，玩遊戲不必然是烏托邦的唯一職業活動，卻是烏托邦的本質，也就是烏托邦「不可或缺」的根本（without which not）。我所展望的，是一種就其基礎而言跟我們現有的文化相當不同的文化形式。我們現有的文化是以各種匱乏為基礎——經濟、道德、科學、性愛——而烏托邦的文化則是以充裕為基礎。因此，烏托邦裡最值得注意的制度不會是經濟、道德、科學、性愛等工具性制度——就像今日的情況——而是各種培育運動和其他遊戲的制度。但是運動和遊戲不是我們今天所能想到的運動和遊戲；他們為了掌握與享受運動和遊戲所需要的能量，就相等於我們今日在種種以匱乏為基礎的制度中所耗費的能量。因此，我們現在更應當開始執行這巨大的工程，即設計出這類美妙的遊戲，因為一旦我們在不久的將來解決了匱乏的問題，我們可能會在烏托邦來臨時，發現自己無事可做。

史：你的意思是，我們應該開始儲存遊戲——就像儲存食物好過冬一樣——因為我們可能會來到無止境且窮極無聊的夏天。大蚱蜢，你終究像是某一種螞蟻，雖然我必須承認，是一種相當怪異的螞蟻。

蚱：不，史蓋普克斯，我是真正的大蚱蜢。也就是說，我是存在之理想的一種預示，就如同我們現在在非烏托邦世界所玩的遊戲，就是未來之事的徵兆。因為即使是現在，也是遊戲讓我們在空閒時有事可做。我們因此把遊戲稱為「消遺」，而且把它當成是生活縫隙裡無足輕重的填塞物。但遊戲的重要性遠高於此。遊戲是未來的線索；趁現在認真「培育」遊戲，或許是我們唯一的救贖。如果你喜歡的話，可以稱之為休閒形上學。

史：可是，大蚱蜢，我對你所塑造出來的烏托邦，仍然有所保留。這樣的烏托邦聽起來對那些非常熱衷於遊戲的人來
說，將會是美妙的生活，但不是每個人都如此熱衷於遊 195
戲。你知道的，人們喜歡蓋房子、經營大公司，或從事科學研究，那都是為了某些目的，不只是為了那些如地獄般的過程。

蚱：說得好，史蓋普克斯。你的意思是，棋王鮑比．菲舍爾（Bobby Fischer）、職業曲棍球手菲爾．艾斯波西多（Phil Esposito）和體育記者霍華德．柯賽爾（Howard Cosell），他們在天堂應該會非常高興，但是約翰．史崔姆和威廉．希克卻很可能覺得自己的假扮木匠遊戲和假扮科學家遊戲是徒然無用的。

史：正確。（停頓）那麼，大蚱蜢，你對這樣的反駁會怎麼說？（再次停頓）大蚱蜢，你又要死了嗎？

蚱：不，史蓋普克斯。

史：那你是怎麼了？你看起來很蒼白。

蚱：史蓋普克斯，我剛剛有一個幻象出現。

史：天啊！

蚱：我應該告訴你嗎？

史：（史蓋普克斯偷偷看了手上的錶）好，當然可以。大蚱

蜢，請繼續說。

蚱：這個幻象的畫面顯然是由你的提議所觸動，因為你說不是每個人都喜愛遊戲，這是一個烏托邦墜落、天堂消逝的景象畫面。我看見烏托邦裡時序移轉，史崔姆們和希克們開始認為，如果他們的生活只有遊戲，那麼這樣的生命恐怕會活得沒有價值。於是他們開始自我欺騙，說人造的房子比電腦生產的房子更有價值，或說早已解決了的科學問題需要重新解答。然後，他們開始遊說他人相信這些看法，甚至把電腦形塑成人類的敵人，最後終於訴諸立法禁止使用電腦。時間再久一些，似乎人人都相信了木匠遊戲和科學遊戲完全不是遊戲，而是為了人類生存而必需從事的工作。如此一來，雖然所有看似人類生產工作的活動都是遊戲，卻不被相信是遊戲。遊戲再度被貶為休閒活動，只是
196 用來填補各種嚴肅事業之間的空隙。而且，如果有辦法說服這些人說他們事實上是在玩遊戲，他們就會因此而覺得自己的生活一無是處——只是一場舞台劇，或者是一場空虛的夢。

史：是的，大蚱蜢，他們將會相信自己什麼都不是，而且人們可以想像他們出於惱怒和難堪而瞬間當場消失，好像自己從未存在過。

蚱：就是這樣，史蓋普克斯。你馬上發現了，我的幻象解決了我夢境裡的最後一個迷團。夢的信息現在完全清楚了。這個夢在告訴我：「看吧，大蚱蜢，你很了解，大部分人不想要耗去他們的一生來玩遊戲。對大多數人而言，如果

他們不相信自己正在做的某件事是有用的，不管是負擔家計，或發現相對論，這樣的生命是沒有價值的。」

史：是的，這顯然是一場焦慮的夢。你正在以一種偽裝方式，演出自己對於有關生存之理想論述所隱藏的恐懼。

蚱：果然是。但是，史蓋普克斯，請你告訴我，我所壓抑的恐懼到底是指向人類命運或是我的論述的說服力？顯然不會是兩者。如果我對於人類命運的恐懼是有道理的，那麼我就不需要害怕我的論述有誤，因為正是這些論述合理化了這樣的恐懼。可是，如果我的論述是失敗的，那麼我就不需要為人類命運感到恐懼，因為這樣的恐懼來自於論述的說服力。

史：那麼，大蚱蜢，請告訴我你所害怕的是什麼。只有你自己才會知道。

蚱：我希望還有時間，史蓋普克斯，但是我再次感受到死亡的寒意。再見。

史：不要說再見，大蚱蜢，再見（*au revoir*）。

〔附錄一〕

山丘上的傻瓜

《蚱蜢》一書問世後不久，我受邀到大學發表演說，主辦單 197
位建議可以談談書中的相關議題。我回應，自己很樂意這麼做，於是就坐到打字機前，開始構思想要表達的議題。我心想，如果這本書已經在一些學術期刊論文中有所討論，正好能夠趁此機會針對這些文章所提出的異議、反對，甚至是徹底駁斥發表回應。但這本書才出版一年左右，時間過於短暫，以這些期刊的作風而論，實在無法期待這些悠閒的——其實像大蚱蜢般的——編者與評論家會在此時發表什麼回應。但我仍舊想到，在一些比起傳統學術期刊像冰河般移動步調還稍為快一點的刊物中，還是有針對本書的評論發表。於是，我拿出《渥太華公報》（*Ottawa Citizen*）中的那篇評論，再讀一遍文章的開頭句：「伯爾納德．舒茲以一種怪異文體——有點像是碎石和果醬做成三明治那樣，寫了一本讓人喜愛又特別的書。」但這樣的批評回應，並無法為我所要寫的文章提供任何議題，而僅僅只是令人感到不痛快而已。所以我離開了打字機和那張空白的紙，起身出門去參加雞尾酒會——以一個薄弱的藉口說服自己：改變一下場景或許可以讓我找到靈感。

奇怪的是，這還真的有效。聚會中有個來自外地的朋友跟我

說，有位某某教授甚至正在準備一篇針對這本書的評論文章，而
198 且他將會提出一個非常破壞性的觀點。我催促著他，想知道更多細節。

「嗯，」我的朋友這麼說，「婉轉一點來說——他發現你採用了某種特定類型的競速來作為解釋遊戲的實例，這實在很有問題。」

「為什麼他會質疑這部分？」我表現得有些失望，認定這應該會是一種無稽之談。

他如此回答：「說競速是遊戲，這說法太不明確。」

「胡說些什麼？」我回答，「舉例來說，百米衝刺就是一種遊戲，這是再清楚不過的。」

「不，」我的朋友這麼回答，「不是這樣。某某教授說，你什麼時候聽過別人講『百米衝刺遊戲』這樣的話？」

真奇怪，聽到這樣的評論給我的感覺，就像在《渥太華公報》中所讀到的評論一樣，都讓人感到不痛快。

我有點不耐煩地問道：「某某教授是不是認為，只有被稱作遊戲的東西才是遊戲？」

「我真的不知道，」我的朋友說，「就我所知，他和其他人會期待你用一些常見的、重量級的例子來建構你的遊戲定義，就像你所使用的各種競速項目，至少要是被普遍視為是遊戲的項目。」

「謝謝你，我的朋友，謝謝你！」我叫著，並且很節制地拒絕掉那天晚上的第五杯馬丁尼。我競速跑回家，在途中注意到，我所理解的『競速跑回家』一詞的意思無疑是指我正在快速

移動。

一、維根斯坦和柏拉圖

再次坐回打字機前，我發現自己在流汗，究竟是因為快速跑回家的關係，還是因為發現自己在方法論上犯了一個不該犯的錯誤而感到焦慮，我寧可不去深究。我問自己，是不是選擇了一個根本不是遊戲的事物來做為遊戲的實質典範？如果真的如此，那我到底怎麼會犯下這種致命的愚蠢錯誤？這引發我一連串的思考，先是想到維根斯坦，然後是柏拉圖。

我問自己，以被稱作遊戲的事物來作為遊戲的真實範例，這一點為什麼如此重要？事物被稱作什麼，會被看得如此重要，讓我想到維根斯坦和《哲學探究》一書中著名的一段話，也就是我 199
曾經在《蚱蜢》前言中提到的：「別說『必有其共通之處，否則他們就不會被稱作「遊戲」』，而是要去觀察與理解是否有什麼共通之處。」我認為，這種說法必定會引導知識訪尋者背離定義，而往另一個方向而去。因為，所有被稱作遊戲的事物是不是有其共通之處，與所有確實是遊戲的事物是不是有其共通之處，是兩個非常不一樣的問題。如果有些事物只是隱喻地、不經意地、武斷地，或愚蠢地被稱作遊戲，那麼，可以預想到，這些事物之間的共通之處並沒有什麼重要性可言。因此，有些類型的競速不被稱作遊戲，這並不會令我感到難堪。

但我再次發現自己在飆汗，這一次我相當確定不是因為我從聚會中賣力跑回家的關係。而是因為我吃驚地發現，自己剛逃離維根斯坦的油鍋，轉身卻陷在柏拉圖的火焰中。難怪我在飆汗！我的立足點在哪裡？我說服了自己，要定義遊戲，我提出的公式不需要含括所有被稱作遊戲的事物，而只要涵括真正的遊戲即可。但是，在建構定義的過程裡，如果我允許自己使用那些確實是遊戲，但不被稱作遊戲的事物作為資料，那麼，我必然早已知道這些事物當中哪些是遊戲，哪些不是。但是，在我想像自己正在尋找的那個定義還沒出現之前，又怎麼可能知道這些事？難道一直以來我捲起衣袖孜孜於探尋定義的努力，只不過是一種玩世不恭的文字把戲？

所以我很自然地想到了柏拉圖，因為我所遭遇到的問題看起來與美諾（Meno）向蘇格拉底提出的問題是一樣的。美諾說：「不管是所知的或所不知的事，人們都無法探問。因為如果他已知，就無須探問；而如果他不知，則無從提問，因為他不知道要探問的是什麼。」

事實上，蘇格拉底並沒有讓自己陷在這樣的問題太久。他以「知識回憶說」作為這兩難的解決之道，他承認，尋找定義的人的確是在探究之前已先有腹案，而哲學探究的過程其實是某種恢復系統，讓定義再度呈現出來。當然有很多哲學家不同意以這樣
200 的詭辯做為解決問題的方法，但我想要提出，即便要付出的代價是必須因美諾兩難說而活在某種智識上的不安中，還是有繼續追求定義的理由；否則，就只剩下唯一的另一種方法，就是過著一種思想受限於語言運用的生活。蘇格拉底以類似觀點來回應美諾的反駁：「……這種否定探究可能性的詭辯爭論，我們不應該聽取；因為那會令我們怠惰，對懶鬼來說，這樣很好；但另一種方

式〔即學習就是回溯〕能夠讓我們變得主動且保有探究精神。」

但是，美諾的兩難對於定義尋求的反對者而言，還是一個極為合理的說辭；而且即便有理，罵人還是罵人。問題依然存在，在不迴避這個問題的情況下，是否有可能對事物做出定義；或者，更明確地說，我是否可以定義遊戲？如果我還不知道怎麼定義遊戲，又怎麼會知道百米衝刺是一項遊戲？更根本的問題是，我如何選擇在書中所舉的例子？我如何選擇我的研究資料？

二、山丘上的傻瓜

我從那些所謂的核心遊戲類組開始，也就是說，如果這個類組中的活動不是遊戲，那就沒有任何活動可稱之為遊戲了。在這個類組裡，我含括了橋牌、棒球、高爾夫球、曲棍球、西洋棋、大富翁——這都是大家稱作遊戲的事物。到現在為止都還挺好。但接著我要處理的那些事也許就不是那麼順利了。我把一些不被稱作遊戲的事物納入，也把一些被稱作遊戲的事物排除。我把百米衝刺（如果它真的不被稱作遊戲）納入，而將兒歌「玫瑰花環」（小孩稱之為遊戲，維根斯坦也是）排除在外。我要如何合理化這樣的做法？如果我認同事物的名稱必須作為選擇素材的原則依據，那麼我的做法就不合理。但我並不認同，也不可能接受這個原則——不是因為我很確定有些被稱作遊戲的事物並不是遊戲，或者有些不被稱作遊戲的事物其實是遊戲。在所有被稱作遊戲的事物類別裡，我要從何開始？

我要從何開始？為什麼我對百米衝刺和玫瑰花環如此確定？

因為我可以很有自信地把玫瑰花環歸到另一個類別而非遊戲類別，但對百米衝刺，我則不能如法炮製。雖然玫瑰花環確實有時候被稱作遊戲，但對我來說，相較於西洋棋或高爾夫球，它顯然更像某種特定的戲劇表演。那只是一種配上口語伴奏或舞蹈的兒
261 歌，所以我認為它就像是《天鵝湖》一樣，不是一種遊戲。同樣的，雖然沒有哪一個競速項目被稱作遊戲，但對我來說，比起我所能想到的非遊戲項目，如玫瑰花環、天鵝湖、保險遊戲或信心遊戲，競速項目其實與高爾夫球或西洋棋更相像。

當然，選擇把競速項目納入我的素材中，其理由似乎比排除玫瑰花環要薄弱許多。因為，我經由發現可將玫瑰花環納入到其他的類別，而將之排除於遊戲範疇之外；可是，我把百米衝刺納入我的素材之中，似乎僅僅是因為我無法將之歸於其他範疇。但是，事實上我把百米衝刺納入遊戲範疇，當然有更站得住腳的理由。因為我問了自己以下的問題：一種是奧林匹克運動會及印地安納波利斯所進行的競速賽，另一種則是像警察和歹徒之間的競速追逐、自耕農之間搶占新土地的競逐，以及救護車與死神之間的時間競速，我要如何分辨這兩個類別？我問自己，要如何區分這兩種明顯截然不同的競速類別？在嘗試回答這個問題時，我又問了自己另一個問題：百米衝刺的特性比較接近警察和壞人之間的追逐，還是比較接近西洋棋？透過檢驗，這是一個比表面上看起來更複雜的問題。表面上來看，比起西洋棋，百米衝刺應該比較像警察和強盜之間的追逐。因為在這兩種情況中，人們都在跑，而且都在嘗試超越前面的人，但在西洋棋賽中，遊戲者並不是在做這些事。這是一種或可稱之為不明究理的解答。我鄙棄這

種只從表現的相似性來判斷的不明究理解答，並提出另一種見解。我把百米衝刺區別於執法警官的衝速動作；前者是遊戲，後者不是。方法很清楚，很關鍵且很有說服力——看看以下的寓意故事。

「別跑！」警官對著正被緊追不捨的人大喊，「以法律之名命令你！」

「為什麼？」領先的跑者這麼回應。

「因為……」警官回答，追上前面的人然後吐了幾口氣。「你乍看像是某種罪犯。」

「喂！我不是。」領先跑者回答，「我是羅傑・班尼斯特。[1]那個快要接近我們的，是另一個中長距離跑者。」

「啊！」警官說，然後繼續做他的工作。

因此，沒有被稱作「百米衝刺遊戲」這個事實絲毫不會讓我 202
難過。畢竟，把某件事情稱作百米衝刺與把警官和罪犯之間的百米追逐稱作一場比賽，是兩件截然不同的事。而且，我不認同把「衝刺」當成只是「競速」的另一種說法。因為，當經紀人的來電響起，史密斯衝刺跑向電話機時，他並非在跟任何人（或任何事件）競速——他只是想要立即消除焦慮而已。

以上的說明仍然無法完全論證出賽跑是一種遊戲，而只能說明賽跑跟一些表面看起來很像的活動是非常不同的。所以，我要提出以下的普遍原則。我認為，當那些一開始沒有被含括在核心

1　譯註：羅傑・班尼斯特（Sir Roger Gilbert Bannister, CBE, 1929-），是英國前賽跑運動員，也是第一位在一英里賽跑中跑進四分鐘紀錄的跑者。

類組當中的活動或事件（例如，因為它未被稱作「遊戲」而被排除）經由檢驗能符合類組的定義，那麼，即使它未被稱作遊戲，仍然有足夠的初步理由被認定為遊戲。這樣一來，舉證責任就落到批評者那裡，他們必須提出理由，證明為什麼這些活動不應該被看成是一種遊戲。而且，我認為所提出來的理由，必須足以指出該活動的特質應當被納入某一個不同且獨立於我所定義的類別。我進一步認定，這個必要的特質，不能夠只是被稱作什麼其它事物的特質；因為那不是事物的一種特徵，而只是我們的語言對該事物的稱謂——而定義的主要目的之一，就是讓我們的用語可以更精確。

我相信以下的例子足以顯示這個普遍原則的說服力。讓我們來辨識以下的活動類別：望著事物下沉。這類別的活動包括望著船隻沉入水平線、望著舞者下降到舞台背景之下，或望著沉入水桶中的水瓢等等。現在我要把另一件事物納入這個類別：望著地球沉下——在天氣晴朗的黎明時，任何人都可以望向東方進行這個動作。但我們發現，我們不會說這個動作是在望著地球沉入，我們通常也不會這麼想。這個動件總是被稱作，也被想成「望著太陽升起」。我們會以錯誤名稱來指涉事物，往往是因為文化滯後：形塑這種語言稱謂的先人以為是太陽在移動。當然，我們有時以錯誤的稱呼來指涉事物，只是因為其實用性：因為那看起來
203 確實像是太陽升起，所以我們使用「日出」一詞來說明這個共同經驗。我並非因此而呼籲進行語言改革。例如，我並不是要建議我們從今以後要說「早上那美麗的地球下沉」，這與環保人士在雞尾酒會中所提到的地球下沉是完全不同的兩件事。因為連太空

人也會用「太陽升起」這樣的語詞表達，即使他們很清楚其實是地球在運轉。山丘上的傻瓜望著太陽落下，而他心中之眼卻看見世界在旋轉。

所以，我並不是要堅持把這類競速活動稱為遊戲，而只是要提出，即使沒有更進一步的識別特質，我們仍可透過反思將它們確認為遊戲。

再者，回過頭來談談語言的問題。否認競速賽是遊戲的人或許會以相同的標準來質疑百米衝刺是否是一種競速賽，因為也沒有人會用「百米競速賽」這樣的語詞。事實上，競速二字很少被用來指稱這類運動賽事。「跨欄」並不是「跨欄競速」的簡稱。（回應這個問題，是不是可以說這裡的「競速」一詞即使沒有表達出來，人們也會理解這是競速？如果是這樣，為什麼遊戲一詞不能理解為包含在「百米衝刺」的用語裡呢？）用來表達這類事件的通用語詞裡也並不包含「競速」這樣的語彙。這些事件通常被稱作「徑賽」事件，雖然在軌道上跑動這樣的特徵，顯然並非這類活動所獨占。火車也跑在軌道上。無論如何，「欄架」、「衝刺」似乎都不是任何語詞表達的簡稱。它們看來其實就是競速活動，而被稱作徑賽項目，主要是具備了和田賽足以相對的特徵，當這兩者結合在一起，田徑也就是運動賽事的專有詞——就是我們在「奧林匹克運動會」或「大英國協運動會」等等賽會中所使用的語詞。

然而，我的目的並不是透過展現某種競速的確被稱作遊戲，來戰勝某某教授，因為我希望論證的重點是：並非所有核心類組的遊戲都必須被稱作遊戲。（我所了解的情況是，當某某教授注意到我們習以為常的「奧林匹克運動會」[2]一詞的使用，證明了競速有時也被稱作遊戲，我聽說，他回答，這是「遊戲」一詞的誤用。從維根斯坦的理論來看，我們只能質疑，是何者的誤用？）

但這樣還是有可能會被問道，在眾多範例中，為什麼要以競
204 速活動來做為範例——而我確實是這麼做的，因為我一再以競速活動來說明某個論點，或者更嚴肅地說，我以此來確立某個論點。為什麼要選擇這樣一種甚至不被稱作遊戲的活動，然後再大費周章來證明呢？

有二個理由。一、競速活動非常簡單，與複雜的遊戲比較，更容易剖析它的型態。我一般不會使用西洋棋賽作為解說的例子，因為要弄懂西洋棋本身的型態，就需要一些額外的分析。事實上，在我的書中，西洋棋賽和競速活動之間存在某種相互作用或張力，這並非是蓄意為之。西洋棋賽呈現出我的分析之中最為困難的部分，而競速活動則往往帶來簡易的解答。第二個理由是，競速也許是所有遊戲中最接近日常生活的，因此競速相較於其他遊戲，更適合用來突顯遊戲與非遊戲的區別。如果以西洋棋這樣一種過於複雜、過度人工化的遊戲來作為例子，我們會過於輕易地說出西洋棋是遊戲而非日常生活的一般活動。西洋棋賽包括一塊特殊板子和一些雕刻小木塊，木塊放在板子上移動，這完全不是日常生活上的事。但這並不是西洋棋與日常生活相異的重

2　譯註：「Olympic Games」——英文中運動賽事也使用「Games」一詞。

要理由，就像詩和散文之間的差異並不是因為詩句的右邊總是沒有對齊。但是，像百米衝刺那樣的遊戲，即使與真實生活中的警察追強盜如此相似，卻不可能讓我們誤認。因為行為上的特性一致，反而迫使我們另尋這兩者之間的真實差異。

（在此，我們有必要再提一下維根斯坦；維根斯坦的《哲學探究》為了論證所有被稱之為遊戲的事物缺少共同性，而提出了遊戲的例子來說明，但他所提出的遊戲，其特性大多著眼於該活動可見的行為特徵。）

但是，即便上述的推論可以合理化我將競速活動納入核心類組的作法，卻無法解決美諾的悖論。因為問題仍在，即使承認有些競速項目就像西洋棋賽、高爾夫球等等活動一樣被歸入遊戲的類別，究竟我該如何在不迴避美諾問題的情況下辨識任何這些遊戲，由此開始我的探究呢？為此，我將從對維根斯坦的抗辯轉向另一個由美諾所提出的更嚴重的抗辯。

三、重溫「知識回憶說」 205

我認為，美諾兩難的解答是：選擇事物歸入原初類組，與確認這個類組的本質，這兩件事其實是基於相同的考量。對我來說，這就是知識回憶說的核心。如果有可能建構定義，那在定義出現之前，我們也許有，甚至必然有一些事情是我們有意識到的，同時也有另一些是我們未意識到的。我會提出一個跟柏拉圖相比不這麼怪異的解釋。再次想想我對玫瑰花環和百米衝刺的處理方式。我把玫瑰花環排除在我選擇的類組中，因為就像我所說的，比起遊戲，它更像是芭蕾舞。也就是說，我依據這些事物能否更適切地被歸納到其他類別，來決定將之納入或排除在自我所選擇的類別中；我認為這是合理的。定義的探索並非無中生有，也不是依據現存的隨機屬性而確立的。在選擇原始素材時，我們排除不同的項目（如玫瑰花環或自信遊戲），並非僅僅給予這些項目一個像是「非遊戲」這樣的總體名稱。如果這麼做，就的確是在迴避問題，也跟冷酷門房處置醉鬼的方式沒有分別；他把醉鬼趕出去，不是因為他相信醉鬼更適合某個其他的地方——例如家裡；而僅僅是因為，從他的觀點看來醉鬼根本不屬於他所看守的那個地方。但明智的定義制定者處理那些不屬於其類組的成員，不能像對待放盪不羈的酗酒者一樣，只是把他們趕出去，而該像個關切的政府，只有當他所接待的流亡者被接受為另一國的移民，才會鼓勵他們遷移。

這樣的論點可能還是會受到反駁，反駁者會認為這樣的推論程序無法帶我們走出森林，只會讓我們陷得愈深。因為一開始我們的問題只是要辨識單一的類別，但現在卻變成要辨識很多類別——無法納入原始類別的項目有多少，我們必須辨識的類別就有多少；因為排除這些成員的唯一標準，就是確認他們隸屬於另一個不同的類別。採用了這個技巧，我們原本試著要解決的問題卻似乎變得前所未有地棘手；原本只要面對一個問題，現在變得要面對無限多的問題，如此就犯了魔法師門徒的謬誤：我似乎是在論述，不想迴避問題的方法，就是迴避它很多次。

206 好吧，其實我想表達的事，從某個角度來說是相當滑稽的。我想提出的另一個情境是，當我們著手要定義某件事物時，我們正處於一個從概念上來說是「無類別之分」的社會。如果真是如此，那麼我們在定義某一個類別時，就不能訴諸另一個類別，因為我們假設那個類別還未存在。也許就是基於這樣的考量，亞里斯多德說所有知識的獲得都是以預先存在的知識為基礎。而《克拉底魯篇》（*Cratylus*）中蘇格拉底所提出的，更接近我的觀點，對於那些恐懼定義的人如普羅泰戈拉（Protagoras）所想像的世界，蘇格拉底將之比喻成篩子，所有意義皆由其篩落，或者更生動地描繪，是一個流著鼻涕的人。

並不是每當我們要定義一件事物時，都必須要從零開始，好像我們必須定義所有其他事物，然後才能定義這件事。我們並不是在時間之初或知識之初開始進行定義的工作，而是從事件中間（*medias res*）開始——也就是說，我們處於其他定義的網絡或集體之中。

當然，有人或許還會問，所仰賴的那些其他定義是否*正確*。針對這個問題，我的回答是，如果這些定義有很多不正確，那企圖立基於這些不正確定義基礎下的新定義就不會太成功。但是，如果因為事物的區分沒有足夠的精確度，就抑制任何事物的定義，在我看來，如此對於分類的不安全感，其實已到了病態的程度。無論如何我們都可以假設大部分人知道一些事情，比如，屁股跟手肘是不一樣的。

換個文雅一點的例子，想想亞里斯多德對下述兩種不同事物類別的區分：具有內在驅動性的事物，以及驅動性來自於外在的事物。我認為，即使不知道這種相對複雜的區分方式（或者沒有意識到自己知道），我們仍然能夠分辨出老鷹與鋸子。我不須特別保護雞隻免得被鋸子攻擊，也不會用老鷹來鋸板子；即使不如此強調，對於自然物和人類加工物的區別能力其實只是我們大部分人跟哈姆雷特都擁有的小知識，這一點都不難想像。同樣的，我認為當我在區別某些比老鷹和鋸子更難察覺出差異的事物時，
207 實際上同一套意義差異的提示正在發揮作用。

是的，但我是如何得到這些提示的？我是不是該以柏拉圖的說法，我有一種模糊但足以引導的回憶，可以知道意義將會變成什麼？還是應該採納亞里斯多德處理類似問題時的做法，完全避免任何解釋，他只是簡單地認為，我們以特殊的方式來感知宇宙，因為我們的心智就是被建構成具有這樣的能力？我認為答案就在於我們經驗裡（也就是說，在我們後天經驗裡）對於各種區分的先存性，而這個任何定義所必要的條件，讓我們在試圖回答這個問題時，在柏拉圖的天馬行空裡止步，同時又給出了亞里斯多德簡潔觀察的方向。定義式意義的指引就像回憶，是基於過去的經驗，而心智可以用特殊方式感知宇宙，也是因為過去經驗。我認為，柏拉圖的知識回憶說之所以看起來怪誕，而亞里斯多德的宇宙歸納法之所以看似在迴避問題，都是因為他們將定義和歸納當作是一個又一個過程（或者他們的讀者如此解讀他們），獨立於由類別組成的共同體，而這共同體正是定義和歸納的先決條件。

為了解釋類別共同體如何運作，讓我們再度回到競速的例子並加以檢視。當我開始認真地探究遊戲的定義時，我很確定百米衝刺是遊戲而玫瑰花環不是。我不被表面特徵誤導，把一把老鷹形狀的鋸子放到它所隸屬的工場，而不是放到它不隸屬的鳥類當

中。我是如何做到的呢？首先，我已經知道如何辨識真正的競速和腳本表演之間的差異。（我又是如何注意到這樣的差異呢？經由觀察到真正的摔角比賽與電視節目所製作的摔角表演之間的差異。）在後者，節目一開始就已經（或應該）事先知道結果；前者的結果則不是（或不該）事先就已得知的。但競爭就必然是遊戲嗎？不。有些是，有些不是。救護車駕駛和死神之間競速不是遊戲（或至少不應該是），但百米衝刺則是遊戲；雖然兩者（以及公務員考試和戰爭）都是競爭的型態。為什麼百米衝刺是遊 208
戲，和死神之間的競速卻不是遊戲？因為遊戲是那些被視為（或完全可以是）以其自身為目的的活動，但上述與死神之間的這種競速，則不是（或不應該）如此。這樣的二分法，或者某種接近於二分法的東西，在我一開始探究定義時，就早已在運作著。我並不是在描述一種小心翼翼、一步接一步的程序下所產生的結果，而是有許多區分在彈指間但並非亂無章法地湧入心中，很像是一種瞬間啟示，彷彿我在喚起一些過去已擁有卻已遺忘的知識。當然，說是「遺忘」太強烈了。這是運用了另一種亞里斯多德式的區分法，所擁有的知識相對於使用中知識的區別。因為我已經知道，分辨競爭和非競爭項目，以及自為目的的和工具性的活動是有可能的，這樣的區分已足以讓我將百米衝刺納入，而將玫瑰花環排除在我最早的資料之中。

四、論辯模式的總結

在總結中，我想要：1.提出並簡短地回答三個問題；2.提出並更加簡短地回答五個問題。

1.1 在定義建構中，我如何選擇我的資料？

就方法的實踐上而言，這個問題幾乎不會出現。如果研究者處於理想的探究路徑（也就是有成功希望的探究路徑）上，資料大致上都會自行選擇，如果資料不會自行選擇，那就很可能不是一條理想的探究路徑。確實應該如此，因為我們並不是在真空中建構定義。那些已經被理解的類別及其呈現並且仰賴的差異化所構成的網絡，就是成功定義本身所依賴的必要條件。

當然還可以有更多的解釋，因為並不是每個人尋找定義都會同樣成功，儘管定義早已存在那裡等著被發掘。我相信，無法成功的原因在於某種不敏銳性——也就是說，對於那些在人們論述和探究中已經提到過的、經驗裡已有所分類的對象不具備足夠的敏感度去發掘。而這樣的不敏銳性存在可粗略歸納為二種——自然天生的或是受誘導所造成的。我所謂自然天生的不敏銳性，指的是實質上缺乏理解定義的能力。這就好比音樂上的音痴。而所
209 謂受誘導造成的不敏銳性，指的是某種偏見已經在這個人身上運作，以至他無法理解定義；如果沒有這樣的偏見，他就將會理解。我所稱的偏見就是弗朗西斯・培根（Francis Bacon）所稱的假相（idol），而這裡所說的其中之一就是家族相似性的假相，我將之歸為學術的假相。也許會以為這個假相可被歸類為市場的假相崇拜（Idol of the Market Place），因為維根斯坦所謂的日常使用，可被理解為人們在市場集會中所進行的口頭貿易。但我認為，街頭上的人不會是維根斯坦。維根斯坦，他是一個工作中的

本質主義者，像是街頭上的警官那樣，有能力糾正自己對羅傑．班尼斯特行為的誤解。

區分了對定義構成的不敏銳性，以及因假相而導致的不敏銳性，必須注意的是，這兩種起於不同因素的不敏銳性，從外在表現來看並無二樣。因此，當維根斯坦依照家族相似性試圖去解釋，為何那些乍看下截然不同的事物都稱之為遊戲時，他看起來只是傻，就好像是有某種個性偏執的能力缺失。只有當我們了解他這樣的行為是依照原則運作，才會知道他是一位工作中的專業哲學家。

1.2　語言和定義之間的關係是什麼？

沒有必要假設所有被稱作相同名稱的東西必定擁有相同的定義（維根斯坦傾向於把這樣的假設錯誤地套在所有本質主義者的頭上）。但是，如果有很多東西在很多情況下，相同的名稱都不具有相同的定義，那麼，我會因此而認為，這些命名根本無法適當、有效地描述這個世界，或無法在人與人的溝通中互相理解；那麼，指涉的語言就是全然無效的機制。

因此，我並不是在聲稱，要讓我的定義擴充成只能夠包含那些一般被稱作遊戲的少數事物——像跳房子和橋牌。也不是在說自己可以忽視語言的使用——只是沒有義務要去符合每一部分。所以，相較於維根斯坦的家族相似性論點，我主張我對遊戲的定義更能解釋「遊戲」（game）一詞的普遍使用性。在《哲學探究》一書中，維根斯坦寫道：

> 想想那些我們稱之為「遊戲」的例子。我指的是棋盤遊戲、紙牌遊戲、球類遊戲、奧運會〔！〕等等……。比較一下西洋棋和井字遊戲。想想單人紙牌遊戲，以及小孩把球丟到牆上再接回來〔的遊戲〕……〔想想〕網球。想想像玫瑰花環這樣的遊戲。[3]

對於這些各異的項目，維根斯坦問道：「他們之間有何共通之處？」他的意思當然是他們之間並無共通之處。但我認為，除了他所舉的最後一個例子，其他的例子之間確實有共同點。而且，我可以斷言，我所察覺到的共通處，就是所有或大部分這些事物都被稱作遊戲的原因；家族相似性並不是一個很好的理由。如果這些事物幾乎都被稱作遊戲的原因在於家族相似性，那麼，我覺得警察捉強盜沒有被稱作遊戲，是一件相當令人費解的事。

1.3 前面的論述，跟我所提出的遊戲定義是不是一個好的定義，有什麼關係？

沒有——雖然我認為如果提出的是一個好定義的話，那跟上面的論述會有很大的關係。因為對於定義所該問的，並不在於定義是否可能存在，不是為了得到一個肯定的答案而產生出一個定義；而是在於，定義如何可能存在。

3 Ludwig Wittgenstein, *Philosophical Investigations*, Third Edition, G. E. M. Anscombe translator (Basil Blackwell, 1958), 66.

2. 這裡有另外五個可以更簡短回答的問題

2.1 為什麼烏鴉像書桌？

它們不像。

2.2 你是否可以分辨老鷹和鋸子？

是。

2.3 為什麼馬吉・柴契爾像聖誕老人？

除了柴契爾外，兩者都有鬍鬚。

2.4 為什麼百米衝刺像玫瑰花環？

除了玫瑰花環外，兩者都是遊戲。

2.5 你是否可以分辨你的屁股和手肘？

問題的答案顯然取決於答辯者的哲學立場。

〔附錄二〕

草原上的維根斯坦

那篇我用來為定義辯護的文章〈山丘上的傻瓜〉所要回應的 211 是，那些因為我將不被稱作遊戲的競速活動也納入其中，而指出我的遊戲定義過於廣泛的反駁。我的回答是，某事物並不必然要被稱作遊戲，才可以是遊戲。現在這篇文章，則是為了回應那些說我的定義將一些被稱作遊戲的項目排除，而使得定義太過狹隘的反駁。針對這點，通常我的回應會跟〈山丘上的傻瓜〉一文中的回應相對照，也就是說，稱某事物為遊戲並不必然會讓它成為遊戲，如果它隸屬於遊戲之外的其它類別，那它就不是遊戲。這就是我對玫瑰花環的處理方式。但在這裡我所要提出的反例，不像玫瑰花環那樣明確、一目了然，因而需要更深入的解釋，期待這會是一個有益的說明。

但除了以上這點之外，提出此篇抗辯文章，還有另一個有點讓大家欣然驚呼的理由——因為維根斯坦自己本身如鬼魂般在文章中流連忘返，他就是這個進階反例的遊戲玩家。

反例：太陽、地球和月亮

這裡所談的是弗蘭克．麥布萊教授（Frank McBride）所提到的一場假設性的遊戲，他轉述自諾曼·馬爾科姆（Norman Malcolm）談及這個他自己、馬爾科姆太太與路德維希·維根斯坦三人所玩的遊戲。

> 維根斯坦認為我們三人應該相對於彼此而各自展現太陽、地球、月亮的運行。我的太太是太陽，維持穩定速率穿過草原；我是地球，快步地繞著她運行。而維根斯坦是最艱辛的，他是月亮；當我繞著我太太行進時，他則在我周圍運行。[1]

212 馬爾科姆把這樣的活動簡稱為 SEM，分別取太陽（Sun）、地球（Earth）、月亮（Moon）三個英文字的字首。他說因為 SEM 是一種遊戲，但並不合於我的定義，因此聲稱我的遊戲定義過於狹隘。

為了說明我的定義無法涵蓋 SEM，馬爾科姆聲稱 SEM（一）沒有可辨識的前遊戲目標；（二）沒有特定的方法；（三）沒有建構性規則禁止使用較有效率而鼓勵較無效率的方法；（四）對於為什麼規則被接受沒得選擇，只能選擇玩或不玩。[2]

馬爾科姆並未在 SEM 中發現這些，但這未能證明 SEM 不包

1 Frank McBride, "A Critique of Mr. Suits' Definition of Game Playing," *Journal of the Philosophy of Sport* VIII (Fall 1979)。McBride 轉引自：Malcolm, Norman, *Ludwig Wittgenstein, a Memoir* (London: Oxford University Press, 1967), pp. 51-52。

2 *Ibid*., p. 60.

含這些元素。讓我們仔細且耐心地檢視，看看能不能做到他所做不到的。

發明 CMO

暫且把 SEM 擱在一邊，我想邀請讀者一起看看我所發明的遊戲。首先，有一個移動的物體，我可以用極小的力氣，或完全不費力，就可以控制這個移動物體的線性速度。然後我給自己設定一個前遊戲目標：繞著這個物體跑動數圈。顯然，我有兩個不同的方法來達成這個目的：（一）我可以維持一定的跑動速度，讓自己能夠在物體現有速度下反覆繞行物體，或（二）我可降低物體的速度。維持我的速度需要耗費有限資源（我的體力），但降低物體速度則不需要；對我來說，要繞行物體，降低它的速度是一種比較有效率的方法。我因此採用一種限制方法的建構性規則：不降低物體速度（或者不要降到某個程度之下，或至少不要降到零，這取決於我想要挑戰的程度）。我採用這項規則的理由只是為了能夠參與這個因採用規則而成為可能的活動（而沒有其他目的，例如為了觀察跑者在某個特定速度下移動的各個面向——可以想像得到或甚至是難以置信的，運動教練可能在某些情況下會想要做這件事）：也就是說，我接受這個限制方法的規則時，採取的是一種遊戲態度。

根據我的遊戲定義，我認為以上所述是一場遊戲。（我將之 213
設定為一種開放式遊戲，但我也可以把它改造成封閉式遊戲，只要設定不同的前遊戲目標，例如繞行物體二十圈。）雖然我很滿意上述活動是一場遊戲，但它不是 SEM。所以讓我們問問，SEM 比起我所描述的遊戲多加了些什麼。我先想到的是，SEM 多的不過是一些非必要的裝飾，就如同有些網球選手習慣戴的彩色頭帶那樣。但不只如此。首先要注意到，我所描述的那個遊戲——我們姑且把它稱之 CMO（Circle a Moving Object，物體繞行），這項遊戲最多只能兩人進行（我說「最多」，因為 CMO 的玩家可以繞行人以外的物體，如電車）：一個人先跑，而另一人繞著他跑。所以，SEM 不同於 CMO 的地方在於多加了第三個參與者，而且給了每個遊戲參與者一個天文角色。

現在暫時把 CMO 拋諸腦後，讓我們更深入檢視以下 SEM 的進行。馬爾科姆夫婦把太陽和地球角色扮演得毫不費力，表現很好，但維根斯坦臉色泛紅、氣喘吁吁的，開始有點踉蹌。馬爾科姆太太看到這個情況，叫道：「我們暫停一下吧，讓路德維希可以喘口氣。」但維根斯坦回叫道：「你們兩人別停下來，諾曼，別壞了所有事。」維根斯坦之所以拒絕馬爾科姆太太人道主義的提議，我認為可能有兩個不同的理由：（一）如果 SEM 真的只是裝飾版的 CMO，他的理由是，接受這個建議將破壞遊戲的建構性規則；但是，（二）如果 SEM 不是 CMO，而只是太陽、地球、月亮之間相對運動的描繪，那麼他拒絕停下來的理由可能是因為星球運轉無法停止。在第一種情況下，諾曼停下來就會破壞遊戲規則；在另一個例子中，諾曼停下來則會扭曲太陽系運行狀況。所以，SEM 到底是什麼呢？——是一種 CMO 遊戲，或者是一種行星運行的模型？我認為答案可能是兩者之一，端看參與者的動機而定。

作為 CMO 的 SEM

一旦 SEM 可能被理解為 CMO 遊戲，首先就會出現這樣的困境。如果我們把 SEM 裡必要的第三位參與者（非 CMO 必要）以及這些遊戲者所假定的天體角色，視為無關緊要的裝飾物——這樣就只是多餘的包袱——我們便削弱了自己提出的「SEM 可以是 CMO」的聲稱。不過，我認為 SEM 的戲劇要素——也就是角色和情節——確實以下列的方式與 CMO 嚴格的遊戲特質緊密關連。當然，CMO 的遊戲也可以透過不讓運行物體停下來的 214
這種自發性決定，而進行下去，就像誠實的高爾夫球手就算沒人在看，也如實地報出揮桿數一樣。但是，如果將 CMO 置入 SEM 中（或把 SEM 設定為 CMO 的場景），那麼，阻止 CMO 中的 O 停下來的抽象禁令，就有了戲劇化的體現：違反了讓 O 保持移動的遊戲規則要求，也讓 SEM 裡的 E 停止運轉。這樣一來就破壞了讓遊戲得以呈現以及讓遊戲基本規則得以發揮效力的遊戲模型。這就跟純綷的裝飾是完全不相同的事。如果我們把焦點從彩色頭帶移轉到西洋棋的表現特性，我們就不再著眼於純綷的裝飾，而走向了 SEM 的天文特徵與 CMO 抽象特徵之間的示意關係；不過我們並沒有要就此做太深入的討論。在這樣的關係裡，重要的是，西洋棋中騎士（馬）具有可以跳過其他棋子的能力，教士（象）能有趣、獨有地斜向移動，不過真實生活中的騎士和教士對西洋棋的棋子沒有直接影響力；而太陽、地球和月亮的運動卻對「作為 CMO 的 SEM」有所影響。

在論及 SEM 也可以被詮釋為其他事物之前，針對 SEM 可以被解釋為 CMO 的這個可能性再提最後一點。這麼說應該很合理，如果 SEM 是我所描述的那種遊戲，那麼某種程度來說它就是個有點不尋常的遊戲，因為三個參與者當中只有兩個人在玩（馬爾科姆太太並不照著 CMO 的方法移動），而諾曼和路德維希看來是在玩著有點不同但密切相關的遊戲，就像兩個密切相關的齒輪在運作一樣。就是這樣。按照我在《蚱蜢》一書對波菲爾尤・史尼克和巴舍勒密・追哥兩人行為的描述，SEM 是一種三個人兩個玩家的遊戲。馬爾科姆和維根斯坦所玩的 SEM，甚至有可能是「三個人一個玩家」的遊戲，在這個遊戲裡維根斯坦獨自玩著 CMO，而馬爾科姆夫婦的功能只不過是遊戲場上的設備，也就是一種用來創造出適切動態物體的二齒輪機械。這個可能性由馬爾科姆總結這件事時所說的話得到些許支持，他說：「維根斯坦很熱忱且很認真地投入這場遊戲，邊跑邊向我們喊著指令。他因而氣喘吁吁且頭暈目眩，幾近虛脫。」[3] 作為「三個人一個玩家」的遊戲，SEM 和 CMO 之間的關係添加了幾分邪惡
215 的面向，不是嗎？無論如何我都不能避開這樣的感覺，維根斯坦對馬爾科姆夫婦提出 SEM，其實是在欺騙他們建構出一個星體模型，好讓他可以玩 CMO。

SEM 可以被視為某個版本 CMO 的論點，在了解到 SEM 過程中所出現的星體模式依兩方面來看是錯誤的，得到更進一步

3 McBride, p. 60.

的支持。這兩個有趣的方面是：（一）SEM 顯然是根據日心說而成立的，因此馬爾科姆太太作為太陽應當靜止而不是移動；（二）諾曼作為地球，當他繞著作為太陽的馬爾科姆太太轉時，同時也應該自轉。但是，如果這裡的太陽和地球並不是作為天文星體的再現，而只是一個裝置，目的是產生一個在特定速度下移動的物體，那麼，這樣的異常也就可以理解了。（一）移動的太陽比靜止的太陽讓地球需要以更快的速度繞行，如此就會對月亮構成更大的挑戰。（二）繞行一個自轉中物體的挑戰性並不會比繞行一個未自轉的物體來得更大，因此地球就不必以自身為軸心繞轉，畢竟只要有差不多正確的星體模型——只要有足以讓 CMO 遊戲得以進行的準確度即可。

SEM 作為模型建構

現在讓我們來看看，如果不把 SEM 理解成為了玩 CMO 遊戲的戲劇化工具，而是企圖要以三個人的身體動作來建構出太陽系模型的一部分。這樣一來事情馬上就變得不一樣了。繞行動態物體比繞行靜態物體所需要付出的額外努力不再被視為是整體活動的一種挑戰（就像在作為 CMO 的 SEM 中的情況那樣），而只是作為建構這星體模型活動中最困難、最麻煩的部分。以下這些策略在作為 CMO 的 SEM 中會被極力避免，但此時卻成了合理的手段：降低太陽和地球的速度而讓地球和月亮的運行更有效率、指派一個體力最好的人來扮演月亮（月亮才不會太喘或顫抖）等等。

我所提出的這兩種 SEM 詮釋之間的差異，可以由想像維根斯坦在活動中問了自己以下的問題來做總結：「我是為了創造出星體模型而繞著諾曼跑，還是為了要繞著諾曼跑而創造出星體模
216 型？」如果有人傾向回答「兩者都是」，那其實也不影響我所假定的觀點（雖然我相信它提昇了自身的困難度），也就是仍然有兩種可能的方式來詮釋 SEM，其中之一讓 SEM 得以被稱作遊戲，另一個則不然。

擊敗反例

如果麥布萊分析之後認為 SEM 實際上就是 CMO 的戲劇化版本，我當然會同意他，SEM 應該被稱作遊戲。但是，如果他同意自己是基於*那樣的*理由將 SEM 稱之為遊戲，那麼 SEM 就不是一個會對我的定義有所傷害的反例，因為「作為 CMO 的 SEM」確實符合我的定義。因此我應該要想到的另一個可能性是，即使 SEM 顯然是在建構一個星體模型，麥布萊仍然認為它是遊戲。是什麼樣的原因讓麥布萊有這樣的想法呢？我猜想，答案是麥布萊會稱 SEM 為遊戲，只是因為根據馬爾科姆的敘述，這是他們的休閒活動。如果我猜得沒錯，那麼，麥布萊就是以這項活動的社會脈絡來認定它是遊戲，而不是它內在的特質。如果這只是一群天文學家想要呈現太陽系的運作卻缺少可用設備，只能運用自己的身體的情況，我想就算是麥布萊大概也不會將之稱為遊戲。因為當這位魯莽的馬爾科姆，和他那赫赫有名的同伴在演出 SEM 的時候，他們並不是在工作，而是在玩樂，所以麥布

萊才會覺得那是遊戲。但是，如果因為這樣 SEM 就應該被稱作遊戲的話，那麼所有的休閒活動都應該被稱作遊戲：看書、跳舞乃至算腳趾頭。

提出 SEM 作為反例，必須符合：（一）它是一種遊戲，而且（二）它無法被我的遊戲定義所涵蓋。然而，從以上的分析來看，SEM 無法同時符合這兩項條件。如果它被詮釋為遊戲，就無法符合條件（二），而如果認定它無法被我的遊戲所涵蓋，那麼它就無法符合條件（一）。因此，我的結論是這個反例失敗，而要在感謝草原上的維根斯坦為我們創造出了這種種可能性中停筆。

〔附錄三〕

論「玩」[1]

我打算提出一個有關「玩耍」（play）的試驗性定義，並且 217
為之辯護。這或許不是一個會為所有人帶來衝擊的有趣論證，所以如果你不想留在這裡，請現在離開。因為，我知道有些課題一旦深入凝視，某些人會出現抗拒的反應，有時候這種反應相當狂暴。例如，有些人如果被要求理解一些抽象符號，便會極度焦慮。有些人則一旦思考某種上帝存在的新證據，即陷入沮喪而無法自拔。但最極端的反應來自那些無可救藥的「定義建構反對者」——我說的就是那些終極的維根斯坦主義者。因為一旦這些終極維根斯坦主義者得知你正在認真地試圖定義某種事物，他立即呈現出焦慮與沮喪，並且破壞你的名聲。

所以，現在我先暫停五秒鐘，為大家提供方便——患有嚴重定義恐懼症的人，馬上可以逃離這裡。

為什麼我要定義玩耍？因為它就在那裡嗎？顯然，這是部分原因。但主要原因在於定義是某種約束或限制；自懷金格（Huizinga）提出他的學說之後，社會場景中的每一顆石頭底

1　原先發表於1977年《國際運動哲學期刊》（*Journal of the Philosophy of Sport*）第四卷，p.117-131。

下，似乎都藏著「玩耍」，而我認為，玩耍這個概念承載得太多了。對許多實踐玩家而言，我懷疑這個主題應縮減一些範圍。現在幾乎沒有事物不被稱為玩耍，從貓追尾巴到亞里斯多德對不動之動的沉思都是。「玩耍」一詞像是個太細小、太脆弱的容器，想要包含如此大量意義則必定滿溢乃至分崩離析。貓追尾巴與亞里斯多德沉思上帝，這兩者之間的共同之處為何？其實，我們發現這兩者的共同點比我們以為的還多。貓與亞里斯多德在從事的，都是一種「自成目的」（autotelic）的活動，也就是為了活動本身為目的而進行的活動。無論是專注於上帝的亞里斯多德，
218 或追逐著尾巴的貓，對以下問題都會給予相同的答案：

「追逐自己的尾巴有什麼好處呢？」

貓回答：「不為任何好處，這事本身就存在價值。」

「沉思上帝有什麼好處呢？」

「不為任何好處，這事本身就存在價值。」亞里斯多德會這麼回答（事實上他曾經如此答覆）。

如果把玩耍定義為任何自成目的的活動，那麼貓追尾巴與亞里斯多德沉思上帝，兩者都是玩耍。

但是，我無法同意玩耍是相等於任何自成目的的活動。我們需要兩個步驟來證成這個論點。第一個步驟是承認亞里斯多德沉思上帝與貓追尾巴，都是自成目的的活動。這一步完全合理，我可以接受。但第二步我則不能接受。第二步是要為這個件事套上「玩耍」一詞。這一步依據的是什麼理由呢？讓我們暫停一下，先看看「玩耍」一詞如何出現在討論之中。難道不是因為貓追尾巴早就被稱作「玩耍」嗎？

「貓在玩耍嗎？」我們問。

「不是，牠在撕破郵差的喉嚨。」這是我們得到的回答。

「喔。」我們這麼回應。現在，我們再問：

「貓現在在玩耍嗎？」

「是的，牠在追自己的尾巴。」這是答案。

「嗯。」我們說。

但我們發現人類沉思上帝也早已經被賦予某個稱謂——宗教經驗。所以，既然我們將亞里斯多德沉思上帝稱為「玩耍」，那麼依據同樣的理由，我們也可以稱貓追尾巴為宗教經驗。但是，請不要跟我說貓追自己的尾巴，對貓而言確實也是個宗教經驗。或許是，我完全願意接受這個可能性。你永遠無法真正了解貓咪。即使假定貓追尾巴真的是個宗教經驗，我們也無法以論證沉思上帝是種玩耍的相同手法，來證成貓追尾巴是個宗教經驗。因為就我們所同意的，亞里斯多德和貓的共同之處，只是在於他們都在進行一項自成目的的活動。當然，我們並不認為所有自成目的的活動都是宗教經驗。以同樣的方式來說，我們也不該認為亞里斯多德與貓在玩耍，除非我們先證明所有自成目的的活動都是玩耍。

又或許我們真的在意這些事實嗎？我們可能並不在意。或許我們只是用「玩耍」來指涉所有自成目的的活動，如同一位作者在這個主題所寫的：「我使用『玩耍』一詞，指的是任何自成目的的活動，即使該活動通常不被稱作『玩耍』。」換言之，他想要用蛋頭小子（Humpty-Dumpty）的方式來解決問題。你記得在《愛麗絲鏡中奇緣》（*Through the Looking Glass*）中愛麗絲與蛋頭小子之間的爭論嗎？蛋頭小子說一年可以得到三百六十四份非生日禮物，而只能得到一份生日禮物，他總結說：「那是妳的榮譽！」

「我不知道你所指的『榮譽』是什麼意思。」愛麗絲說。

「你當然不知道，」蛋頭小子回答，「我還沒告訴妳。我是說，這是『給你一個聰明的點子』。」

「但是，」愛麗絲反駁，「『榮譽』並不是指『一個聰明的點子』。」

蛋頭小子不屑地說道：「當我使用一個字詞，我要它是什麼意思，它就是什麼意思。」

愛麗絲回應：「問題在於，你真的可以用一個字詞來代表很多不一樣的東西嗎？」

蛋頭小子說：「問題在於，由誰來做主。就是這樣。」

理性討論可以容忍某種程度的「蛋頭主義」。例如，為了方便說明而約定某個字詞的用法，這在理智上是可以接受的。只有當人們忘記了約定的意涵並不是事實的時候，蛋頭主義才會變得不可容忍。然而，因為約定者的記憶並不會比一般人更好（往往更糟），所以難免會忘記，有時候甚至很快就忘記了，如同以下亞伯拉罕．林肯（Abraham Lincoln）與一個責難者之間的對話：

林肯：先生，請告訴我一隻馬有幾條腿？

責難者：四條。

林肯：正確。但如果我們將馬尾巴稱作腿。那麼現在一隻馬有幾條腿。

責難者：五條。

林肯：錯。把尾巴稱作一條腿，並不會讓尾巴真的變成一條腿。

再者，約定某事物如何，要比大膽主張某事物確實如何，看來似乎是更為謹慎的舉動，但也並不總是如此。如果我告訴系主 220
任，我願意暫時約定而非認定他心智健全，這不是一個謹慎的行動，而是愚蠢至極。因此，把「玩耍」約定為指稱所有自成目的的活動，就兩方面而言，這是不謹慎的。（一）如果就事實而言這項約定是*不正確的*，我們必須時時提防約定者忘了這只是個約定。（二）如果就事實而言這等同是*正確的*，那麼稱其為約定便是錯誤。我今天的其中一個目的，就是為玩耍一事提供足夠的闡釋，以說服你：把玩耍等同於自成目的的活動，這頂多只是一種約定。也就是說，我拒絕下列主張：如果 X 是自成目的的活動，那麼*事實上* X 就是一種玩樂。

我也主張（至少為了論證之便）該命題的反向是對的。換言之，我假定所有玩耍的活動*都是*自成目的的。也就是說，我將自成目的視為適當定義玩耍的一項必要條件，而非充分條件。因此，我們探詢的起點，就是要尋找自成目的活動這個屬類當中的差異。我要說的是，這個差異跟*嚴肅性*（*seriousness*）有關。我將進一步指出，要闡述這個嚴肅性，叔本華（Schopenhauer）提出的那個廣為引用卻也普遍被忽視的觀察，是極佳的例子——叔本華說，動物的玩耍，是在消耗過剩精力。

基於以下三個理由，在我們開始進入這個主題之前，讓我先談談遊戲。（一）我對遊戲的了解要多於玩耍，或至少我這麼以為。（二）這個領域中的許多作者顯然總是直覺地認為遊戲是玩耍的亞種，因此，指出這個直覺觀念的錯誤，是具有啟發性的。（三）我相信，一旦我們釐清了玩耍跟遊戲不一樣，我們也就能理解什麼是玩耍了。

讓我從一個大膽的主張著手——玩耍與玩遊戲之間，沒有任何邏輯關係。為什麼說這是一個大膽的主張？看看我自己所使用的字詞：玩耍與玩遊戲（*playing* and *playing* a game）。這很確定地指出玩遊戲是玩耍的一種。但毫無疑問地它並沒有這樣的意思。「玩」是一個高度模糊的詞語。即使不需要冗長的哲學探究，我認為我們也可以毫無爭議地區分和去除「玩」一詞的幾種用法，不然它會干擾我們的探討。我建議，如果「玩」一詞的意思相等於「表演」、「操作」或「參與」，我們就不予考慮。我
221 們可以玩小提琴，但那是指表演小提琴。我們玩彈珠，但意思是我們在操作彈珠台。還有，我們玩一場遊戲，只是意味著我們參與其中。我認為，這些用法並不會影響目前的討論，因為明顯地這每一種用法，都可以用其他詞來替換「玩」一詞，而完全不會改變它的意思。「玩」的這些用法，是一種隱喻，或許它最原本就是作為隱喻使用的；我們稍後會提及玩耍與隱喻。到目前為止，我想我們總算搞清楚：「玩一場遊戲」這樣的表述，並不足以證明玩耍與玩遊戲之間的邏輯關係。

我宣稱玩耍與玩遊戲在邏輯上相互獨立，意思是說：即使玩遊戲通常也是在玩耍，但我們不能因為 X 是一種玩耍而認為 X 就是一種遊戲，也不可以因為 Y 是一個玩遊戲而斷定 Y 是一種玩耍。以下這個日常生活中的例子，至少在表面上支持了我們的

論點，即玩耍與遊戲之間沒有邏輯性關係。強尼的媽媽說：「強尼，不要再玩馬鈴薯泥了。」如果我們因此認為強尼正在玩一場他跟馬鈴薯泥之間的遊戲，那就過度詮釋了。湯瑪斯．阿奎那（Thomas Aquinas）以一個男人無聊地撫摸他的鬍鬚，作為玩耍的例子。同樣的，我們也無法說這個男人正在跟他的鬍鬚玩遊戲。如果強尼和撫摸鬍鬚的男人都是在玩遊戲（而不是單純地玩耍），那麼下列的疑問就應該可以得到答案：這些遊戲的目標是什麼？遊戲規則為何？什麼算作是贏？什麼算作是欺騙？

若說某個人必須是在玩耍，才能稱得上是在玩遊戲，這似乎同樣不合理。當職業運動員為了薪資而在被指派的遊戲中展演，雖然他們必定是玩遊戲，但我們並不會認為他們是在玩耍。因為當職業運動員玩本身專業的遊戲時，我們認為他們在工作，只有當他們回到家裡陪孩子跑跳時，才是在玩耍。

一些常見的語言用法，似乎將玩耍與遊戲視為兩種可辨識的不同行為種類。這樣的用法完全正確，我將在下文闡述理由。我認為，當強尼沒有正襟危坐地吃馬鈴薯泥，我們把強尼對馬鈴薯泥所做的事稱為「玩耍」時，我們所指稱的這件事，其實是相對於其他事情而言；但是，當我們用「遊戲」一詞指稱西洋棋或棒 222
球時，則不是相對於其他事物而說的。從此角度而言，「玩耍」就像是我們形容顏色深淺時所用的「淺色」，而「遊戲」就像「藍色」一樣作為顏色的名字。我認為，「玩耍」與「遊戲」之間存在某種邏輯上的獨立性，就像「淺色」與「藍色」之間那樣。因此，雖然某些藍色是淺的，而某些淺的顏色也是藍色，但我們無法因此從藍色推斷出顏色的深淺度，也無從以顏色的深淺推論它是不是藍色。正如淺色是相對於深色而言，玩耍也有其對立面，也就是嚴肅性，或某種形式的嚴肅。但無論是藍色或遊戲，都沒有任何東西作為它的對立面。與藍色相反的是什麼？綠色？紅色？西洋棋的反面又是什麼？手球？撲克牌？

當我們說強尼正在玩著他的晚餐，撫摸鬍鬚的男人正在玩著他的鬍鬚，我們意指的是：這些對象物通常有其他用途，或過去是作為其他用途，而這些用途跟強尼與撫摸鬍鬚的人所做的不相同，或不一致。當我們使用「淺色」一詞時，隱含的意思是「那不是深色」；同樣的，跟我們說「玩著」什麼的時候，我們隱含的意思是，這個玩耍的人「並沒有嚴肅對待這個什麼」。所以，我覺得以下關於玩耍的假說是有趣的：當我們提及玩耍時，總是意指玩著某 X 或其他東西，雖然這個附加說明不太常被表示出來。我們通常只會說強尼在玩耍。但是，如果我們想要檢測「強尼正在玩耍」這個陳述，那必須要能夠指出強尼正在玩著某個 X：鬍鬚、馬鈴薯泥，或任何其他東西。

我想這是一個富有啟發性的假說。它看起來也像是個錯誤的假說。其實這並沒有錯，但是看起來很像錯誤。回到強尼，他嚥下最後一口馬鈴薯泥，跑到外面去玩。當我們說他跑到外面玩耍時，是什麼意思？我們當然並不是說他正在玩著某樣東西，甚至也不是說他正在做著某件事。我們好像是說，他正在做某幾樣事物，但不是在做某些其他的事物。他正在玩球、在草地上滾來滾去、在拔昆蟲翅膀，或只是精力豐沛地叫喊；但
223 他不是在寫作業、不是在整理花園，也不是在寫信到《時代雜誌》（*Times*）。看來強尼並沒有玩著任何事物（好吧，或許是

昆蟲），但大部分時間他就只是單純地在玩耍。

或許就是因為這一點，才會讓人以為玩耍等同於任何自成目的的活動。因為強尼玩耍的時候可能做的種種事，唯一的共同點在於，這些事都是他想做而做的，不是為了某種更進一步的目的而必須這麼做。從這個角度而言，聆聽貝多芬四重奏就像玩棒球、大聲喊叫或撫摸鬍子一樣，都是玩耍。事實上，像是康德、席勒與桑塔亞納（Santayana）都企圖呈現審美欣賞不只是玩耍，而且是最高級、最美好的玩耍。

然而讓我困擾的是，幾乎沒有哲學家會想要把聽貝多芬稱為玩耍，而這些哲學家對美學的興趣也是高於對玩耍的興趣。而且我猜想，強尼在餐桌上以及晚餐後的玩耍，兩者除了都是自成目的的活動以外，應該還有一些什麼共同之處，而這個共同點指向某種用來玩耍著的對象物。叔本華說動物的玩耍在於消耗過剩精力，我相信，如果我們仔細研究他所提出的這個主張，將有助於我們揭開這個玩耍著的對象物。

其他對玩耍感興趣的人通常只把叔本華的觀察看作是一種生理學的評論。但是，即使那是叔本華的本意，這項評論的意涵卻遠遠超越生理學領域；我認為，這直指玩耍這個概念的根本邏輯。我們知道「過剩」一詞並不是充分的解釋，但如果玩耍真的像我所說的，是個相對性的詞語，那麼「過剩」一詞確實說到了重點。因為「過剩」或過於「充足」，必定對照著「充足」；它的意思本質上總是跟另一個詞語連結在一起。那麼，叔本華所謂的過剩精力，到底是什麼意思？是對什麼而言過剩了？可能是對生存而言，或許是安全性與舒適性達到合理程度的生存。概括來說，這裡所謂的玩耍似乎是工作的對立面，或更廣泛地說，是相對於執行工具性活動而言。這麼說來，玩耍必定意味著把精力投入非工具性的行動中；過剩精力如果用於執行工具性活動，那就不是真正的過剩了。然而，現在又出現了一個難題。
224 當叔本華或其他人用這種方式談論動物的時候，他們將其歸因於本能的理性，大致上就像理論經濟學家預設市場運作中的經濟理性決策者。因此，動物在滿足需求之後，照理不會繼續埋頭追求食物、遮蔽處與安全。就此角度來說，動物有時候被認為優於人類，後者常常不知何時該停止工具性利益的追求，特別是金錢與權力。例如，像盧梭（Rousseau）等思想家所實踐的動物哲學（philosophical zoology）就認為，只有文明的人類會變成金錢奴、貪婪家與懦夫，動物或高貴野蠻人（noble savage）並不會。

我為什麼要突出這一點？因為這個論點認為，動物會本能地區分出充足與多餘，人類卻往往不會。果真如此的話，那麼以上認為動物玩耍是在消耗過剩精力的說法，或許能讓我們多了解動物，卻無法給予我們任何提示去了解人類的玩耍，或至少無法提供太可靠的資訊。假定我們知道史密斯已有了充足的財力，終於可以暫時離開他的昌盛事業，放假喘口氣。然而，史密斯誤以為他在財務上的保障仍然不足，於是持續工作。事實上，他現在消耗的是過剩精力，而如果叔本華的觀點是正確的，他就一定是在玩耍。但他不是在玩，他比從前更賣力工作。

我們先別否定叔本華的主張，只需要加上附帶條件——對人類而言，這裡所提到的精力必定不只是過剩，當事人必須也要相信這是過剩精力。然而，這個附加條件解決了一個難處，卻似乎又帶來另一個困難。因為人類並不只是在他完成工具性活動後仍然擁有，或認為自己擁有多餘精力的時候，才會玩耍。相反的，人類不同於哲學家的森林裡那些高度理性的動物；眾所周知的是，人類總是讓玩耍阻礙生產性活動。但這種情況下，玩耍並非消耗過剩精力，而是侵占稀有精力。正是這樣的作為，殺死了傳說中的大蚱蜢。

那麼，叔本華的觀察完全和人類的玩耍無關連嗎？也不全然如此。他所主張的完全正確，只是說得不夠透澈，而且並沒有從他原初的洞察推論出一般化的概念。他走得不夠遠，是因為他認為玩耍只跟過剩有關。事實上，玩耍跟稀罕也同樣有所關連。目 225
前我們所了解的是，玩耍時所消耗的精力，必定是超過工具性活動能量庫所需的部分（這是按照叔本華觀點），否則，就一定是竊取自這個能量庫。如果確實如此，那就肯定了前述的假設——玩耍必須參照其他事物來理解，就叔本華的看法，參照的即是原本不是用在玩耍的「精力庫」。

叔本華的原則再增加一個修正，我們也就有了基礎來為玩耍下定義。我認為，叔本華公式裡的「精力」一詞太過狹隘；我主張以「資源」一詞來取代，這樣的更替是必要且合理的。如果我們談論的僅限於動物，那麼「精力」一詞或多或少還是適用的，畢竟那是動物所擁有的唯一資源，或者是最明顯的資源。但是，如果我們想要尋找一個定義來含括人類和動物的玩耍，就必須在人類的精力以外加上其他資源，例如馬鈴薯泥，或鬍鬚。

我們對叔本華關於玩耍的洞察做了以下延伸——玩耍意味著動用了原本無意用於此處的資源，那些資源原本是為了工具性活動而配置，現在卻用於另一項自成目的的活動。我以下面這一句話來概括，這也就是玩耍的定義：

> X 正在玩耍，若且唯若 X 將原本意圖用於工具性目的的資源，暫時挪用到另一項自成目的的活動中。

例如，食物主要是作為供給身體養分的資源，這是食物第一優先用途。但食物也可以作為其他目的的資源，例如有人可以把馬鈴薯泥和湯汁做成山谷、河流。當這個活動挪用了原本用於工具性目的的資源，而且活動以自身為目的，我們便說這是玩耍。最優先的工具性活動所需要的資源，不一定挪至自成目的的活動，也可以導向其他的工具性活動。在緊急時刻，馬鈴薯泥可以用來填補牆上裂縫，防止冬季冷風；但這不是在玩食物，因為食物是從某個工具性用途轉移到另一個工具性用途之上。然而，需要留意的是，有時這種工具性用途到另一種工具性用途的轉向，
226 也被稱作「玩」。例如，史密斯看到瓊斯在欺騙羅賓遜，於是抓著他說：「瓊斯，你在玩什麼把戲？」這句話之中的「玩」顯然是比喻性用法，擷取的是玩耍的其中一個面向：把資源從工具性用途轉移到其他目的之上。這種使用是比喻性的，而不是字面的意思，因為其中並沒有掌握到「玩」的所有面向；就這個情境而言，沒被掌握到的面向是，資源必須轉向自成目的的活動。當瓊斯欺騙羅賓遜，他把口說語言這項資源，從作為溝通的工具性用途，轉向其他工具性用途，即欺騙。「玩」與「遊戲」的隱喻性用法確實很普遍，往往造成分析的重大阻礙；如伯恩的《人間遊

戲》甚至系統性地以誤導的方式使用「遊戲」一詞。另一方面，覺察到這是一種隱喻性的語言用法，在分析上是大有助益的——要說明這種用法之所以是隱喻，就必須釐清狀況，指出哪些面向並非屬於玩耍或遊戲。

這有些離題了，現在該回到我們先前還未回答的問題。強尼玩弄馬鈴薯泥的行為，具備了定義所要求的資源轉移，所以可稱之為玩耍；可是，他單純地到外面玩耍，顯然並沒有玩著什麼對象物，這又該怎麼說呢？（我必須打斷一下，在這裡用括號插入一項提醒。假設強尼正在玩棒球，我們不能只是因為他正在玩「著」棒球，就說他在玩耍。這裡的「著」跟定義裡所要求的「著」並不相同。因為在棒球遊戲中玩「著」球，並不是把球挪用到某個次要的用途上——用在棒球遊戲中，本來就是球的首要用途。如果要符合我所謂的玩「著」某種東西，強尼必須把球用在棒球遊戲以外的用途，而且這個新的用途必定是某個強尼認為有其內在價值的活動，例如，試試看可以在他的鼻子上頂著多少顆球。）結束括號裡的提醒，我們回到晚餐後到外面玩耍的強尼；他沒在玩馬鈴薯泥、沒在摸鬍子，也沒有以任何非正統的方式玩著棒球。實際上，他只是在草地上跳躍。而我們的疑問仍然存在——如果強尼真的在玩耍，他到底在玩著什麼？

答案不難找，你聽到必定鬆了一口氣。鬍鬚、馬鈴薯泥與棒 227
球並不是可以用來玩的唯一事物種類。別忘了，任何資源，只要是原本用作工具性目的，或可以用作工具性目的的資源，都合乎我們的要求。有一種資源，是所有活動都需要的。這個普遍的資源就是時間。不論我們想做什麼，都必須要有足夠的時間。在非烏托邦的條件之下，也就是人類普遍的處境，時間的優先用途總是工具性活動，基本上是為了維持和改善生存條件的活動；我們的語言使用也是在這樣的脈絡之下產生的。當時間用於這些活動之後還有剩餘，就會被暫時挪用到自成目的的活動，例如在草地上跳躍。因此，強尼在餐桌上和晚餐之後都在玩耍，而且是同一種意義的玩耍。因為在這兩個情況中，他都把工具性資源挪用到自成目的的活動上；只是，其中一種資源即馬鈴薯泥的挪用是被禁止，或至少會引來不悅，因為那是稀有的；而另一種資源，即晚餐後的時間，則因過剩而被允許挪用。當然，不需要特別強調的是，馬鈴薯泥並非總是稀有，而時間並非總是過剩。在另一個情境，強尼可能會跟媽媽說晚飯後剩下許多馬鈴薯泥，而他媽媽可能允許他玩這些過剩的馬鈴薯泥。另一方面，最好用來學習的時間，卻總是浪費在無所事事的休閒——「年輕人，認真點吧！放學之後才是玩耍的時間。」

因此，各種審美欣賞要能正確被稱為玩，是有所條件的；但原因並不是在於這是自成目的的活動，而是在於進行這些自成目的的活動的情境脈絡。也就是說，從事這些活動所使用的時間，本來是應該使用在某個更優先的活動。

看看羅馬皇帝尼祿在羅馬大火時拉著小提琴。我們當然不應該只是因為尼祿在玩小提琴，就斷言他在玩耍，因為這裡所謂的玩其實是演奏的意思。但我們確實可以說，羅馬大火時，他拉著琴在玩耍；我們要說的是，他在隨意消耗時間，而沒有將時間用於該處境明顯需要的救援行動。我們說羅馬大火時尼祿在玩耍，這裡所說的玩耍並不是隱喻；而且我們會以不以為然的態度說出這句話，因為在我們的眼中這是在糟蹋時間。但是，假設尼祿處在平時的情境——他盡心於帝國的法律與治理政策，度過了極高生產力的一天之後，回到樂房彈琴。在這種情況下我們也可以說他在玩耍，因為相對於他的審美欣賞，此時並沒有更重要的事，這時候，我們說尼祿在「玩樂」時，就不再是那種不以為然的語氣，因為尼祿已經利用他的時間完成他該做的事，所以他可以合理地把剩餘的時間花在自己的娛樂上。不過，我們稱其為玩耍，僅僅因為我們把他正在做的事情跟另一種更重要的事對照；或者隱而不宣，或者視之為原則，我們都會認為那件更重要的事，是時間利用的優先考量。如果出現新的危機，例如競技場裡供凌虐的基督徒人數突然下降時，則原本的時間使用排序，將從原則性的優先變成事實性的優先。

因此，對於那些主張審美與宗教經驗都是玩耍的哲學家，我認為他們部分正確、部分錯誤。這些事物之所以是玩耍，不僅在於它們是自成目的的活動（就這一點而言他們錯了），而是在於他們利用來玩耍的，是稀有的時間——將時間從工具性使用挪到自成目的的活動，就是在利用時間玩耍。但是，如果時間是無限的，例如在烏托邦的情況，聽貝多芬與沉思上帝都不是玩耍，因為時間的利用並沒有從工具性目的轉移到自成目的的活動——烏托邦裡的時間利用根本沒有所謂的工具性目的。所以，如果哪些哲學家認為烏托邦或理想的存在狀態必定由玩耍所構成，他們是錯誤的。烏托邦的居民可能會做任何事情，但就是不可能玩耍，因為玩樂必須要有與之相對的事物才能成立，而在烏托邦這是不可能的。

以這個角度來考量，則同一種活動如聽貝多芬或沉思上帝，可能被某 X 指稱為「玩耍」，同時又被某 Y 指稱為「非玩耍」。為什麼會這樣呢？這就是相對性用語的特質。這個藍色可以被稱作「淺色」嗎？可以，因為它的周圍是更深色調的藍色。現在同一個藍色可以被正確地稱為「深色」嗎？是的，因為它現在被更淺的藍色包圍。那麼，某個事物需要被放置在怎麼樣的情
229 境，我們才能夠正確指稱它為「玩樂」呢？答案就在於我們定義中的「原本用於工具性目的的資源」。

任何資源被用於工具性目的或其他目的，並非必然，也沒有僵固的劃分，而是關乎選擇。原始人顯然會選擇將他的資源優先用於跟生存有關的工具性目的。

但原始人並不是*非得*那麼做。他可以將他的資源優先用於自成目的的活動。事實上，他可以選擇不要將他的所有精力與時間用在取得食物、住所與安全，而是投入到藝術與創造性的社會關係之中，如在洞穴畫畫，或沉醉於性愛。當然，如果原始人做了那樣的選擇，他將不會存活太久，而我們也就不會存在。

其實，我想說的重點不是我們的存活，而是我們的語言。為了易於說明，我要問你一個問題。如果原始人完全讓自己投入於自成目的的活動，縱情地讓臘燭兩頭燒，然後像寓言中的大蚱蜢一樣，過了一個季節即燃燒殆盡，那麼，他還會把這樣的作為稱作「玩耍」嗎？我想答案應該是否定的。他不可能再稱這些活動為玩耍，就像如果鴝鳥蛋是全宇宙唯一的藍色物體，我們也就不再可能說這蛋是淺藍色的。

我以一場不常見的網球賽發展來概括玩耍的這個面向，以

及我整個論證的主旨——這是一場你沒聽說過的奇異網球賽，一場混雙賽事，A 隊包括烏托邦的訪客湯米·摩爾（Tommy More），和天賦異稟的業餘者普登斯·佩蒂亞（Prudence Paidia）[2]。湯米既不是職業選手，也不是業餘選手，因為烏托邦沒有這樣的區分。B 隊包含女子頂尖職業選手克里西·里琪（Chrissie Rich），以及古老寓言裡的大蚱蜢。所有人都是為了樂趣而參賽，除了克里西——如果她的隊伍獲勝，她將可得到十萬美元的獎金。（重點不在於克里西的貪婪，而在於她是個職業選手；我的故事需要她的專業表現，才能說出我的重點。）四位都是一流好手，表現好到比賽的第一局一直無法結束。他們達成平手，然後僵持不下整整一個月。大會人員提出暫停賽事，並問選
手們是否願意停止比賽，宣布僵局。（奇怪的是，他們當中沒有 230
人發明或引進比賽的突破僵局制，但畢竟這些人是網球選手，不是組織天才。）大會輪流向每個選手提出終止比賽的建議，而他們的回應如下：

克里西·里琪：不管用任何方法，都要繼續下去。這完全不是我暫時挪用的時間，這個比賽本來就是我時間運用的第一優先。

湯米·摩爾：不，我沒有理由要退出。當然，我也可以做其他事，比如玩橋牌、聽貝多芬、沉思上帝，但打網

2　譯註：Prudence 一詞有「審慎、精明」的意思；Paidia 一詞含有「玩與娛樂」的意涵。

球就跟這所有活動一樣讓我享受——好吧，坦白說，跟沉思上帝比較，這比較有趣。所以這不是我的時間的暫時性挪用。我所有時間在做的，就是這件事。

大蚱蜢：我承認，如果我不是大蚱蜢的話，我會想放棄，因為沒有任何一個財力有限的正常人，可以把時間耗在這裡而不去工作。但因為我是大蚱蜢，我對未來福祉漫不經心，因此一般那些深思熟慮的人所在意的東西，對我而言都無關要緊。即使天塌下來，我還是會把所有時間都花在非生產性的活動上，所以這不是我的時間的暫時性挪用。這一點，我跟烏托邦來的湯米·摩爾一樣，只是對他而言，天不會塌下來。

普登斯：我的朋友，這麼看來，我是唯一想要退出的。我了解為何你們每一個都想要繼續，但你們的理由沒有一個適用於我。我是一位體育助理教授，負責支付我的丈夫讀研究所，明天就是學期的開學日了。如果我沒去上班，就會被解雇。這個月是我的時間的暫時性挪用，而我現在必須把時間放回到優先事物上。我不像你們，我是在玩耍。

231 「你這太痛苦了，你應該搬到烏托邦來。」湯米說。

「我也希望，」普登斯回答，「我們都在朝那個方向努力，只是很慢。」

「來吧，來吧，普登斯。」大蚱蜢插話，「別管了，繼續玩吧。被開除有什麼好在意的？」

「我在意，」普登斯回答。

「好了。」克里西不耐煩了，「至少找個人替換吧。難道觀眾裡沒有任何一個人有大量時間的嗎？」

「我有，」正面看台有人說話，語調聽起來沾沾自喜。

「你是誰？」克里西提問。

「一個哲學教授。」他一點也不謙虛地回應。

雙方替換很快速就完成。兩個發球之後，克里西和大蚱蜢贏得第一局。

雖然我用一場遊戲來說明玩耍的情境性本質，我希望這個例子清楚地指出了這一點：比賽中這四個人的回應方式，也可針對其他活動，包括一些審美或宗教體驗活動。唯一的要求是，該活動必須是以自身為目的。例如，如果這四人被要求決定是否停止聽貝多芬或沉思上帝，他們將會作出跟網球賽時所做的同樣抉擇，並且為了相同的理由。因此，我不想在毫無條件之下認為推針遊戲（push-pin）[3]就跟詩一樣好；但我要說的是，詩就像推針一樣，都有可能是玩耍，而宗教冥想也跟詩一樣有可能是玩耍。

但仍有一個糾纏不休的疑問。對於一些符合我的定義的事物，或許我們願意承認，或願意認真看待它作為玩耍的範疇；但對於另一些也同樣符合定義的事，我們可能就不那麼願意了。而我想審美欣賞與宗教經驗很可能就是那些讓我們不太願意承認的

3　譯註：哲學家邊沁（Jeremy Bentham）提出推針遊戲的娛樂價值，是與音樂和詩歌相等的。

事物。我今天所設定的最後一個目標，就是嘗試移除這樣的疑慮，或至少讓這個疑慮減弱。

讀者應記得我的立場——唯有當審美與宗教經驗是出於自足
232 性行為時，才是「玩耍」的合適備選項目。因此，如果某個審美欣賞或宗教獻身的行為*確實*因為其他更進一步的目的而具有價值（雖然大部分時候都是不被覺察到的），這個行為就不是*真的*具備自成目的的特徵，因而不可能*真的*合乎「玩樂」的行為。我認為，像是審美或宗教等等被賦予崇高價值的活動，幾乎總是（至少部分是）因為它對我們好而被賦予價值，並不是基於其單純的內在價值。至少，我們會認為審美與宗教活動能*提昇*我們。例如，參與審美活動可提昇我們的社會地位，向歌劇社裡的紳士淑女們看齊；獻身宗教事業可讓我們親近上帝，或至少拉近我們跟教友們的關係。這類隱微的好處，當然不是活動的唯一利益。這些活動通常被賦予價值，因為我們得以在其中成為更好、更完整的人。無論這些活動被期待帶來怎麼樣的提升，那終究是一種*進步*，所以這樣的活動，其價值仍在於它的工具性，而不是其自成目的的特性。

現在，要我們將審美欣賞與宗教獻身視為*純粹的*自成目的，是非常困難的；因為在我們的概念之中，這些活動是為了讓我們成為更好的人，或至少生活過得更好，因此其工具性的軌跡與氣息不容易被摒棄。但是，如果我們想到的是類似推針遊戲這樣的事情時，上述那種對美好的期待就很容易抹除了——如果你知道推針遊戲是什麼的話。但我仍然相信，如果我們真的用心投入其中，*確實*有可能不去想審美與宗教活動中的好處。而我認為，一旦我們達到這樣的境界，就比較不會否定這些活動本就應該稱作玩耍，也許根本就不會出現負面念頭。

我創作了以下的古典短劇，作為完成這個思維練習的輔助。故事背景在羅馬——所以才叫作古典戲劇。布幕掀起，我們看到匈奴人在城門處，羅馬軍團正在進行最後的防禦，阻止野蠻人侵略人類文明。舞台只聚焦在這戰鬥的一小角。在緊閉的城門內，軍士長薩爾瓦多正大聲激勵軍隊穩住陣腳，所有軍士都聽他的命令支撐著城門，並且把大石頭推下城牆打擊下方的野蠻人等。但 233
我們發現並非所有人都參與其中，離戰事中心的不遠處，一個非常胖的士兵坐在一張小凳子上。他雙眼無神，無視於附近的喧囂。實際上，他正在沉思上帝，這是他一貫會做的事，不僅在空閒時間，也占用他的軍事任務的時間。可能因為他總是坐著，戰友們都稱他作「臀大肌」。有一會兒，軍士長薩爾瓦多有個空檔，不需要發號施令，於是他走向臀大肌。

「臀大肌士兵，你又在沉思上帝嗎？」他有禮貌地說——畢竟這是新羅馬軍團。

臀大肌回過神，注視著長官：「是的，軍士長。」

「士兵，難道你不認為事情總要有它該有的樣子？你不覺得這時候幫忙滅火、運送熱油，要比沉思上帝更重要嗎？」

「軍士長，沉思上帝對我來說相當重要。」臀大肌回答，身體從右邊稍微移到左邊。

「臀大肌，讓我們來檢驗這個主張。」在夜校修習哲學的軍士長說。

「怎麼做？」臀大肌反問。

「我想幾個簡單的提問就可以了。首先，你這樣坐著沉思上帝，是想要達成什麼呢？」

「什麼都沒有，沉思上帝沒有帶來任何好處，它本身就是好的。」臀大肌回答。

「你確定你沉思上帝時沒有期待任何事？」

「相當確定，軍士長。」

「例如，你沒有祈求上帝協助，從野蠻人手中拯救文明？」

「當然沒有，軍士長薩爾瓦多，這個問題很好笑。」臀大肌身體開始不悅地無聲顫抖，他繼續回答：「我花所有時間來沉思的上帝，不是你說的那種上帝。祂並非奔走在世界裡，試著修補這個或修補那個，果真如此的話，祂不就成為過度工作的服務人員了。祂同我一樣，所有時間都花在沉思宇宙唯一真正的完美者，即祂自己。」

234 軍：所以你沉思上帝並不會拯救羅馬。但這會有助於拯救你嗎？你也許會想要上天堂？

臀：當然不是。即使有天堂，上帝並沒有興趣要在那裡看見我。祂對我完全沒興趣。是我對祂有興趣。

軍：所以你沉思上帝也不是為了贏得祂對你的好印象？

臀：顯然不是。

軍：那麼，你花時間在宗教沉思，或許是為了讓自己在鄰居面前得到好印象。

臀：不，我親愛的同袍。如果我想要那樣的話，我會去廟宇做昂貴的獻祭。大部分羅馬人多多少少會把我視為無可救藥的笨蛋。

軍：是。我看得出來你不是公眾意見的奴隸。但是，少來了，你難道不是想藉由沉思上帝而變成更好的人？

臀：當然不是。如果我要變成更好的人，我會去慢跑。

軍：好，這是最後一個問題。在你回答之前，請謹慎思考，因為我們的檢測將會以你的答案做結束。雖然你以為沉思上帝除了自身以外沒有其他利益，但還可能有一件事，你可能沒有意識到，但那是你沉思上帝時所期待達到的。

臀：這當然是我的信念，但如果你認為這是一個錯誤信念，儘管問吧。

軍：聽著。即使你沉思上帝並不是為了任何利益，無論是在世間或是天堂的利益；但是，難道你不期待沉思上帝越來越多次之後，成為一個更好的上帝沉思者嗎？如果是，那麼你的沉思就不是純粹的自成目的，而是同時擁有工具性的一面。

臀：好，我就讓你不再煩心了，薩爾瓦多。我有無可動搖的信念，我會成為一個更好的沉思上帝的人。

軍：這樣的話，士兵，請抬起你的屁股，用最快速度到城垛幫忙大家。拯救文明之後，才是玩耍時間。

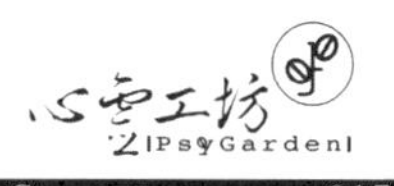

蚱蜢：遊戲、生命與烏托邦

The Grasshopper: Games, Life, and Utopia

作者—伯爾納德・舒茲（Bernard Suits）　譯者—胡天玫、周育萍

出版者—心靈工坊文化事業股份有限公司
發行人—王浩威　總編輯—徐嘉俊
特約編輯—陳民傑　責任編輯—徐嘉俊　內文排版—李宜芝
通訊地址—10684台北市大安區信義路四段53巷8號2樓
郵政劃撥—19546215　戶名—心靈工坊文化事業股份有限公司
電話—02）2702-9186　傳真—02）2702-9286
Email—service@psygarden.com.tw　網址—www.psygarden.com.tw

製版・印刷—中茂分色製版印刷事業股份有限公司
總經銷—大和書報圖書股份有限公司
電話—02）8990-2588　傳真—02）2290-1658
通訊地址—248新北市新莊區五工五路二號
初版一刷—2016年9月　初版四刷—2023年10月
ISBN—978-986-357-058-5　定價—440元

The Grasshopper: Games, Life, and Utopia
by Bernard Suits(Author), and Frank Newfeld(Illustrator)

國家圖書館出版品預行編目資料

蚱蜢 : 遊戲、生命與烏托邦 / 伯爾納德.舒茲(Bernard Suits)著 ; 胡天玫、周育萍譯. -- 初版. –
臺北市 : 心靈工坊文化, 2016.09　面 ;　公分
譯自 : The grasshopper : games, life, and utopia

ISBN 978-986-357-058-5(平裝)

1.遊戲　2.運動　3.哲學

990.1　　105004777

心靈工坊 PsyGarden 書香家族 讀友卡

感謝您購買心靈工坊的叢書，爲了加強對您的服務，請您詳填本卡，
直接投入郵筒（免貼郵票）或傳眞，我們會珍視您的意見，
並提供您最新的活動訊息，共同以書會友，追求身心靈的創意與成長。

書系編號－ST017　　書名－蚱蜢：遊戲、生命與烏托邦

姓名　　是否已加入書香家族？ □是 □現在加入

電話（公司）　（住家）　手機

E-mail　生日　年　月　日

地址 □□□

服務機構 / 就讀學校　職稱

您的性別—□1.女 □2.男 □3.其他

婚姻狀況—□1.未婚 □2.已婚 □3.離婚 □4.不婚 □5.同志 □6.喪偶 □7.分居

請問您如何得知這本書？

□1.書店 □2.報章雜誌 □3.廣播電視 □4.親友推介 □5.心靈工坊書訊 □6.廣告DM □7.心靈工坊網站 □8.其他網路媒體 □9.其他

您購買本書的方式？

□1.書店 □2.劃撥郵購 □3.團體訂購 □4.網路訂購 □5.其他

您對本書的意見？

封面設計	□ 1.須再改進	□ 2.尚可	□ 3.滿意	□ 4.非常滿意
版面編排	□ 1.須再改進	□ 2.尚可	□ 3.滿意	□ 4.非常滿意
內容	□ 1.須再改進	□ 2.尚可	□ 3.滿意	□ 4.非常滿意
文筆／翻譯	□ 1.須再改進	□ 2.尚可	□ 3.滿意	□ 4.非常滿意
價格	□ 1.須再改進	□ 2.尚可	□ 3.滿意	□ 4.非常滿意

您對我們有何建議？

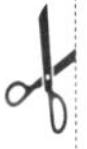

□ 本人＿＿＿＿＿＿＿＿（請簽名）同意提供真實姓名/E-mail/地址/電話/年齡/等資料，以作為心靈工坊聯絡/寄貨/加入會員/行銷/會員折扣/等用途，詳細內容請參閱：http://shop.psygarden.com.tw/member_register.asp。

廣 告 回 信
台北郵局登記證
台北廣字第1143號
免 貼 郵 票

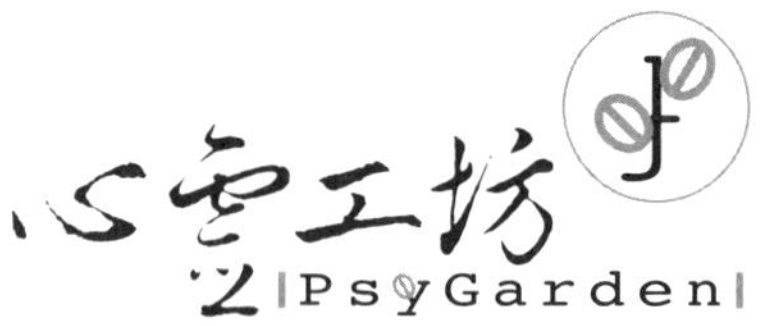

台北市106 信義路四段53巷8號2樓
讀者服務組 收

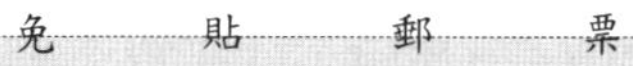

（對折線）

加入心靈工坊書香家族會員
共享知識的盛宴，成長的喜悅

請寄回這張回函卡（免貼郵票），
您就成爲心靈工坊的書香家族會員，您將可以——

⊙隨時收到新書出版和活動訊息

⊙獲得各項回饋和優惠方案

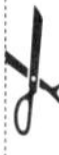